林保淳出手

全民下架貪腐集團

林保淳——著

林保淳出手
全民下架貪腐集團

目次

我的政治告白

教育與文化的建言與批判

社會現狀的省思

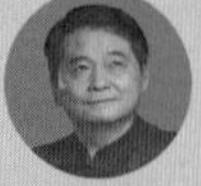

林保淳出手 全民下架貪腐集團

目次

批判民進黨

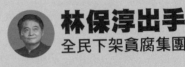

兩岸關係

林保淳出手
全民下架貪腐集團

蔡英文的論文門

陳明通與林智堅

二〇二四的政局

1 民進黨的賴清德

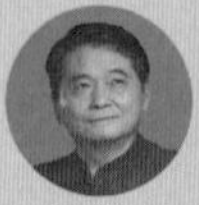

林保淳出手
全民下架貪腐集團

目次

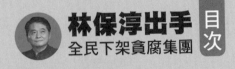

4 郭台銘

5 藍白合

推薦序

莫道書生空議論

台大退休教授 前經濟部顧問 NCC委員
杜震華

佛陀在世時，曾告訴弟子阿難末法時期的景象：「吾涅槃後，法欲滅時，五逆濁世，魔道興盛，魔作沙門，壞亂吾道，着俗衣裳，樂好袈裟，五色之服，飲酒啖肉，殺生貪味，無有慈心，更相憎嫉。」也就是說，到了末法時期，一個服膺佛陀教化的世界，將會蛻變、崩壞成一個充滿虛假、淫亂和憎恨的世界。

林保淳教授近年來看到的，當然也是你我都看到的，就是這樣一個負面因子越來越多、越來越強的世界。無論是國際上的俄烏戰爭、美國黑白種族和兩黨之間的對立、暴民不服敗選被政客誘導衝進國會、美中貿易及科技無理對抗和全球化的被迫逆轉、台灣被太平洋兩岸政客挾持走向「烏克蘭化」、台積電被威脅利誘從事非理性投資等等，我們看到的都是人性的貪婪、自私、我執、仇恨，但卻以正義、公平、民主、互利等偽裝成正面形象，來掩飾心虛和狡猾。

在國內，從利用「太陽花學運」進行政治鬥爭和奪權，到高階領導者的博士學位真假莫辨，軍公教被抹黑後再以無理的「年金改革」剝奪權益，台大校長當選但卻無法上任的「卡管」事件，兩岸間從和平交流演變成兵凶戰危，獨立機關NCC扮演輿論東廠並讓媒體「清一色」，當朝國師在最高杏壇開設「論文工廠」掩護權貴「洗學歷」，用五院獨攬來嚴格監督在野並箝制輿論，年輕人望屋興嘆絡繹奔往詐騙園區，警界和黑道「兩邊一家親」坐視黑槍和槍擊氾濫……。物質高度發展之下，卻放任道德淪喪的政客吃銅、吃鐵、吃政府，衍生了千奇百怪的荒唐末日景象，有如一道巨大的黑幕，快速吞噬著這個曾經被全球讚譽的發展傳奇——「美麗之島」。

這一切的一切，終於讓林保淳教授難以保持緘默。即使是研究纏身、行動不便，更可能被「查水表」、跑法院，但過去遠離政治、不沾俗務的他，毅然決然地「出手」，要讓當朝變「小三」，在選戰中箭落馬、讓出執政權，好讓國政在頹敗中，能有振衰起敝的一線生機。

過去我和林教授並不熟悉，但在他出手批判當朝之後，驚嘆於他條理分明、鞭闢入裡的分析批判，遂逐漸成為好友，彼此互動欣賞，都想為我們深愛的國家盡其在我，即使客觀局勢其實已時不我予，但相信只要盡力，就會有影響力。

林教授出身正宗的台大中文系博士，任教於台師大國文系，為文遣詞豈是我等凡人所能望其項背者，故每當林文於臉書或網媒一發，小弟必定奉旨恭讀，有如進了國文教室向良師請益，而且必然是獲益良多。最有趣的，居然是在我們合作無間之下，發現了當朝前新竹市長林智堅的台大碩士論文涉嫌抄襲，迫使當朝在桃園市長選舉陣前換將，氣勢由盛而衰，終於在九合一地方選舉遭到挫敗，領受了民意的嚴厲教訓。

本書包括大約一百篇政論文章，從林教授的政治告白，到針對教育文化的評論、社會現象的深入省思、對當朝民進黨的諍言、對兩岸關係的見解、蔡總統的論文門事件評析、對陳明通與林智堅師生的批判、當前的政局、對藍營、白營、郭董，以及藍白合的評論。對於政治不感到厭煩的讀者，必然會發現林教授的文章分析合理而周全，筆鋒典雅脫俗，讓人興味盎然，必須一口氣看完才行。乍看之下平常無奇的議題，都能在林教授的深思和妙筆下，生動地躍然紙上，讓人嘖嘖稱奇。讀完林文之後，不僅學習到分析評論的方法，也讓國文能力進步許多，對有意增強分析和寫作能力的年輕人和莘莘學子，真是裨益良多。

「莫道書生空議論，頭顱擲處血斑斑」，經過台灣眾多民主先進的努力，今天的書生議論，應該不必再有「血斑斑」的風險；但若無像林教授這樣的思想家入世帶領，未法時期將加速降臨；所以我深切期盼，它不僅是林教授的「出手」而已，在亂世的今天，也該是林教授「出馬」的檄文！

推薦序

亦俠亦儒，出手不凡

新故鄉智庫執行長
蘇進強

林保淳，一個充滿俠氣、正氣、骨氣的儒者，卻也是一個滿懷熱血的武當俠士，事實上，他也的確是將武俠小說引進大學殿堂，做學術性研究的少數學者。

認識他，從媒體的時評，一篇又一篇的文章，行雲流水，非風花雪月的強說愁，而是言之有物接地氣的憤青本色，不分黨派，只論是非，不畏懼當道，言所當言，管你天皇老子，路見不平，不公不義，林保淳的筆鋒，竟如「小李飛刀」的快而準，直指問題核心，即連蔡英文的論文爭議，也毫不避諱的臧否，在狠辣的筆觸下，但他總留著儒家王道精神的餘地，於今而言，林保淳可謂今之古人的典範，不畏強權，不怕被查水表，堅持「我筆寫我心」的政治評論家。

當然，讀過他《夜深忽夢少年事》散文集的讀者必然也知道他也是一位作家，一位受到萬千學子敬重的國立大學的退休教授，而這本文情並茂的散文集，也記錄了他生命歷程中的成長、年少輕狂、求學過程中的挫折、喜樂、哀傷、親情、愛情、友情，其中，他對新竹中學辛志平校長的感念，並不因他曾在高一留級一年，而稍有怨懟，而他以殘疾之身在竹中泳池奮力游泳的身影，躍然紙上，令人感動。其後，台大十五年求學過程中的心路歷程，斑斑銘記，令人會心。他孜孜不倦以至他擔任大學教授後，教學「誤人子弟三十年」的所思所感，家國之情，字字均飽滿光熱的溫度，尤其他與「神州詩社」溫瑞安等人的交往過程，最能觸動我輩青春歲月的心弦。

林保淳自詡是「一個受凍的蟬」，自幼罹患小兒麻痺的他，其實是一位充滿熱情的陽光少年，他敢追求夢想，也勇敢接受一而再、再而三的挫折，對自己並不健全的身體，並非全然的自怨自艾，而是較常人多了幾分的豁達，他的硬頸精神，不屈不撓，總令人感動不已。

收在這本《林保淳出手》專書的每篇文章，都是他近五年發表在各媒體的時論，包括他個人對當前政局發展的思考、對政黨及政治人物的針砭，以及對教育文化、社會問題、學術倫理乃至陳明通與林智堅的事件都著墨甚深。而他好讀武俠小說，由讀者到將武俠小說學術研究，凡兵法、武術均可信手拈來，成招成式的他，被譽為「武林百曉生」並非浪得虛名。而對攸關台海安全的兩岸關係，國內政局分合的觀察、批判、解析，在在都有獨特的見解，並不亞於政治戰略專家，他的論述，字字句句都擲地有聲，而非無病呻吟的言不及義！

保淳兄雖有肢體的缺陷，但他運筆行文，卻絕對是矯健的快筆，一方面是他力爭上游的精神，永不懈怠、永不服輸，一方面是他具有豐富的文化底蘊與人道主義的精神，而他全方位觀照台灣政治、社會、教育、文化的問題，既有宏觀的視野，又有微觀的細膩與深刻，再加上他的文筆暢達，在台灣政治、社會乃至庶民基層，普遍瀰漫焦慮不安的選舉旺季，使這本《林保淳出手》的評論集，更具可讀性，讀者或可從文中的劍氣墨香中，進一步瞭解亦俠亦儒的林保淳，並和他一起尋索台灣未來的方向。

本文作者為作家，筆名履彊，曾任總統府國安會諮詢委員、文化總會祕書長，現任新故鄉智庫執行長

推薦序

有筆如刀有溫暖

台灣民眾黨秘書長
周台竹

我很榮幸為這本《林保淳出手——全民下架貪腐集團》寫下推薦序。這是一本充滿溫度、思想與勇氣的政論集，由我的好友林保淳教授所著，他是一位擁有陽光、堅毅、獨立、俠義特質的台灣知識份子。

我仍記得我們在新竹市立光武國民中學同學時的點滴歡樂和競爭。他人緣很好，在繁忙的課間，同學們一起輪流揹著他上下樓趕課，我也是其中一位接力跑手。保淳給人的印象總是那麼陽光和獨立，不礙於身體不便，他居然敢嘗試棒球運動，也常常和我們一起比腕力，總是樂觀開朗。

二〇二二年在我擔任台北市政府公務人員訓練處處長時，我們再相遇，他已成為台灣知名的學者，專研明清小說、明清思想、通俗文學、民俗學，更是台灣大學學院中率先開闢武俠小說相關課程的教授，同時也發表了許多具有深度和洞察力的時論文章。這本書收錄了他近年來的政論作品，涵蓋了教育、文化、社會現狀、兩岸關係等議題。他的筆鋒犀利，文字行雲流水，總能讓讀者深受感動。

他對當前政治局勢的批評不僅是一個學者的思考，更是一個關心社會福利公民的呼喚。他在文章中展現了對台灣深沉的關愛，對民主、公平、正義的渴望。他曾說：「直到二〇一八年的『卡管案』發生，我才赫然驚覺，政治是任何人都無所逃於天地之間的，你再如何自清自高，政客的魔手，總是會張牙舞爪地撲向你、撕裂你，讓你體無完膚、讓你惶懼難安。」這種覺悟讓他不再選擇沉默，而是勇敢地站出來，用他的筆和聲音為台灣盡一份心力。

我們身處這個充滿挑戰和變革的時代，需要更多像林保淳教授這樣的知識份子，關心社會、熱愛台灣，勇於表達自己的觀點，並為改變社會而奮鬥。這本書不僅是他的政治告白，更是對台灣的熱血訴求，是對未來的美好期許。

讀完這本書，我深感我們在過去的歲月中，有幸結識了一位如此優秀的知識份子。他的文風尖銳犀利又不失溫度，讓我深深地感受到他對台灣的熱愛和關懷。他的才華和見識，令人讚賞不已。

這是一本值得一讀的政論集，我誠摯地推薦給每一位關心台灣政治、社會和文化發展的讀者。透過這些文章，您將感受到林保淳教授的智慧和勇氣，並被他的文字所觸動。

在這個充滿挑戰和變革的時代，我們需要更多像林保淳教授這樣關心社會、熱愛台灣，勇於表達自己的觀點，並為改變社會而奮鬥的勇士。願這本書能為台灣帶來一絲光明，帶給我們更多的思考和啟發。

（周台竹，現任台灣民眾黨秘書長、前駐荷蘭和聖露西亞大使）

推薦序

犬儒主義者的爽快

屏東大學副校長
施百俊

幾年前和保淳老師一起擔任博士口考委員。考完後保淳老師堅持不參加學生請客，我們兩個只好晚上約了老朋友一起吃飯，吃他最喜歡吃的麻辣火鍋。席間，老師書空咄咄，議論時政。我講了一個親身經歷的小故事和他分享——

四十年前先父從政，擔任地方父母官。那時我正在讀雄中，只是個十六七歲的小屁孩。先父由於職責所在，要拆除高屏溪底的違法養殖場。家人遭受各方的生命威脅，所以，警方特別派便衣刑警隨身保護，包括我在內。印象很深刻的是，當時我騎一輛金黃色的彎把十段變速自行車，非常拉風。別人都是載著女朋友漂亮美眉，我則是載著一個荷槍實彈的刑警大哥上學。到了學校，我上課，他和教官泡茶。放學後，我再很悲情地載著他回家。

有一個晚上，居處公寓外面傳來砰砰巨響。刑警馬上跳起來，叫我趴低、遠離窗戶。他持槍開窗查看，原來是鄰居放鞭炮。他鬆了一口氣，退彈，把左輪手槍交給我，「你要不要拿拿看」？

我拿過來，槍很小，像玩具一樣；但沉甸甸的，像鉛球一樣——從此我就知道了，那就是政治的重量。心裡暗暗發誓，終生不從政、不參政。作個犬儒主義者，全妻子保家人，最後連吠都不想吠了。

保淳老師不假辭色的批評我一頓。

雖然我不見得同意他所有的看法，但那一餐是我請客請得最爽快的一餐。

這本書裡，保淳老師以資深退休教授的身分、從大學學術專業與尊嚴的角度出發，批判了「論文門」、「抄襲案」等事件，並進一步延伸到社會風氣、國家認同等問題，在在都是人所不敢言之事。

為了學校的發展，作為一個卑微的學術從業人員及學校經營階層，我必須聲明，不見得全盤同意；也不敢講個人意見，乖乖作隻受凍的蟬啊。但讀者諸君讀這本書，應該能體會一位犬儒主義者的爽快。

自序

醉裡挑燈看劍

師大國文系教授
林保淳

我向來對政治是相當反感的，也頗自恃清高，視政治的釁缸為污染，「爾為爾，我為我，爾焉能浼我哉」；因此，雖對政治多所不滿，卻都隱忍不發，視若不見，雅不願廁身其中，自顧自地閉鎖在學術的象牙塔中，以教書、研究、寫作為畢生職志，以為這就是我安身立命的所在了。

直到二〇一八年的「卡管案」發生，堂堂正正由遴選委員依規則遴選出來的台大校長，居然可以基於政治考量，用種種不成理由的理由，橫伸魔手，干預阻礙，長達一年多之久。大學的脊樑、學術的尊嚴，就如此被可恥的政客所羞辱、所踐踏，是可忍，孰不可忍？這時候，我才赫然驚覺，政治是任何人都無所逃於天地之間的，你再如何自清自高，政客的魔手，總是會張牙舞爪地撲向你、撕裂你，讓你體無完膚、讓你惶懼難安。身為台大人，身為一個知識份子，又豈能眼睜睜地看著整個社會遭受凌遲肆虐，而無動於衷？

於是，我當時就在台師大展開連署的工作，並在五月四日這個值得紀念的日子，率領了三十多位的台師大師生，前往台大聲援。當天下午，更親眼目睹了「自掐哥」自編自導自演的一齣鬧劇。當天天氣晴朗，傅鐘前面一片綠意盎然，可我卻心頭黲綠，原本靜謐可人、枝葉扶疏的椰林樹、杜鵑花，竟讓我有魔影幢幢，欲擇人而噬的感覺。整個台灣，在民進黨統治之下，不但人心撕裂、社會對立，就是連純淨的校園，也被污染到無以復加的地步。

於是，我曾經沸騰的熱血，又重新掀翻起波濤。我不能再緘默了，我必須發聲，我發聲不止是聲援台大、聲援管中閔，而是聲援自己，聲援我那脈依舊可以澎湃洶湧熱血。於是，我開始批評時政，針對民進黨執政以來的稗政、社會的亂象，在五年多的日子裡，發表了將近四、五百篇的時論文章，其中約有四分之一，都曾在各大報紙上刊登過。

自從我投入時論文章的寫作行列以來，我的家人、親友，是沒有一個人贊同的，深恐我「因文賈禍」，屢屢規勸；我也自知時論文章是有時效性的，事過境遷之後，往往就為人所淡忘，是絕對不可能金匱石室、風雨名山的。但是，豁醒的心靈，豈能再沉睡靜默？奔騰的熱血，又豈懼外在橫逆的阻隔？我夷然不顧，坦然面對，該來的，就讓他來，我無懼無畏；我不想流芳百世，只想為自己、為時代作見證，在一片陰霾的天空底下，還是可以看得到稀微的晴光的，我何忮何求？

《雙城記》裡說得很明白，最壞的時代，還是有可能變好的；最愚蠢的時代，也還是有智慧的聲音的；我們懷疑，但我們還有信仰；黑暗的季節，光明猶是蠢蠢欲動；絕望的冬天，封錮不了欲破冰而出的春天。我是一介書生，無權無勢無財無力，一無所有。我只有一枝筆，枝筆當然不可能迴天，但能寫多少，就寫多少，雖是「書生空議論」，卻也才不愧於讀書人這個角色。

書名的標題有「全民下架貪腐集團」這個口號，這個「貪腐集團」，所指為何，當然是一望即知的。這是我編集這本書的本旨，也是我臨老猶入花叢，與荊棘蟲蟻奮戰的唯一志願。自民進黨執政以來，倒行逆施的亂政，早已是一枝禿筆都無法寫盡，也是所有尚有良知的人所共知共聞，共同憤慨的。但只悲憤是無用的，唯有將其化為力量，才能產生作用。如果我還年輕，可能會登高而呼，號召革命；但是，我已是垂垂老矣了，只剩一枝筆，也只能期待這枝筆，發揮些許橫掃千軍破妖氛的作用。丈夫隻手把吳鉤，豈是為了覓封侯？醉裡挑燈看劍，就看這柄劍，還能了卻我多少心願吧！

本書所收的文章，是由老友陳廖安教授精挑細選，蔣秋華教授耐心核校而成輯的。我倩請了志同道合的杜震華、文名鼎盛的履彊（蘇進強）、屏東大學副校長施百俊、同窗舊友周台竹四位先生作序，風雲時代的陳曉林先生慨然支援編排工作，皆由衷感激，謹此致謝。

二〇二三年癸卯夏，林保淳序於木柵說劍齋

我的政治告白

我是一隻受凍的蟬

我是一隻受凍的蟬
再響亮的鳴聲
也顫抖成低泣的嗚咽
滿胸的熱血
在冷雨霜箭下
迅速凝結

原來陽光的夏天已經衰滅
陰霾的冬日如此酷烈
烏雲滲透入我窗縫裡審閱
我不得不與自由揮別
與駱賓王同在囚列

但我的聲音不會斷絕
這是天籟
忍得住綿密覆蓋的霜與雪
如松柏蓁蓁的綠葉
永久不會凋謝

自二〇一八年五月開始投入寫時論的行列，始終有龐大的來自親戚、朋友的壓力，尤其是家人，幾乎沒有一個人不勸我「安分守己」一點，其中固然也有不認同我觀點的因素在內，但多數都是在擔心我會因言而賈禍，到時被秋後算帳，連微薄的退休金都會因而泡湯了。

其實我也很不喜歡自己寫這類的文章，因為我必須花很多時間去蒐尋時勢動態資料，並構思、撰寫出一篇言之有據、論之成理的文章，寖漸連自己的本業——學術研究，都因之而耽擱了下來，委實有得不償失之感。

但是，我忍不住，我實在忍不住，忍不住我眼看著整個政治圈如此荒唐醜陋的心中氣悶，忍不住見到一些自詡為知識份子的人循循縮縮的畏葸態度，忍不住聞見網路上一些不負言責的人的肆意謾罵攻詰的囂張，終於，我還是忍不住心會憤、手會癢，於是，不知不覺中，竟一連寫了百多篇的批論時政文字。

雖然我讀過一些書，也擁有貨真價實的高學歷，但我始終不敢自以為是，拿名銜來炫誇自己，認為自己的觀點就是絕對正確的，因此這些時論，偶遇若干反響時，我也樂於接受、傾聽對方的聲音，因為，無論如何，我都必須尊重別人，等同於尊重自己自由表達的權力。這不就是我們一直信奉不渝，且致力追求的民主價值嗎？容忍異議，不僅是對對方的尊重，更是對自己的尊重與信賴。

我不想用一些冠冕堂皇的名言古訓來妝點自己，把自己說成是怎樣的了不起似的，我只知道，我不過是一介平凡的讀書人，想說一些我心裡真實想說的話，我只想對自己負責，先對得起自己，然後我才對得起生我養我教育我的台灣這塊土地。台灣非常好，但她可以更好，這是我唯一的目的。因此，我從不畏懼，因為我不忮不求、不愧於所學所知，而且對言論自由有堅定的信仰。秋後算帳，對我來說，完全就是個笑話，有什麼好擔心的？簡直是杞人憂天！——我是一直這樣告訴自己的。

我也讀過一些史書，當然知道中國歷史上的「文字獄」是怎麼一回事，扼要來說，就是挑剔文字、斷章取義、歪曲別解，而後以「莫須有」的罪名，羅織入法，甚至株連及相關人士。可這是古代，已經是百多年前，至少是幾十年前的陳年往事了，在現代已經號稱民主自由的台灣，是絕對不可能發生的。我對台灣的民主充滿信賴與信心，深信我的言論即便會引發若干人的不滿或嫉恨，卻絕對相信，台灣容得下我這樣的一種不識時務的異議聲音。

但是，你說我會不會害怕呢？我當然會害怕，但怕的不是最後我被羅織了怎樣的罪名，或遭受到怎樣的懲罰，我敢做敢當，即便鐐銬遍體、刀斧加身，也該坦然承受。但「文字獄」最可怕的地方，是儘管我手寫我口，我口應我心，但所有的解釋權都操掌在別人的口裡手裡，不容你有任何置辯的餘地；然後，它會有一連串相應的法律程序，查問、審訊、拷問、定罪、株連，讓你在這個程序中疲於奔命、心力交瘁，到最後甚至破財、喪生、亡家。儘管台灣現在已是民主時代，以言賈禍，大概最多不過罰鍰、判刑而已，但最令人心生恐懼的，是自己根本不曉得觸犯了怎麼樣的法律，而「查水表」可以徹頭徹尾的查到你一輩子的言行都無所遁形，更不用說其間可能耗費的時力、財力、精力，以及伴隨而生的焦躁、憂慮與恐懼等精神壓力了。民主必須保障人民有免於恐懼的自由，任何法令會讓人民恐懼連免於恐懼的自由都被剝奪了，絕對是道道地地的惡法！

「反滲透」是必要的，但先得自己有金身護體，具有絕緣的體質，才能免於外力的滲透。台灣的自由與民主，正是苦心建構而成的最佳絕緣體，捨此而不由，是對人民沒信心，是拿人民當盜賊看待，「反滲透」還未開始生效，而畏怖恐懼就先已「滲透」入骨髓，還拿什麼來「反」？

當局一意孤行，必欲將一套讓人民充滿疑懼的《反滲透法》付諸實施，其實主要的目的是藉此消弭異議的聲音，而讓人民如秋末的寒蟬，再也不敢發出如夏日般嘹亮的鳴聲。我是一隻蟬，蟬的本性就是要大鳴大放，為燦爛的夏日奏起交響樂，露水再重，風力再多，即便寒天將臨，還是非鳴放不可。

我是一隻蟬，受凍的蟬，但不會是一隻噤聲的寒蟬。

我思，不知我何在

北京大學退休教授錢理群先生，曾批評中國大陸的各大學，包含北京大學、清華大學等名校在內，都只培育了一群「精緻的利己主義者」；其實，在我看來，台灣的各名校，包括最富盛名的台清交，何嘗不是如此？他們見利而為，見不義之事，如無關痛癢，甚至避之若浼，卻非常懂得以自己所學到的知識，為自己的「為」與「不為」，備足冠冕堂皇的理由，雖未必就達到少正卯「心達而險，行辟而堅，言偽而辯，記醜而博，順非而澤」的地步，卻也相去不會太遠。

這群名門高校子弟，何所自來？無非就是從其師輩相沿而來。此輩學術中人，下焉者倚權附勢，攀高睨低，夤緣權貴之門，行諂脅媚惑之舉；中焉者循循縮縮，規行矩步，自我設限，舉步從不敢稍有跨越，唯恐有不虞之禍；上焉者自命清高，以己為尊，蔑視群倫，驕其儕輩。無非都是以自家聲名、出處、境遇為念，生平志業、理想，人間公道、是非，皆可以夷然無顧，道道地地一群「全軀保妻子」之輩，有此「良師」，毋怪出此「高徒」。

顧炎武嘗痛恨明季士大夫之無恥，視為「國恥」，而當今之士大夫，又幾人得以真的稱得上是「有恥」？

雖然，讀王國維之詞，「偶開天眼覷紅塵，可憐身是眼中人」，午夜夢迴，也不禁會自問，我既不想作上中下的三焉者，那是否還有條「旁焉」者的第四條路可走呢？不由得我不泫然了。

書生論政

寫時論文章已有兩年多一些，除了發表在臉書外，偶爾也蒙獲若干媒體採用，支持的固然有之，反對、抨擊的更是不少。起先我還頗在意一些批評者的指教，但後來發覺到，這些人幾乎都是留言版上常見的名字，查其資料，往往都是空白一片，想來就是一四五〇之流，遂也一笑置之了。

不過，有一點我是始終耿耿於懷的，那就是只要我一文章刊出，就會有人出來質疑，我不過是一個中文系出身，僥倖在大學教書的老冬烘，憑什麼針對時事說三道四的？讀中文、教中文，就不能發表時事評論？政治不是管理眾人之事嗎？難道讀中文的就不能夠與於「眾人」之列，只有學醫學法學工學商的才是「眾人」？這是何種偏頗的心態？而其中又涵藏著多少對人文學科的蔑視？他們以為學人文的就只會在故紙堆中打混，或是蹲在象牙塔中舞文弄墨、賞月吟風，寫一些無關痛養的學術論文而已？我不想拿早已過時的「四為」來為自己壯聲色，但「家事國事天下事，事事關心」，豈非本來就是身為一個「讀書人」應有的心態？曾幾何時，連這種「關心」，都會被視為多餘、不該的了？

其實，仔細想想，這樣的心態還是其來有自的，而且還是來自於讀人文學科中的人自己身上。我的生活圈子很窄，工商聞人，從無來往；政壇要員，半個不識，所交所知，泰半為文史圈中的人。可就在如此狹窄的圈子中，其實我也知道是有很多對時事憤慨不平，且卓有己見的人，但是卻沒有任何一個人「願意」或「膽敢」將他們的聲音發送出來。「不願」，是因為他們認為讀書人就應該自持清高，不能攪和在政治這一灘渾水當中，多寫幾篇除了自鳴得意而別無它用的論文、多爭取幾個寒酸到不足以塞牙縫的科技部計劃、多收幾個能助長其學術聲望的鮮桃嫩李，這才是他們最「願意」做的事；「不敢」，是因為他們有許許多多的顧忌，自認為空發議論，不但於事無補，反而會因文字賈禍，戰戰兢兢、左窺右伺，就是畏怕遭到點名標誌、秋後算帳。於是，鳳凰噤聲，群鴉鼓噪，文史中人也就從此被「定格」在註定要與世隔絕、形同雞肋的位置上了。

在我所知的許多朋友中，學問道德、觀念識見，強過於我不知多少倍的人，不勝枚舉，但他們總有一個藉口：我文筆不好，寫不出像樣的東西。這個遁詞，我是萬萬不能接受的，他們發表過多少洋洋灑灑、議論精闢的論文與著作？在這時候居然如此「自謙」起來，難道這些擲地鏗鏗然作響的文章都是假的？說起來，就是「不願」、「不敢」而已。而正是此一「不願」與「不敢」，「讀聖賢書，所學何事」的道理，就等如被自暴自棄了。

我自問才疏學淺，雖忝居教職，也不過是尸位素餐而已，但是，「我願」，「我敢」，「莫道書生空議論，頭顱擲處血斑斑」，我想，這樣的覺悟，我還是有的。

老年人的熱血

台灣總統大選已經開打，兩黨候選人各有其支持者，春蘭秋菊，各擅勝場。在我觀察中，年齡層的分佈，一直是各家媒體極力強調的部分，而二十歲左右的年輕族群，就經常被視為正面指標，而五十以上的老人族群，就不免備受訾議，尤其是韓國瑜兩場算是相當成功的造勢活動，往往被論者譏為「都是老年人」，言下之意，頗有嫌厭老年人的況味。身為一個已經老朽的我，面對此一幾乎已成為目前台灣人固定的偏見，在心裡戚戚然外，也有點不是那麼服氣。

年輕人，毫無疑問地，在江山代有才人出的趨勢下，後浪取代前浪，的確是一個社會未來寄望之所託，他們有理想、有熱情，敢於衝撞、敢於挑戰，意氣飛揚，煥發著蓬勃的朝氣，真的是令人激賞且心儀的；相對來說，老年人暮氣沉沉，寶劍生塵，因循保守，英氣消歇，難免就有點相形見絀了。

但是，老年人真的就一無是處嗎？處世經驗的豐富，思慮事體的周延，待人接物的圓融，歲月的淬磨，其實更能讓他們手中的寶劍愈見鋒利，只是不願輕易出鞘而已。孔子說「吾年五十而知四十九之非」，這種智慧，顯然也不是僅憑一時血氣激昂、率爾而作的年輕人可比的吧？我始終無法明白，為何老年人的支持度高，就會成為一個把柄，甚至罪責？

老年人也是從少年成長來的，年少時的衝勁，在老來回首之際，多少也都會有些遺憾。陸游年輕之時，意氣風發，視天下如在掌中，「樓船夜雪瓜州渡，鐵馬秋風大散關」，是何等豪壯英銳！可到了臨老之際，也不免感嘆，「早歲哪知世事艱」，對年輕時「中原北望氣如山」的豪情，則多有感嘆其不切實際之意。誰沒有過少年爭鋒的滿腔熱血？誰沒有過一飛沖天的鴻鵠之志？但少年能成事的，又能有幾多人？世事未能洞明，人情未能練達，再美麗的憧憬，也還需歲月的積累才能完成的吧？一個社會，是由不同年齡層的人結構而成的，各年齡階段，都各有其優劣之處，厚年輕人而薄老年人，我真不能明白其中的道理何在。

韓國瑜的年輕人支持度較弱，選舉是全民選舉，疏忽任何一個階層，都是極大的遺憾，這對韓國瑜來說，是個警訊，應該極力加以彌補，但老年人支持度高，又豈能不為之喝采？

時移世易，平心而論，古今所謂的「老少之別」，現在應有新的定義了，古人年過五十，已被稱為「老翁」，而今六、七十歲生龍活虎，不遜於年輕人的更所在皆有。重要的是心態問題，「發憤忘食，樂以忘憂，不知老之將至」，看著一群年老的韓國瑜支持者，揮舞著國旗，高呼著口號，鼓著掌，唱著歌，彷彿又回到了他們年輕的時代，就在這一刻，誰敢說他們老？誰說老了就只是保守固陋的表徵？

就年紀來說，我是垂垂老矣，但是，我驕傲於我的老，因為我的心還年輕，我的熱血還足以沸騰整個世界。

我並不孤單

昨晚，頗有點淒風苦雨的味道，颼颼的冷風，一直在車窗外呼嘯著，貓空的山道，也似乎比平常時期更曲折了許多，冬風冷雨愁煞人，一如我這些日子以來的心境。

我一直懷疑自己是有幾分憂鬱症的傾向的，否則的話，又怎會老是處在「進亦憂，退亦憂」的艱難處境呢？我不敢說自己是有多少「憂國憂民憂社稷」的衷忱，但目睹當前漸趨卑劣下作、荒唐可怒的時政，實在無論如何都開懷不起來，而拔劍四顧，茫茫四野，竟若無人能同其悲慨，失群隻雁的孤單，似更加重了我的憂鬱症。

三碗菜，一鍋湯；兩泡茶，三隻杯。瓦斯爐的猛火燃燒著，同伴的笑語聲輕揚著，遠處的一〇一大樓，在煙雨中閃爍著微弱的燈光，這頗有點詩情畫意吧？但隔著玻璃窗，我還是能感受到外面的淒冷寒意。此情此景，居然會讓我想到辛棄疾「紅巾翠袖，搵英雄淚」的詞句。我這番登臨意，恐怕也是無人能會的了。

這裡沒有欄干可拍，手頭的吳鉤，可能也早就鏽老了。無已，點一根煙，看紅豔豔的菸頭，能不能燃起些信心的火苗吧！

茶坊主人踅了過來，我們有一搭沒一搭的聊著，說起寒天時的清冷。「以前可不是如此，再晚再冷，依舊還是有不少的人流。」然後，從生意經說到經濟現況，從現況說到政治。三個伙計也圍了過來，許是久不聞人聲，故因跫音而喜吧，七嘴八舌的，卻又勁直簡潔的譙幹之聲，竟鏗鏗鏘鏘地激活了周遭的空氣。雨停了，風止了，遠處的一〇一似乎也亮眼了起來。突然間，我感到我不是這麼的孤單，還是有許多默默無聲的人，是跟我站在一起的。原來，很多人的心中，也一直飄揚著青天白日滿地紅的旗幟。

下山的路和上山一樣曲折，但平順暢達得令我懷疑是否走上了歧途，簡直就像是青天白日行車，眼前一片耀目的紅光，那是我山下的家，我正直奔向前。

送別了伴我同行的小朋友，回到書房，我小心翼翼的撫理著這面小旗，心裡說道：「有妳在，我將不會孤單。」

我想，我的憂鬱症應該是不藥而癒了。

假如我沒有罹患小兒麻痺症

我一直在想，如果當年我沒有罹患小兒麻痺症，我的一生會和現在有多大的差異？

我是四歲時染病的，對四歲以前還算正常的日子，已經忘卻得差不多了，唯一的印象，就是母親攜著飯框，牽著我的小手，從光明新村走到四號橋邊，替父親送飯的情景，記得我當初還是能跑能跳、行走如常的，但也是模糊不清的了。

父親算是自學而成的中醫師，在醫術上是頗有自信的，在鄉里間也卓有聲譽，但當時台灣醫療界對小兒麻痺症還是非常陌生，因此對我產生的發燒、發熱、痙攣等現象，都以為不過是重感冒而已，並沒有太大的擔憂，直到燒熱退去，人亦精神十足之後，才發現下肢早已完全萎縮、變形，無法穩定站立了。父親對此相當自責，每當我有所詢問，他都只是三言兩語打發過去，所以我對當時發病的情景，也是一片茫然。幸運的是，一條小命，終究還是保存了下來。

說起來，我的個性是野放的，一雙小眼，看所處的周遭世界，無一不是處處新奇，在在有趣，恨不得就如同不羈的野馬，縱橫馳騁於其間。但因為身體的關係，往往只能用羨慕無已的眼光，看著那些放肆無檢，一任其追趕跑跳碰的同齡儕伴，在陽光下，在風雨中，盡情奔放於田野之間。

其實我也是不甘於寂寞的，常是「奮不顧身」，勉力參與他們的行列。當時是很少有水泥地的，我喜歡那草香，喜歡那土味，常放任自己在地上翻滾屈爬，就是渾身髒兮兮回家挨頓罵，也是無所顧惜。但是，登高行遠、上山下海，終是有所不便，雖只能淺嚐而止，一顆躍動的心，卻無論如何也按捺不住。

但是，我總難免會想到，「假如」我不是目前的這個樣子，我又豈僅僅會是臨淵羨魚？豈不是早就踴躍投入他們的行列，盡情奔放自己的身骨、縱任自己的豪情？

我常沉緬於幻想之中，看人觀事，總是先注意到他們那雙修長挺直的雙腿，是如何自在行動的，他們跳高跑遠、打球嬉玩，「別人能而我卻偏偏不能」的沮喪，頓時就佈滿胸腔之中。

我生性外向，對外在繽紛多彩的世界，充滿著嚮往與好奇，鄭愁予詩有「我是北地忍不住的春天」之句，我是非常喜歡的，我的個性也屬於這種「忍不住」的類型。每聽聞別人說起山川秀色、古蹟勝景，就不禁為之神往，恨不得能親履其地，以雙腳踏遍那裡的每一吋土地、兩眼飽覽那裡的每一片景色，但舟車勞頓、山行水涉之艱難，卻硬生生阻隔我飛越的心思，有時發憤一遊，登臨斯土，卻也往往只能夠點到為止，眼巴巴看著別人趁興而返。年輕時候，愛看世界各地的風景介紹，但後來是既愛又恨，索性眼不見為淨起來。人家都說神遊、臥遊，但身心未能合一，其實卻正是痛苦的根源。

假如，假如我擁有一個強健的身軀，我沒有其他太多的想望，就是兩條腿、一雙鞋，踏遍江湖水、嶺頭雲，身體力行，心神與山水契合，魂靈黏附於每一粒沙、每一吋土，眼界為之開廣，胸臆隨之壯闊，幽居於陋室讀千卷書，又怎比得上邁開腳步行萬里路？只是，「假如」只是個遙遠的夢，總是縹縹緲緲，雲遮霧掩，不真不切，讓我欷歔難已，空留憾恨。

我情竇開得較早，小學四年級，就曾偷偷喜歡上同班的一個女孩，一直到國中畢業，都還對她念念不忘，但是，由於身體上的缺憾，從來不敢向她表白，只能像作賊似的，偷偷在習字簿上間隔幾字地寫著「我愛某某某」，算是對自己情感的交代。在後來成長的過程中，不止一次有我心儀的女孩闖入我的心扉，讓我神魂顛倒、朝思暮想，而類似「愛在心裡口難開」的窘境，也不止一次地屢屢重演。我常聽聞到許多同學的「戀愛」經驗，卿卿我我、盟山誓海，花前月下、攜手偎肩，說不盡的風光旖旎，而我只能遙遙癡望，山重水遠，金風玉露，卻是從未滋潤過我的身心。

有時候，我不免發個狠，豁出臉皮，遞簡傳箋，想用優美的詞藻，挑動伊人的芳心。烈烈轟轟的夢想，不時在我小腦袋瓜子中浮現，可到頭來，青衫白馬，皆成空想，闃闃寂寂，夢想中的風流，總被雨打風吹去。我算是勇敢的，敢於屢敗屢戰，但敗軍之將當久了，出師未捷身先死，竟流下了不少的英雄淚。

我常會想，「假如」我不是這樣的我，情況會不會有所改觀？大學時我有個「寶二爺」的暱稱，可大觀園中丰姿綽約的女子雖多，我這「寶二爺」，卻是從來不曾怡紅快綠過。我是很想自命風流，瀟灑一番的，此時就難免會憎怨造化不公，上天賜與了我敏感多情的心靈，女媧摶土時，卻粗製濫造了我的外形，青埂峰下，頑石終究還只是顆頑石。世間假如能真的有「假如」，那該多好？

我的一生，雖不能說是坷坷坎坎，但意想不到的波波折折，卻也從未少過，尤其是面臨出社會時的難關，磕磕碰碰，總是衝撞到頭破血流、遍體鱗傷。我算是頗有自信的，學問雖不豐富，但相較於同儕，也不遑多讓，出口能自然成章，落筆可行雲流水，翻開成績記錄，更可以說得上是出類拔萃。可是，閉門羹嚐多了，再有多少恢宏的志氣與自信，九里山連戰連敗，我竟有如烏江畔的霸王，忍不住都會有「橫刀向天笑」的念頭。

原因應該是不說自明的了。最讓人難以忍受的是，在前頭一直虛假的誇讚，而一轉過身子，厚重的鐵門就砰然關上，敲門都無人應答。那種蒼涼孤寂、斷雁西風的被遺棄感，既是深沉，又是如萬針剟刺一般。不是過來人，恐怕也是很難體會的。

眼睜睜地看著許多未必比我高明的人，搶佔去我其實是足以勝任的職缺，再回視自己的確「有礙瞻觀」的形軀，世態如此，氣怒的火只能用淚水澆熄，難言的委屈也只能往肚裡吞下。我不禁就會想到，如果我一如正常人，會不會有較公平的競爭機會？常聽人家說「給他一條魚，不如給他一根釣竿」，我是有釣竿的，而且擁有相當高明的釣技，但是，卻苦於遍尋不著可以供我垂釣的一方魚塘，我的魚呀，我的夢，深潛於茫茫的人海之下，該如何才能鉤沉而出？

「假如」，我只能「假如」一下。假如我沒有罹患小兒麻痺症，假如我能擁有和別人一樣的身軀，我可以腳踏著實地，登山臨水、追趕跑跳；我可以倚紅偎翠、左擁右抱，縱意瀟灑、盡得風流；我可以固守陣營、運籌帷幄，學而致用，聲斐士林。這該有多好？

可惜，「假如」一詞，是充滿濃厚遺憾意味的，常令人「悔不當初」。但是，運命如此，非我自造，很多事是非一己之力可挽的，又能如何？我只能面對現實，現實是真金不換，容不得「假如」的，當初已成事實，無須咎悔，就是咎悔，也無濟於事。「一枝草一點露」，再荏弱卑微的小草，上蒼總還是不會吝惜分沾一些雨露給他的；仔細想來，我身上的雨露，或許還沾潤得更濃、更多，而也正是有這些雨露的滋潤，我才能在烈日暴雨、狂風怒海中，持續茁長，至於今日。

正因我無法追趕跑跳碰，所以不得不收斂起我狂放的野性，以靜代動，有更充裕的時間，可以潛心於典籍之中、省思自我存在的意義；不能與大自然山川親炙，而我心中自有一個大自然，可以神遊想像，與其同在，以另一種方式感悟山水之美。而也正因出入動作，都須有人扶持，因此也備感到周遭親友同儕給予的溫暖與協助，更明白自己應當多珍惜這些恩惠，謙遜和易與他人互動。

不能任性風流，來去隨緣，無負無擔，儘管不免落寞，也是一種瀟灑。天上星辰再如何耀眼繁多，而照亮內心的北極星，也只須一顆，更是可以託付的明月。而我，畢竟也已擁有，這就是我園囿中最美麗的花朵。人生得此，又復何求？

遭際困頓，自不免心灰氣沮，但也磨淬了我堅毅的心志，我不忮不求，安於本我，雖少了壯志雄心，卻也多了心平氣和，我既不爭，天下又何能與我爭？

我是失馬的塞翁，不能馳騁在名利場中，但有一片心魂相守，這裡就是我可以安身立命的家園。假如？真的不必假如了，品一盅茶，讀幾本書，寫幾行字，不悲屈原、不弔宋玉，不金馬玉堂、不鏗鏘鐵馬，過往塵煙，淡而深濃，有的只有感激，只有慶幸，不必假如，即此就是真的、善的、美的。

我要「參選」嗎？

學弟蔡詩萍在我臉書留言，問我是否想「參選」。儘管我回應說「我哪有可能」，但這問題還真的一時讓我困惑了老半天。

年青時代，看厭了國民黨的諸多窳政，我的心其實是沸騰過的，除了化名寫過幾篇批評時政的文章外，也曾經想過索性去從政算了，看能不能夠以一己之力為台灣社會做一些事。我曾與當時一位在黨外的學長聊過這一話題，他提出我具有三個優點，一是我正在讀台大博士，二是我身體有殘疾，三是我是客家人，如果我願意投入，他可以助我一臂之力；但是，他附帶了一個條件，就是要我「表態」。我跟他是很熟的了，要「表態」什麼，我非常清楚，但這與我的理念完全背道而馳，我不可能贊同他們的主張，所以就婉拒了。

其後我研究、教學、寫論文，偶爾會寫幾篇評論文章，但也頗安於當個教書匠的職分，正所謂「帝力何有於我哉」，更深知我的個性是完全不適合於爾虞我詐的政治圈的，面對社會的許多不公不義的問題，反正事不關己，最多私底下嘀咕幾句、痛罵兩聲，也就罷了，甚少思考過從政的問題。

但年紀漸長，志氣雖未消磨，但閱歷既多，社會上凸顯的問題盡看在眼裡，有時熱血也不免會澎湃起來，會很天真地想著，「彼何人斯」？而能「為鬼為蜮」，難道大丈夫如我，就不能取而代之嗎？但偶與友朋閒談，略透風聲，就遭來一陣訕笑，妻子聽聞，更是罵詈交加，要我安份守己一些。我也就當開玩笑般，說了就算，也從沒有認真思考過。

應該是從二〇一八年「拔管案」開始，身為台大人，實在不能忍受這樣的「鳥氣」了，我開始變得「老憤青」起來，不平則鳴，陸陸續續寫了四百篇以上長長短短的時論文字。眼見藍綠兩黨，一個懦弱萎靡，一個囂張跋扈，而中道力量乏人，所謂「參選」的念頭，就不斷開始浮現在眼前。有時候，還忍不住有破釜沉舟、孤注一擲的衝動。當然，這又是一定被訕笑、責罵了。

其實我還真的認真思考過，眼見一群不學無術、貪贓枉法的人霸居政府高位、民意代表，我雖無德無能、無財無勢，說什麼也不會做得比他們差吧？說自己「無德無能」當然是謙詞，不過，「無財無勢」卻是絲毫不假。

我總覺得，當今的「選舉」，其實是一種投資，級別越高的選舉，投資額也越高，僅僅保證金，總統一千五百萬、縣市長一百五十萬、立委二十萬、市議員二十萬，我大概還拿得出二十萬，但選舉期間的各種開銷，恐怕遠遠超過此數，無黨無派的我，又從何處去張羅這些費用？我沒認識幾個企業家、政商領袖，大筆捐贈是連想都不用想的，而小額募捐，我也沒那麼多的人脈。沒有政黨的奧援，又不是什麼網紅，難道還要賣房借貸去選舉？這就是第一個難題了。

好了，如果財源不是問題，那選哪一個級別呢？大概也只有市議員、立法委員可以選擇了。立法委員倒是比較有真正發揮功能的席位，但基本上都為非綠即藍的人霸佔住，除了少數人之外，肯定是連邊都沾不上了；市議員好像還有一搏的空間，但粥少僧多、競爭劇烈，名落孫山的大抵也就是像我這樣的人，恐怕連保證金都拿不回來，更何況，監督市政，又何能撼動大局？思來想去，也還是窒礙難行。

對我最不利的，除了這些之外，就是我的年齡與身體問題。我今年已六十七歲，都行將入土的人了，在方今偏重於強調「青年才俊」的社會氛圍下，「老憤青」都被目為迂腐頑固的「老賊」，哪有可能獲得青睞？再加上我身體是行動不便的，要投身入選舉，天天拜宮廟、謁鄉賢、告鄰里、跑行程，我的體力哪有可能承受得住？只怕還沒開始選舉，我就軟癱在地上了。

說起來，我最是佩服台北文山區的方景鈞老先生，他從四十五歲開始，就投身於各大大小小的選戰中，到八十五歲為止，幾乎無役不與，一連十三次落選，真的可以說是「活到老，選到老」了。我雖景仰，但自問卻沒他那種恒心與毅力。

前一陣子，我寫了一篇「假如我年輕十歲」的文章，現在我最遺憾的，還是「老」的問題，桑榆晚景了，難道還要學魯陽揮戈般，不准許太陽西落嗎？

「偶開天眼覰紅塵。可憐身是眼中人」，都快成七十老翁了，我又何所求呢？

我如何評論政治人物

我是不懂政治學的，也非常痛厭政治；但「政治」是令人無所逃於天地之間的，因此我也關心政治，偶爾也會發表一些時論。基本上，以我粗淺的見解，人生於世的所行所為，可區別為「可以」與「應該」兩種，「可以」是就能力上說的，原則上，只要你能做到，就「可以」去做；「應該」是就道德、社會的層面說的，許多「可以」做的事，如有違背道德、傷害他人、危害社會，就未必「應該」去做。「應該」是個「約制」，它範限了「可以」的範疇，通常能力越強的人，範限得也越嚴格。

政治人物理當是較一般人範限得更嚴格的。以此，我認為政治人物可粗分為四類，一是「做了應該做的事」，二是「做了不應該做的事」，三是「沒做應該做的事」，四是「沒做不應該做的事」。而我對政治人物的評論，也就針對這四個層面而論。

「沒做不應該做的事」，就是奉公守法，平平庸庸，這種人雖未能有所建樹，卻還不至於為惡，其實多數的政治人物恐怕都是如此的，故可置而不論。

「做了應該做的事」，盡忠職守、為所當為，是有能力的人，但卻不保證其道德，更無須虛誇其事功。但多數的政治人物，卻將此誇耀成「德政」，這是我非常不以為然的。

「做了不應該做的事」，則顯然能力甚強，但道德上就大有可訾議之處，是失德，是我常批評的對象。

「沒做應該做的事」，是失職，辜負了百姓的託負，尸位素餐，根本不應該在政壇上立身。以蔡英文寫賀卡給黃子佼一事來說，姑不論他們的私交為何，以蔡英文元首的位置，在台灣面臨的嚴重「少子化」危機下，為社會具有影響力的公眾人物發函道賀，是「做了應該做的事」，或許可以因高層的鼓勵，讓更多的民眾願意「增產報國」，實在是無可厚非的。

但從另一方面來說，疫情如此嚴峻，無辜的十個小孩，在還來不及長大之前殤亡，身為一國元首，居然連一絲半點的慰問之意都未曾表現出來，幾近冷血，這顯然就是「沒做應該做的事」，是根本失職；而身為國家元首，任令疫情蔓燒，束手無策，則更是失能，當然就應該鳴鼓而攻之。

至於蔡英文在施政六年當中，任用私人、罔顧民生、放縱網軍、箝制異議，則分明就是「做了不應做的事」，不但應該聲討，連顛覆也都不為過的。

以此而論，其實蔡英文失職、失能，甚且失德之處，簡直是擢髮難數的了，又何須在她只不過「做了應該做的事」上大作文章？其實，無論她有沒有寫賀卡給黃子佼，都掩蓋不了她的失職、失能與失德。

但何以有許多人會拿此事加以大肆批判呢？這純粹是主觀的感受，而非理性、客觀的思考。有時候，「做了應該做的事」，如果是在錯誤的時機、不當的場合，是會引起民眾反感的，這是從「相對的剝奪感」來的，殤亡如此之多的小孩，未見有任何撫慰；而一子新生，就發函致賀，當然令人油生「厚此薄彼」之感，讓人心為之不平。相對地，往往也就將原本「做應該做的事」的功效抵消了。時機、場合的掌握，是政治人物智慧的展現，其實，從這個角度來說，蔡英文又明顯是「失智」的。

「相對剝奪感」是人之恆情，往往訴諸於強烈的情感衝動，這是我常警惕自己在評論時不要犯的毛病。評論蔡英文，失職、失能、失德，已經是我近年來的定論，至於「失智」，我是不願意多說的，因為一個人的愚昧蠢鈍，再怎麼責怪，都是無濟於事的。

我的政治告白

每個人都有其政治立場及觀點，在台灣各黨派中，自有其歸向的一邊，但總括來說，台灣沒有任何一個政黨我是滿意、喜歡的。

我自己的定位是「非綠」，甚至「反綠」的；「反綠」，所以對綠色陣營絕不假以辭色；「非綠」，所以是藍是白，對我來說，只要人選恰當，贏的可能最大，我就會傾全力支持。

目前台灣政黨，處於一大兩小的勢態，基於「反綠」，儘管我對綠營中某些人的風骨，還是非常欣賞的，但我是絕對不可能支持綠色陣營的任何一位人選。至於藍與白，則是選擇其中最可能當選的一位。當然，所謂的「最可能」，由於資訊上的不夠充分，其判斷可能會有誤差，但也只能自由心證了。

目前的局勢，已然表態的王建煊、宋楚瑜，備員充數，自是不會納入考量。主要的是綠、白、藍「三腳督」之爭。綠色的賴清德是早已緊鑼密鼓、枕戈待旦了。白營的柯文哲，相對也是倚馬橫刀、蓄勢待發了。唯獨國民黨，泛藍選民各擁其主，互不相讓，至今混沌未明。

國民黨內山頭爭立、內鬥激烈，最是引人詬病，但畢竟仍是百年老黨、第二大黨，也還有一拚的實力，因此，其動向也是我最為關切的。

國民黨目前明顯是侯友宜、郭台銘兩人競逐的局面，兩雄相爭，各有短長，而毀與譽，也相當參差。侯友宜穩健踏實、親和力強，又挾兩次市長選舉大勝的餘威，原是藍營領軍的不二人選；郭台銘則擁有紮實的企業經營績效及管理能力，尤其是財力雄厚，對目前財政窘迫的國民黨而言，可有莫大挹注，故異軍突起，聲勢亦駸駸然直上。國民黨基本上已決議以「徵召」方式「兩中擇一」，但因標準未定、方法未定，將會鹿死誰手，恐怕要拖到五、六月之後，才能見出分曉。

我對侯、郭二人，無好無惡，儘管從不同管道也都聽到許多對他們不愜於心的批評，甚至還有截然反對的，我也曾指陳過其缺點，但無論如何，在國民黨內，還是只有他們兩人足以與賴清德抗衡，未來是誰出線，都「可能」會是我支持的人選，所期望的就是兩雄作君子之爭，願賭服輸，不再蹈襲二〇二〇年步調不齊的覆轍。至於他們將如何「說服」持反對立場的泛藍選民，這就不是我能越俎代庖的事了。

不過，無論侯、郭誰能出線，僅憑泛藍的實力，面對賴清德如此一位強敵，能僥倖獲勝的機率，我個人是相對不看好，甚至是悲觀的。在一大兩小的局面下，恐怕也唯有「藍白合」，乃至「非綠合」才有勝算。但白色的柯文哲意向如何？朱立倫只提出方向，卻從未見具體合作方式，前途的荊棘，恐怕還是有重重的阻礙的。

致力於推促藍白合作，是我目前亟欲努力的目標，我也知道這是相當艱難的工作；如或不成，最後還是「三腳督」的局勢，則藍與白，誰比較強，誰就是我唯一支持的對象。

教育與文化的建言與批判

官場、學界現形記

在《論語》中，子夏說「仕而優則學，學而優則仕」，這是中國學、官不分的伊始，也造成了後來官學相互勾串、通同舞弊的惡劣風氣。

這句話的本義，原是在強調「學」的重要，將學問視為從政的基礎，主張學者應該致力於將自身勤苦所學得的知識，貢獻於整個國家社會。既然學問是從政的基礎，則學問有成，正不妨從政為官；而為官者若深知學問不足，更應該黽勉從事於學問的追求，以補其不足。

但是，眾所周知的是，「學」與「官」是分屬不同層面的兩個領域，從政為官的主要是看道德操守與能力，而學問再如何高深，也不能保證其道德操守與辦事能力；不過，學問的確也可以在從政為官的時候，為從政作輔益，是以歷來儒者為官者，也常是一輩子未曾忘忽過對學問的熱烈追求。

但晚近以來，由於學問的位階越趨越下，而為官者既掌有權勢之利，遂使得許多未必真有學問的人，一心攀附權貴，也想夤緣出仕為官；一群實為未必具有德能的官員，也想用「洗學歷」的方式，為自己鍍上幾層金箔，以妝點門面。於是，官學互利互用，沆瀣一氣，不僅官箴全失，甚且整個學風也都沉淪殆盡。

近日發生的中華大學、台灣大學林智堅碩論涉嫌「抄襲」的風波，實則一齣典型的「官場現形記」。一手握有全國治安大權的國安局長，雖說是「學而優則仕」，卻始終牢牢掌控著學界，利用國家興辦的學校，藉指導教授之名，培植羽翼，廣收學生，門人子弟，遍布朝野，號稱「國師」，且又私相授受，慫恿、縱容學生造假，輾轉相襲，卻還敢振振其辭、不愧不恧，視學術為附庸、率天下以作偽，如此官員，竟能於官場呼風喚雨，於學界隻手遮天，窮形盡相，豈其乃現代官場之現形？

此又為一齣「學界現形記」，身為大學教師、指導教授，竟附會於黨派，剽取國家研究計劃，縱容學生抄襲，假公以濟私，而事發之後，不僅未作自家檢討，反而恣意護航、狡獪其詞，分明違反學術倫理，卻視為「合情合理」。置學術之尊嚴於不顧，縱不肖弟子於法外，師道不存，學倫堪憂，敗壞學風，莫此為甚，亦側面反映出當代學術界之墮落，已至不堪聞問的地步，豈非地道的「學界」現形？

「仕」與「學」，本是可以相濟為用，為官者以學問濟其所不足，治學者獻其心力於國家，可以兩全而齊美；今乃反是，為官者假學術為循私管道，厚植黨羽；治學者依附權貴、包庇偽詐。群鴉亂飛，青天為蔽，官競鑽營，學盡取巧，「仕」失其為民服務之本旨，「學」喪其進德修業之志氣，如此官場、如此學界，國家還有什麼前途可言？

本人在此，大聲疾呼，仕學兩途，既已成同惡相濟之局，何如嚴分其界線，官自官，學自學，有意縱橫官場，求個人之聞達者，就應卸下一切學者身分，勿再將污手伸入學界之內；而

建請母校台大堅守獨立自主的精神

林智堅的論文門，不僅僅是觸犯了學術倫理中「誠信」的底線，更在於他堅持不肯認錯的強拗硬辯，從而徹底摧毀了「誠信」二字的意義。據報載，在一項民意調查中，認為林智堅抄襲問題「嚴重」的僅佔百分之四十六，而「不嚴重」的竟有百分之四十八。雖然只是百分之二的差距，卻已可窺出民進黨的「烏賊戰術」是奏效的了，多數的人似乎都傾向於「肯定」林智堅以宣傳手法塑造出來的「能力」，而忽略了為人基本當堅守的「誠信」的價值。

「道德」與「能力」，兩者看似不相關，「有德者未必有能」、「有能者未必有德」，這是人所共知的道理；但是，「有德者未必有能」的時候，我們還可以透過種種方式予以替換；而「有能者未必有德」的時候，其能力正足以濟其之非之惡，如虎添翼，肆其爪牙，從而帶給社會更大的禍害。林智堅最大的問題，就是在其拚命否認自己是「抄襲」的態度中，讓人發現了其「能」足以濟「惡」的嚴重道德缺陷。有德者未必能符合期待，但無德者呢？你還能夠有任何期待嗎？

其實，如果林智堅一開始的時候，就坦然承認其「抄襲」，而不以巧言詭辯的方式面對問題，以目前民進黨的支持度，以及其能征慣戰的選戰打法來說，相對於張善政的佛性柔性，還是佔有較大勝面的。台灣民意的趨向如此，這是非常殘酷、現實，而令人萬般無可奈何的。所以我也相當悲觀地認為，即便台灣大學、中華大學都一致認定林智堅是「抄襲」的，恐怕也無法對選戰造成多大的影響。

「論文抄襲」，這是學術界的大事，攸關「百年樹人」的學術倫理的堅持，稍一放鬆，則學術名器就會讓許多濫竽充數的人用來招搖撞騙，此所以教育部早早就規定所有碩、博士班的研究生，都必須在入學之際，修習相關「學術倫理」的課程，在提交論文時，也必須簽署聲明書。這原本是學術界的事，而與政治全無干涉。

但是，政治的魔爪早已橫伸入學術界了。自從民進黨打著「政治退出校園」的口號，趁國民黨察納雅言、全面退出的「空窗期」，反客為主地大肆入侵校園，從學生會到教師圈，密布眼線、培植私人，幾乎視大學校園為禁臠，排擠異議者，復以國家研究經費、教師升等，緊緊掐住教師咽喉，大學校園儼然成為民進黨的御用機關。

台灣的大學畢業生，約莫五百萬人，其中一百五十萬有碩博士學歷，在認為嚴重的百分之四十六選民中，相信絕大多數都是大學畢業以上學歷的，相信沒有多少人會昧著良心說林智堅沒有抄襲，大學校園的教師，更毫無疑問，幾乎個個都擁有博士學位，更不可能不清楚知道林智堅「抄襲」之事是別無狡辯餘地的。但是，事件發展至今，有多少學者敢於站出來大聲譴責？學者噤聲，大致有兩種情況，一是綠色死忠者，不願挺身而出，唯恐影響於年底的選情；一是心懷顧忌者，不敢出面，唯恐遭到秋後算賬。無論是哪一種，都在在顯示出政治早已凌駕於學術，學術成為政治的附庸了。

本應是獨立、自主，可以自外於政治的污染，保留一片淨土的學術圈，竟如此這般墮落，豈不令人痛心疾首！中華大學固無論矣，台灣大學是全台第一學府，有良知良能的知識份子，忍心她受到政治如此的撥弄與凌虐嗎？

我從二十歲那年進入台大，大學四年、碩士三年、博士八年，總共十五年的時間，其中還擔任過八年「大一國文」的兼任講師，年輕時最美好的歲月，都是在台大渡過的。儘管我沒有什麼可供炫耀的成就，既深以「台大人」為榮，更謹記台大「敦品勵學，愛國愛人」的校訓，雅不欲見到自己心愛的母校，受到政治的踐踏與蹂躪，因而摧毀了好不容易才建立起來的聲譽。在此，誠懇呼籲管中閔校長及學審會的成員，挺起腰桿，無畏無懼，堅守著台大人的風骨，以最公正的態度，將林智堅的抄襲問題釐劃清楚，維護台大的校譽，樹立起真正大學獨立自主的風範。更呼籲全體台大校友，以及所有曾經嚮往過台大的莘莘學子，一起為台大而奮鬥努力。

政治不得污染學術，學術可以端正選風

「政治不得污染學術，學術可以端正選風」，這是全台首學的台灣大學作了一次經典的示範，終於迫使林智堅不得不宣布「退選」。這是學術界給政治人物的當頭棒喝，也是學術淨土猶然可以期待的遠景。

「學術倫理」最基本的信念，就是「誠信」二字，「人而無信，不知其可也」，其實也是放諸四海皆準的原則。台灣大學的公允果斷，不僅僅維護了大學的尊嚴，更給若干企圖在政治與學界中渾水摸魚的人，一個深切的警惕。有了這一次的斬獲，台大更不愧為台灣學術界的龍頭，讓所有的台大人感到無比的光榮與喜悅。

但是，這只是剛剛踏出的第一步而已，不止台大，包括所有台灣的各大學，如林智堅師徒般沆瀣一氣、學官勾結的現象，仍然是歷歷可數。身為台灣學術龍頭的台大，更應該率先全面清查，將一干魚目混珠的政治人物，無分黨派，一一糾舉出來，讓政治的濁流全面退出這片淨土，以維護大學的獨立、自主與尊嚴。

儘管民進黨「揮淚斬馬謖」式的「壯士斷腕」，仍然是基於選舉的考量，包括林智堅在內，全黨上下都沒有任何的悔意與歉意，但是，「40勝於雄辯」，林智堅的「抄襲」及「不誠

信」的烙印，恐怕在這次的論文門事件中，是無法洗刷得清的了。目下最尷尬的人，恐怕是那些只有顏色、沒有是非，完全不懂「學術倫理」為何物，卻冷嘲熱諷、硬拗強辯，甚至將台大降格成「野雞大學」、將台大人抹紅成「中共同路人」的綠民了。

當然，台大所作的撤銷學位決議，還得由教育部核可，而林智堅也同樣可以依循法律途徑尋求救濟的方法。但是，這恐怕不僅僅會增添社會更大的反感，造成民眾更大的對立，更將會是一場經年累月的持久戰。林智堅畢竟還年輕，與其負隅頑抗，倒不如趁這段時間潛心修養，從哪裡跌倒，就從哪裡站起來，真有本事，就重新憑實力再考一次台大的研究所，寫出一本絕無抄襲的論文出來，以湔雪前恥。往者已矣，來者可追，這才是林智堅應該三思的。

整整花了一個月的時間，關注在林智堅的論文抄襲問題上，寫發了十來篇文章，最終將無誠無信者驅趕下台，也算是沒有愧對自己的良知；但是，卻因此而耽誤了自己不少的時間和功課，也搞不清究竟是值得還是不值得。

其實，我是很不喜歡寫時論文章的，寧可寫些談劍論武、歷史文化、民生習俗的文章。但是手賤心軟，有些話如鯁在喉，不吐不快，也就任性胡為了下去。如今算是「事了」了吧？但回顧前此的文章，事過境遷後，幾乎等同於廢紙，連自己回讀，都感到毫無意趣。

我是很鄙視政治的人，也從來未與政治人物有何接觸。

學倫審查資訊應一體公開

最近民進黨諸位因「抄襲」而被撤銷碩、博士學位的政治人物，都抵死不認「抄襲」，只肯說是「小瑕疵」，但卻又說「尊重審查結果」、「將循管道申訴」云云，其實這都是故佈迷陣、避重就輕，想移轉焦點，讓許多根本不知道什麼是學術倫理的人，誤以為這是受到政治的打壓，不但施以同情，反而集矢於攻擊學校及學倫會，網路上一片叫囂、謾罵之聲。

我在學術界三十多年，深知學術倫理是最基本的道德要求，也是最嚴肅不過的命題，凡是涉及到學倫問題，都必定得經過審慎的評斷，才能論定。要判定一本論文是否有「抄襲」嫌疑，其「抄襲」處是否足以影響其論文的存在，以及是否構成撤銷學位的要件，都必須將其論文內容詳加比對、條分縷析，一一檢視、條條列出，以作為判定的依據，然後經由審查委員相互討論，充分釋疑，才能得出最後的結果。有時候，其過程的艱難，甚至遠遠超過撰寫論文。這絕對不是一般人所誤認，以為憑三兩主事者以意識形態掛帥，就可以定其是非、有無的。

政治人物之狡獪，往往就在於此，明知自己絕對是無法否定抄襲的，卻一定非得故作冤屈狀，以模糊焦點的方式，混淆視聽，一句「政治迫害」，就可以大卸其責，反正只要熬過風頭，自然可以船過水無痕，甚至成為其累積的政治資產。

究其所因，無非是目前的學術倫理審查，通常只公布結論，而對其如何獲得此一結論的具體事證，皆以「保密」原則加以封禁，像台大審查林智堅的論文般，還有重點說明的，其實還屬僅見，大多數都只是函送被檢舉人而已，從不對外公布，甚至連檢舉人也都蒙在鼓裡。也正因此，當事人自然可以夸夸其談，甚至狂言猖披，擺出一副受害者的姿態，欺瞞那些不識不知的支持者。

這是政壇上常見的「苦肉計」，但用之學術倫理，「瞞者瞞不識，識者不可瞞」，卻也未必沒有效果。因此，流言蜚語，滿街傳播，寖至於真假無別、是非混淆。這也是一干「抄襲慣犯」，敢於如出一轍援用的原因。

要破除這種迷障，其實非常簡單，就是將所有的詳細審議資料，除了審查人的名姓加以「保密」外，全部公諸於世，就事論事，聽憑公斷。審查者固可理直氣壯，而抄襲者也將無所遁形。在法院中，法官審斷案情，必有公開的判決書示眾，可供隨時檢閱，學倫審查，既事關當事人的清白，又關乎學術的正義，豈有封存、保密的道理？

台大學生會的「投名狀」

話說在《水滸傳》中，林沖風雪山神廟後，輾轉投奔向梁山。當時梁山的掌權者，要求林沖拿出「投名狀」，才准入伙。

「投名狀」是什麼？簡單來說，就是「投遞名片」。投遞名片是古代進行干謁、冀得提拔、重用的普遍行為，是尚未知名的人出人頭地、宣揚自己的手法。林沖出身為東京八十萬禁軍教頭，當然知道這一儀節，就喚取了筆墨，正要書寫。未料強盜集團的「投名狀」與眾不同，是要去殺一個人，表示與盜匪同流合污後，才能蒙獲接納。——這就是「投名狀」的出處。

自古以來，恬然不知恥為何物的文人，最是懂得其中的機竅。明代天啟年間，閹宦魏忠賢權勢薰天，無恥文人國子監生陸萬齡，為了獲得重用，竟上奏朝廷，要將魏忠賢陪祀於文廟；崇禎末年，李自成攻陷北京，當時「復社」創始人之一的周鍾，為了諂媚李自成，居然搶著草寫詔書，將闖賊比作堯、舜、湯、武，而將崇禎之死，說成是「獨夫授首，四海歸心」。這些都是「投名狀」，自甘下流，附翼於操掌權勢閹宦、盜賊；相對於寧可被誅十族，也不肯為明成祖草即位詔的方孝孺，真的是「天下讀書種子絕矣」。

全台最高學府，排名擠入世界名校百大的台大，在民進黨當家執政、權勢炙手的時候，居然以「轉型正義」為藉口，附和民進黨鏟鋤異己的政策，以表效忠之忱，不也正是想尋求陸萬齡、周鍾模式，以林九萬為楷模，向民進黨納「投名狀」嗎？

所謂「轉型正義」、「解構威權」，其實都只是個幌子，重要的是在表態效忠，冀得重用。其實台大學生會也分明曉得，歷屆台大校友莫不以傅斯年校長的自由學風為榮，現任校務委員亦未必都如此顢頇無恥，此一提案未必會獲得通過，即便通過，也必然將導致歷屆校友的群起反對，但他們側重的，並不在提案的成敗，而就在一種表態，事態演得越烈，其表態力道也就更強大，領銜諸子，恐怕就立即能夠列名注籍，蒙獲青睞，成為林九萬的追隨者了。

陸萬齡配享魏忠賢之舉，在朝野集力交攻下，未能得逞，反而為朝廷賜死；周鍾本是文壇領袖，李自成敗亡後，身敗名裂，也同遭棄市，偷雞未成，先蝕把米，「爾曹身與名俱滅，不廢江河千古流」，「投名狀」遞得再大再巧，也逃不過歷史的批判。可惜的是，在傅斯年引領下，極力朝「願將這所學校貢獻於宇宙的精神」邁進的台大，就被踐踏、凌虐到無以復加的地步了。

此之謂，「士大夫之無恥，是為國恥」。

如何為學歷嚴格把關——對研究所的建言

政治人物以碩、博士學位漂白、鍍金的事，層出不窮，但除了李眉蓁的事件外，幾乎都嘈嘈嚷嚷一陣子之後，隨著選舉的結束，就逐漸為人所淡忘，也沒有人有興趣具體去追根究底，「炒學歷」儼然就成了選舉的固定「儀式」，非走個一遭不可，這不僅僅是選舉的墮落，更是學界的恥辱。

日前一位署名「翁達瑞」的學者，公開撰文指稱柯志恩的論文涉嫌「自我抄襲」、「一稿多投」，引發了新近的一場風波；先是王鴻薇出面召開記者會，揭發林智堅二〇〇八年中華大學的碩論，抄襲了甫發表未久的竹科管理局研究報告；緊接著，媒體人黃揚明、學者杜震華，亦出面指證林智堅二〇一七年台大國發所的碩論，涉嫌抄襲了其學長余正煌二〇一六年的論文。由於當事人柯志恩與林智堅都是政壇上舉足輕重的人物，非當初的李眉蓁可比，尤其是林智堅為民進黨的明日之星，而其業師陳明通又是赫赫有名的國安局長陳明通，兩案齊發，更引人矚目，一時之間各個言論平台風起雲湧，熱鬧非凡。

就台灣選戰的策略而言，將對手的可能弊端往死命裡打，已是公認的共同手段，見怪而不怪了。學術抄襲，涉及到政治人物的誠信問題，當然就等於授人以柄，難以迴避了。

這些針對著對手學歷而發的質疑，往往是具有強大殺傷力的，即便是理據不足、模糊影響，也同樣會掀起不小波瀾，而如若是證據確鑿，那大概就是命中要害，注定其敗選的命運，且可能吃上官司，將一生蒙上污點了。

學歷問題之所以會引發關注，主要的還是台灣的文憑主義作祟，社會上既極端重視學歷，許多政治人物當然也就會想方設法，無論如何也要去混出一個文憑，鍍一個金，才能獲得選民的認可了。但這些政治人物，平常忙於選民服務、飲宴剪彩、拉攏關係，哪可能有多餘的閒暇靜下來讀書、聽課，甚至撰寫論文？因此，大段小段、全篇論文抄襲，甚至倩人代筆的情事，也時有所聞。

但是，問題的關鍵，還是在於「審查」這一關。台灣學界對碩、博士論文審查之寬鬆，是相當駭人聽聞的，只要學生敢於提交論文，基本上是鮮少不會通過的，即便寫得再爛、抄得再兇，口試委員基於護航心態、人情壓力或是敷衍了事、通同舞弊，也就多半睜一隻眼、閉一隻眼，讓他蒙混過關了。尤其是自所謂的「在職專班」碩士班成立後，這種現象更為普遍，早就形成「學界之瘤」了。

依照各校的碩、博士取得程序，其實都有相當嚴格的「把關」要求，通常除了指導教授外，都必須最少有一位校外的審查委員，共是三至五人，針對論文作實質的審查。但是，首先是由於教育部對碩、博士論文的指導、審查待遇，微薄到令人不可思議的地步，而且近三十年未有調整。指導費用，從收於門下開始，到其順利畢業，少則一、二年，多則長達五年，而總共的待遇，不過在五千元左右，而且若是沒能畢業，則連一毛錢都拿不到；至於審查費用，則是一千到一千五百之間，理工、商管的論文通常排得寬疏，且不過寥寥三萬多字，尚可以較輕鬆看完，而人文學科則最少十萬字起跳，甚至有多達四十萬字以上的，厚厚實實，宛如磚頭般，可也卻是「不同工而同酬」，這就難免讓許多未能堅守學術原則的審查者，以敷衍草率的態度應對，即便出現抄襲的現象，也無法真正察覺。

其次，審查委員的遴聘，雖說由系所圈定，但指導教授可以「推薦」數人，而將親信好友排在前列，因此可以說只要指導教授願意讓門生過關，幾乎是沒有不能如願的。於是，這就造成了許多教授視指導、審查為畏途，寧可不收學生、不做口試委員，這就便宜了許多的名師，廣開方便之門，大肆招攬門人子弟，尤其特喜招收政、商兩界的要角，不但形成學閥，更可以為其未來的政治前途鋪路。以陳明通為例，教學二十餘年，指導學生達一百七十三位，不僅廣布門人子弟，其中更不少是炙手可熱的綠營要角。政治人物藉「洗學歷」以「鍍金」，學者則藉政治人物厚植勢力、廣布人脈，互利互用，政學勾結，沆瀣一氣，而皆大歡喜，至於所謂的「學術尊嚴」，當然就不在顧惜之列了。

學位本是名器，而不少人卻偏偏視名器為鑽營弄權、譁眾取寵的工具，學風焉得不敗壞，學術焉能不沉淪？

毫無疑問地，整個學術的墮落，關鍵就在「審查」一關，審查不力，使夤緣者可以取巧而得，遂形成「博士滿街走，碩士賤如狗」的現象，明明是濫竽，也可堂堂皇皇以「學位」驕人，進一步於政途、仕途上平步青雲，乃形成學界的毒瘤。

指導教授原來應是最重要的，也是第一個把關者，如若水準不足、程度太差的，就應該不允許他提出論文。但是，教育部對指導學生的人數並未訂有上限，招收學生一多，就難免心分力散，未能嚴加督導。以陳明通為例，二〇一八年出任陸委會主委，而當年碩士畢業學生人數高達十四位，而二〇二〇年則有十三位，我們很難想像，陳明通在政務繁忙之際，如何可以分心與學生作指導、討論、交流、細看論文？因此，為防止流弊起見，應該嚴格訂出指導教授每年收受學生的上限，以免濫收濫放，形同買賣文憑。

其次，教育部應該通令各研究所，在學生正式畢業之前，論文必須通過「查重率」的檢驗，各系所可自訂標準，從百分之十到三十不等。同時，研究生的畢業論文，除了涉及到智慧財產權的顧慮，可以提出免於公開的申請，但亦須訂有年限，其餘的一律要求上網公開，俾能由各界加以檢驗。

最後，為了保證論文的品質，防杜濫惡、抄襲的論文出現，指導教授及口試委員，都必須以「連坐」方法，以示負責，凡日後被檢舉屬實的抄襲作品，都必須負有督導不周、違背職務的咎責，至於如何論處，可由各系所以公約訂出。

當然，相對的壓力，也即將移轉到教授身上，既必須承擔起如此的重責，則其報酬就應相應提高，以目前行之三十年以上，微薄到連童工都不如的待遇，很明顯是無濟於事的。

學風敗壞，是社會人心澆薄、偽詐遍生的前兆，政學交相勾串之弊，早已形成大患，如果不能大刀闊斧加以改革，爛桃爛李遍天下，這個國家還會有什麼前途可言？在此，我主張針對所有的政治人物，無分藍綠、不論黨派，凡欲接受政府官職或參與選舉者，都必須在學歷這一關卡上，從嚴加以審核。從政可以不論學歷，但不可不論誠信，這是最根本的原則。

起沉痾，救大學

據二〇二三年英國泰晤士高等教育的排名（亞洲區），前十名大陸佔了四所（清華一、北大二、復旦九、上海交大九）、香港佔三所（港大四、中大六、科大七）、新加坡佔兩所（新加坡三、南洋理工五）、日本一所（東京大八）；相對地，台灣排名最高的前幾名，依序是台大廿九、北醫大四十三、陽明交大八十五、清大九十五、台科大一百三十七、成大第一百五十九、台師大一百九十四，全面失速滑墜。

儘管排名未必完全可信，但至少具有相對客觀的比較標準，台灣的大學教育，很明顯是出了極大的問題。可我們的教育部，七年來無視於台灣高教迅速滑落的事實，積極探討沉痾之所在，對症下藥，以培育真正的優秀人材。揆其原因，是自「教改」、「廣設大學」開始種下的惡因，故而有此惡果，更重要的原因是，自蔡英文執政以來，所用的教育部長潘文忠，根本完全不懂大學教育，只知一意奉行層峰意旨，二〇一八年甚至以「卡管案」備受譏評而去職，二〇一九年再度回鍋，上任迄今。

以一個國小教師出身，從未在大學任過正式教職，且未發表過若何有關大學教育論文的「博士」任教育部長，主掌全國教育大計，其荒腔走板，當然是可以預卜的，而竟連任至今、屹立不倒，台灣的大學教育如何可能有所起色？這也可見得民進黨執政，對「百年樹人」的大學教育，根本是完全不重視的。七年多來，台灣大學教育的疵漏，層出不窮，民進黨卻始終拿不出任何可以有效挽救的對策。

可七年不做，屆臨選舉，賴清德卻迅速拋出了補助私校學生兩萬五千元的支票，這不但是拿國家公帑大撒幣的「政策買票」，更完全無法解決當前台灣大學教育的癥結。可怪的是，在野黨有不少的學者、專家、校長，卻不能廣為諮諏，直指問題的核心，只會用空泛的「撒幣」、「買票」作不痛不癢的批評。沒錯，賴清德就是在「政策買票」，卻因可以造成「齊頭式的平等」，使不少人受惠，也將會受到某些人的歡迎，從而增益其選票。但是，這明顯只是「頭痛醫頭、腳痛醫腳」的蒙古大夫療法，是完全不可能對台灣大學教育有若何革新的作用的，而且，「債留子孫」的不公不義後遺症，更將無法收拾。

大學教育，是台灣社會未來發展的重要命脈，錯誤的政策，就如同庸醫開錯藥方一般，非但無助於病情，更可能沉疴綿惙，未來一發而不可收拾。台灣的大學教育，豈是僅僅學費的問題？不知道在野黨的專家學者看到這一點沒有？

台灣的大學教育，在「少子化」的威逼下，已是近於日暮途窮、岌岌可危的境地了，再不思考如何廣思對策、徹底改革，我實在不敢想像未來台灣的學子將如何是好。我建議在野黨應該迅速針對此一議題，召開公聽會，為台灣的大學教育好好把個脈，徹底尋出病因，施加針砭。起沉疴，救大學，此其時矣！

社會現狀的省思

終南捷徑——當代登龍術

一九一七年，李宗吾出版了一部震驚世人的大作——《厚黑學》，強調唯有「臉厚而無形，心黑而無色」的人，才能夠成為真正具有影響力的「英雄豪傑」。這當然是他蒿目時艱下的憤世嫉俗之論，故他雖自命為「厚黑教主」，卻是只掛個虛名，一生為人正直，臉既不厚，心更不黑，當然也沒有什麼太大的前途，不過到省議員、副廳長就戛然而止了。可世上臉厚心黑的人正復不少，不但讀不出其中沉痛的隱憂與譏世的嘲諷之意，反倒以其所開示的「法門」，興風掀浪、蟻聚蠅羶，私淑而成弟子，登龍有術，遂周遍於天下。

從人性本善的角度說，人要臉厚、要心黑，一如牛山之木，是必須旦旦而伐之，經年歷久，才能其厚如膏，其黑如墨的。李宗吾其實沒有料到，百年後的世界會是怎樣的格局，光憑「厚黑」二字，已未必能成為「人生勝利組」了，更遑論高官顯宦、豪傑英雄。蓋天下厚黑者眾，非小頭銳面、鑽營有術者，不能脫穎而出，必也尋出一終南捷徑，方能成功登龍。

歷朝歷代，捷徑不一，唐朝時的捷徑，是跑到終南山假裝隱居，以博清高之名，自然有人慕名敦請，於是盧藏用就顯貴一時；明朝熹宗時期，捷徑就是攀附閹黨，認魏忠賢為乾爹乾爺，犬虎也就一步登天；清初康熙皇帝時期，最好就是設法弄個「博學宏詞」的帽子來戴戴，立刻身價百倍。即便是盜賊，偷雞摸狗，也是成不了事業，最好是嘯聚山林、厚植實力，然後坐等朝廷招安，立馬躍居將帥之列。這些捷徑，相較於那些寒窗苦讀、胼手胝足，從童子試、縣試、鄉試、會試到殿試，一路含辛茹苦「烤」得不成人樣的蠢蛋讀書人，簡直是不可同日而語的。

廿一世紀的台灣，雖說民智大開、門道精通，能厚能黑、敢厚敢黑者，亦復不少；可於捷徑一事，猶有一間之未達，較之古代的笨書生也不遑多讓。他們還真的相信，從小學開始，才藝、語文、數理……，補之又補，然後當了堂堂的大學士，艱辛困苦的考上了公職、讀了碩士、拿了博士，就可以一馬平川，前程似錦了。殊不知從低階幹起，十數二十年，了不起就是個不起眼的小官，不僅有責無權，還要憂心俸祿之不能終保；碩博士滿街流浪，滿肚子不合時宜，也只能勉強餬口；即便僥倖謀得一職缺，攻苦三十年，亦是晚景淒涼。這都是「行不由徑」所致。便縱有，千種委屈，更與何人說？

當代的終南捷徑，是完全與當代社會以輕快迅捷為特色的節奏密合無間的，其要訣有三，首先要懂得儀容打扮，穿對衣服顏色，墨綠、深綠是首選，淡綠、淺綠，或是其他任何足以春天代表我的心的綠，就可以先立於不敗之地，多得是什麼董字總字執行長的肥缺，可以穩穩安插，報表可以看不懂、犯錯可以轉單位、被彈劾可以不予理會，官場、商企、黌宮等高薪高位的銜缺，唾手即可取得；其次要站對姿勢，一定要朝對太陽的方向，在溫暖的陽光下，癡漢可以豬手、聲妓可以為良、藥頭可以免責，婚禮還可以有軍警護衛；三者是覷準對象，選擇個有

領導人的人文素養

台灣在戒嚴時期，高層領導人延續著古代的文人傳統，即便如蔣介石為軍旅出身，亦格外著重心靈修養與人文素質，一生行事，皆恪遵陽明學說；蔣經國雖是留俄，受西方馬克斯主義影響頗深，然在位期間，每向社會推薦如《荒漠甘泉》、《天地一沙鷗》等書，儘管因政務繁忙，其所思所得，未必真能深入肯綮，卻也使得台灣在追求經濟發展的過程中，讀書風氣依然鼎盛，類似諾貝爾文學獎系列作品成套的印行、販售，可為明證。

李登輝繼任，在解嚴之後半年，各類書籍解禁，台灣社會迫不及待的汲取營養，書香氣息瀰漫，更是台灣人文發展的黃金時期。李登輝一生，熱愛讀書，家中不但坐擁書城，更不時廣閱新知，曾出版過十三本書，雖多為口述，而胸中丘壑，亦顯露無遺，可謂是歷任領導人中學養最佳的。

一九九〇年，李登輝以總統之尊，提倡「心靈改革」，更提出一份「李登輝推薦書單」，鼓勵民眾多多讀書。儘管因為李登輝受日本教育影響甚深，尤其對日本如德川家康等的政治家多所青睞，故所標舉書目有頗濃厚的日本文化色彩，未必能讓人愜懷；但風俗之厚薄，每繫於一二人心之所嚮，登高而呼，上行可以下效，對社會人心、讀書風氣的涵養，無疑是具有深切意義的。

其後的三任領導人，不是名校畢業的高材生，就是擁有博士學歷的學者，但平心而論，說他們不學無術，束書不觀，可能有點過分，但除了專業之外，對更廣泛的人文領域的關注，顯然是少之又少的，對台灣早已深植於人心的中華文化的認知，更是淺薄得讓人發噱，遑論對社會人文素養的關懷。防疫期間，國人靳門難出，本是推促民眾在家靜心就讀的大好良機，而政府從上到下，未聞有若何呼籲，最多不過去書展買十來本書，就讓拍馬奉承者撰文吹捧上了天，而於早已淺碟化、躁進化的台灣社會無絲毫助益。

據調查，台灣去年成年人中有四成的人，一年平均讀不到一本書，而其中讀書的恐怕也多半只限於養生、理財等較具功利性質書，文學、哲學、歷史、文化，幾乎成為「無用」的代稱，大學本科的學生，甚至連指定教科書都不願購買，更何況是其他？

數十年前，在升學主義作祟下，許多通俗文學作品被目為「毒物」，嚴禁小朋友閱讀；而如今的家長，恐怕該耽心的是，連通俗作品都不肯讀了，還會去讀別的經典著作嗎？重慶南路盛極一時的書街，早已為其他行業店鋪所取代，連名聞遐邇的誠品，也都只能吹響息燈號，出版社人人自危，但一籌莫展，而政府對此不聞不問，台灣距離「文化沙漠」的境地，大概也只剩幾里路了。

李登輝的功過如何，姑且不論，但他對台灣文化關注的熱誠，卻是令人感佩的。反觀今日政壇，汲汲營營、爭權逐利，檯面上的政治人物，有幾個是真正關心台灣文化發展，社會人文涵養的？一個國家的未來發展會是如何，有時候，僅僅看其領導人的素養就可以思過半矣。李登輝的時代，台灣是亞洲四小龍之首，當時何等意氣風發？而一代不如一代，當代的領導人能不慚愧嗎？

人文專業被輕忽的社會

今年的元宵節沒有聽聞「燈謎」的訊息，憶起往年的盛況，應該也是四十年前了，讓這對燈謎一道始終饒富興趣的我，有些許的不捨與落寞。

今年我本來是有打算在社區自辦一個燈謎會的，經費已有著落，謎家也已說妥，反正出錢出力，各有人襄助，自不妨與眾同樂，重溫往日情懷。但因疫情關係，卻只能取消停辦。

與好友同遊平溪，平生第一次親自施放天燈，自是有幾分興奮；但看到「靜安吊橋」的對聯，卻又是滿懷的憂心。

詩聯與燈謎，自明代李開先以「詩禪」為喻後，宛如孿生子一般，是具有異曲同工之妙的。詩聯一道，式微既久，燈謎也同樣寥落清寂。古典詩社與謎社，目前都面臨到青黃難接的困境，社中諸子，平均年齡都在五十、六十以上，年輕的一代，幾乎是裹足不前的了。寫古典詩歌、創作對聯、猜燈製謎，如今也成了業餘中的「專業」。

可這「專業」，並未如同其他的「專業」般受人尊重。社會上許多的知名人士，往往稍能謅個幾句，就自號為「詩人」、「才子」，寫一些格律不諧、意境低下的詩詞、對聯，公然陳列、分贈，附庸一下風雅，遂鬧出不少的笑話。相對於詩聯，燈謎恐怕可說是專業中的專業了，但更假借不得，真的非有幾年苦功，無論是猜謎、製謎，都是無從入手的。在無可奈何之下，有時為了應景、應命，就只有一招——抄。反正目前網路發達，謎題甚多，也沒有人有本事去追究著作權的問題，真正的謎家也就只能一笑置之了。

燈謎專業的受到蔑視，不知從何時開始，但有一事，我是感慨極深的。在一九九六年以前，台北市的元宵、中秋節日，都有頗為盛大熱鬧的燈謎活動，而照例都是由台北集思謎社的謎家負責製作、主持。

一九九六年，當時的市長陳水扁，不知聽了哪一位幕僚的諂言，認為集思謎社「霸佔」了燈謎的活動，市府有「圖利他人」之嫌。陳水扁一怒之下，也認為製作燈謎其實也不過就是簡簡單單的事，遂下令不讓集思謎社參與，改由十個圖書館各派出一位館員，負責出謎及主持，也一樣是人潮洶湧、氣氛熱烈。

當天，我和幾位集思的謎友，也在爭猜的人群之中。一看到謎面及猜射範圍，天哪！這不都是從台北圖書館為集思謎社所出的專書中抄出來的嗎？全場十攤，只有一個是自己撰寫謎面的。有趣的是，抄也就罷了，竟然還抄錯。我還記得有一題「老者安之」，是猜射唐代人名的。這是我被選錄書中的一題，答案是「李靖」。我湊上前去猜射，結果居然還猜錯，他的正確謎底竟然是「李密」。我整個人當初就懵傻了。後來聽謎友說起，類似的例子還真不少。

大概是有人批評了當時出謎的一些問題，陳水扁也對圖書館員的不靠譜大為憤怒，自此以後，就索性在元宵節的「台北燈會」，取消了延續幾十年的燈謎活動。

古調雖自愛，今人多不彈。詩聯、燈謎，大概是真的不合時宜，注定要為現代社會所淘汰、輕蔑的了。原本是一般文人、民眾都可參與的民俗文娛活動，現在都成了少數雅好者的「專業」。但既是「專業」，也就應該有些許的尊重吧？又豈能任由一些不懂的人在裝懂，胡亂湊數，反而造成了社會上錯誤的認知？

現在社會中的許多人，誤以為古典詩歌只要幾句字數相同的文字排列在一起，就是詩了；對聯則更只要上下兩聯字數相當，就可以高懸示眾；燈謎也只要幾個圖像、符號排在一起，就是「謎」了。文字的精確性，以及文字可以馳騁、想像、創造的樂趣，喪失殆盡，人文的素養漸趨漸下，未始不是由於對「專業」的輕忽所致。

我看「母語」

最近台灣政壇又因李佳芬所說的「學校教母語是浪費資源」一語，掀起軒然巨波，有心人更是惡意的將此語改為「教母語是浪費資源」，因而指摘李佳芬是「歧視母語」。我不知道「在家學母語」如何會導出「歧視母語」的結論；但可以確定的是，將「母語教學」的責任委諸學校，根本就是錯謬的。台灣每逢選舉，就一定會出現一些有關「母語教育」的爭議，而每次都是熱炒一陣，達成選舉宣傳、攻擊的效果之後，就率由舊章的，無人聞問。真正願意實心檢討「母語教育」問題的人，根本是鳳毛麟角，尤其是一些自詡為「母語」發聲的政治人物。去年差不多此時，此議題一樣被醱酵出來，我曾寫了一篇臉書文表達個人看法。回視此文，對現在這一議題，依舊有值得參考之處，故在此重刊一次，供大家參考、討論。

我的家族是在清代乾隆年間，從廣東饒平移民到台灣的，目前分派有六房，我是六房衡山公一脈，但據說並不是嫡傳，而是林家的螟蛉子弟，在我小時候，還曾聽到有個「唐山公」，才是真具血緣關係的親屬，是從閩南來的。因此，我應該是兼有閩、客兩種親緣，所以客家人常有的「蠶豆症」沒有遺傳過來，倒是頗讓我在後來的語言學習過程中，獲得不少助益。

我小時候的居住環境相當特殊，一條從市區延伸到竹東的光復路，既有客家莊、閩南村，也有許多夾雜著南腔北調的眷村。從小家裡是講廣東饒平話的，但親友往來，因居所不同，海陸與四縣的客家話，幾乎也是完全不學而能，至今猶能琅琅出口；周遭閩南鄰居不少，習聽習聞下，也自然而然就能聽能講，甚至說得比客家話還流利。學校教的是國語，同學有閩有客，也有外省眷村子弟，同學們對談溝通，大多講的是國語，但偶爾還是會因對象的不同，兼說客家話和閩南話。雖然常聽到有人說當時在學校講說閩南或客家話，會被掛牌子或是罰錢之類的傳聞，但在我的經驗中，卻是從未發生過的。當時社會經濟條件不佳，家境清寒的學生，連起碼的學費都經常拖欠，得勞班導師去催繳，如果真發生要「罰錢」的事，家長肯定不會善罷干休。或許是我個人經驗所限，我始終懷疑此事是被過分誇張渲染了。

國中時期，我在學校多數講國語，因為同學也是各有所自，國語比較容易相互溝通，但也會偶爾說閩語、講客家。高中比較特殊，因為好友頗多客家人，所以講客家話的機會特別多；大學時期，宿舍裡南部同學多，反而多講閩南話。但無論如何，還是以國語溝通為多。但此時港澳僑生相當多，他們之間的交談，幾乎都是「丟來丟去」的廣東話，習聞久聽之下，再加上交了個香港僑生的女友，廣東話也還算「麻麻地」、「識聽識講」。大三修習《文心雕龍》的課，廖蔚卿老師始終都用一口四川話講說，我也無意間學了不少。

我目前算是閩、客（三種）、粵、川幾種方言都還流利，但都是從耳濡目染中自然習得的，各種語言，因人而講，便足以與對方拉近關係，其樂無窮。我始終認為，語言是用來彼此溝通、增進情誼的，而不是被拿來此疆爾界、區別你我的，所以對很多強欲借語言劃出鴻溝、各樹壁壘的論調，是非常不贊同的。

目前台灣流行的方言，雖是各有不同，但因文法相類，只要有相對的語言環境，是不難不學而會的。倒是從國中開始學習的英語，通共學了九年，至今猶箝口撟舌，遇到老外，還是連一句流利的話都無法出口。

孟子曾說過一個「一傅眾咻」的寓言，一個楚國人，想學齊國語言，就找了個齊地的師傅教他，但是課堂上固然認真學習了，可下了課後，所交往的都是楚國人，講的都是楚國話，所以終究還是沒能學成。孟子是藉此說明「環境習染」的重要性，語言的學習，何嘗不是如此？台灣的英語教學，至今已有數十年之久，但缺乏語言環境，除非刻苦艱毅、發憤而學，多數人大概都和我一樣，在老外面前都是「尊口難開」的吧！

台灣的「母語」教學，始於二〇〇一年，至今已有十七年的歷史，但成效如何，許多人都避而不談，其實是心知肚明的，外在環境缺乏，再如何加強課程時數，肯定都是徒勞無功的。更何況，目前台灣的人口結構，增多了許多外籍如越南、印尼、泰國、菲律賓等人士，所謂的「母語」，如果依照俗用的英文直譯，就是「母親的語言」（mother tongue），閩、客、外省（馬祖說的是閩北話）、十數種原住民語，再加上東南亞各國語，無論是師資、教材、課程時間……都有其難以兼顧的種種問題，除了空博個「重視母語」的虛名、添增學子負擔外，真的還看不出有若何立竿見影的成效。

有趣的是，通常我們說籍貫、族群別的時候，是以父親祖籍為主的，我是客家人，小孩也天生就是客家人，照道理應說成是「父語」才對，但不知為何，大家都用「母語」一詞，想來除了是受譯文影響外，與當前的社會結構也有關聯。儘管當代的家庭，仍脫不了傳統「男主外、女主內」的束縛，一般來說，還是以母親跟小孩互動的機會較多，多數孩童從小的語言，是跟媽媽學的。我是客家人，妻子是廣東人，但我的小孩不會說客家話（慚愧），卻會說廣東話。

無論是「父語」還是「母語」，孩童最初接觸的語言環境，才是最重要的，此所以有人將「母語」界定成「一個人出生以後，最早接觸、學習、並掌握的一種或幾種語言」，「最初」，自然就是「家庭」。因此，我是一直認為「母語教育」應屬「家庭教育」的一環，而未必非得納入正式課程不可。

當然，我知道我的觀點一定會招致非常多人的抨擊，甚至加諸我「消滅母語」之類的罪名。由於社會的變遷，再加上政府過去在強力推行國語時，完全忽略了「母語」保存、維續的重要，致使如今外在的環境已非過去可比，家庭中的通用語言也隨之罕用母語，此所以引起一些有心人士的隱憂，欲藉學校教育以彌補家庭教育之不足，這是非常能夠理解的。但是，如果只有學校點到為止、吉光片羽式的母語教學，顯然是絕對不夠的，推揚母語，家長的責任遠比教師來得更重要，否則孟子「一傅眾咻」的問題，仍然是無法解決的。台灣母語教育十七年猶未能彰顯成效的結果，難道還不應該重新加以檢討、省思嗎？

話說「外省人」

從地域上說，自從明末鄭芝龍以台灣為拓展其海上事業的據點之一，開始駐軍於嘉義魍港（今布袋附近）後，其麾下軍士，就是中國大陸第一批移居台灣的「外省人」了，而自鄭成功驅趕走荷蘭人，銳意經營台灣，其部屬屯軍各地，更陸續引進不少閩、粵人士，其後清朝治理台灣，來自福建漳、泉二州，以及廣東沿海的客家地區的移民，更是後來台灣漢人社會形成的基礎。這些由外省移民至台灣的居民，其實都可以稱為「外省人」，真正所謂的「本省人」，其實只有原來居住於台灣，卻漸次被閩南、客家人排擠到山區的「原住民」。我們可以說，「本省人」的稱呼，其實是「乞丐趕廟公」的一種僭越。

台灣自清代納為行省之後，所有的居民，無論是閩、粵移民，或是原住民，都可以說是「本省人」；甲午、乙未之後，台灣受日本統治五十一年，將這些居民通稱為「本島人」，以與日本「內地人」作為區別。但顯然台灣的居民對原本的「省」字，猶念念不忘，光復之後，因中國大陸接收人員來台，就以「本省」、「外省」作區隔，其後國民政府撤退來台，大量中國大陸各地的公務員、軍人轉駐台灣，此一名稱更是普遍為人所使用。

嚴格說來，台灣是移民社會，除了原住民外，都是自中國大陸移民過來的，只是在時間先後上有所不同而已，同文同種、同血同脈，在宗教、文化上幾乎沒有什麼差別，最大的區別是語言，以及生活、飲食上的些微不同而已。但從清朝到日據時代，三百多年來，閩南、客家、原住民相互通婚，除了仍保留語言的特色外，其他方面根本已是渾融無別了。

細考「省」字的由來，乃是因一八八五年「中法戰爭」之後，在左宗棠倡議之下，方才由清廷下令「建省」，而以劉銘傳為首任巡撫，方才有了「省」的地位。以此而言，以「本省」、「外省」作區隔，實際上是無異「承認」了台灣隸屬於中國的一部分，這恐怕是現在一些鼓吹台灣獨立、而強烈排斥「外省人」的「本省人」，不知不覺所犯下的邏輯謬誤，嚴格以論，應當稱「本國」、「外國」才對。

台灣光復以後，由於國民政府未能妥善處理來自中國大陸的人士與台灣本地人的衝突，因而激發了「本省人」與「外省人」的強烈區隔意識，而那個時候，用以區別的，其實唯在語言而已。來自中國大陸各地的人士，語言是南腔北調，與閩南、客家，是完全不同的，因此在二二八之時，就有許多「外省人」因為語言而慘遭殺害。

有些人常以國民政府自光復後大力推行的「國語政策」是一樁「暴政」，是「外省人」欺壓「本省人」的鐵證之一，其實，推行國語的實施對象，又豈僅僅是「本省人」而已，許多操各省方言的大陸人士，同樣必須學習，這是國家發展的必要措施，可以說是「書同文、車同軌」之外，溝通、融合地域區別的最有效方式。

中國大陸人士來台，距今已近八十年，也都已在台灣落地生根，繁衍子孫，也多有與本省人通婚的從「第一代」到現在的「第三代」、「第四代」，語言統一、信仰相近、生活相當，其實已經很難區別誰是外省、誰是本省了。（自一九九二年，身份證原來的戶籍從本籍改為出生地，這是消弭省籍區別最佳的方式，因此，許多外省的「第三代」以下，已經都渾然忘卻了自己是「外省人」了。）

來台大陸人士的家庭組合，大概有三種不同的方式，（1）夫妻都是「外省人」；（2）夫為「外省」、妻為「本省」；（3）夫為「本省」，妻為「外省」。早期由於本省、外省區別的意識極為濃厚，本省人對與外省人通婚，是非常排斥的，尤其是本省女性嫁給外省男性，更不知要突破多少重難關，但隨著時間的衍化，至今已是鮮少障礙了。在中國文化的父權觀念下，一般所謂的「祖籍」，是以父輩為準的，父親是外省人，則子女也算外省人；父親是本省人，子女就是本省人。這是相當落伍的觀念了，我們雖然總是強調「母語」，其實真正實施的是「父語」。不過，也就在以出生地為身份標誌後，外省、本省根本就無法區別了。

從一九九二年到現在，戶籍法已實施三十多年，我不知道日本《經濟新聞》所說的國軍九成「外省人」是如何得知的，更不知道劉世芳想用什麼方法去加以「徹查」。在「省籍情結」已經漸次消弭的時候，居然還以此危言聳聽的方式，挑撥台灣人的感情，蓄意製造撕裂與對立，真的是無恥與下流的了。

違反人性的省籍之分

我是道道地地的客家人，但從小生長在眷村附近，自小學到高中，所交往的朋友中，外省人佔了相當大的一部分，其中不乏到現在還是非常稔熟的朋友；大學、研究所時期的好友，外省人同樣有不少，師長更是不用說了，外省籍的佔了一半以上。他們個個都對我十分親切，對我扶掖有加，在我的觀念中，其實是完全沒有所謂的「省籍情結」的。有時候，我還會刻意學習他們說話的語調，以示與他們的親密。

記得大學時教我《文心雕龍》的廖蔚卿老師，她是四川人，儘管國語講得相當標準，但上課時常用四川話講說，將「劉勰文心雕龍」六字，講成「柳寫穩心雕隴」，上了一年的課，我居然連四川話都是說個七七八八。考博士班時，我與楊儒賓一起去請她寫推薦書，她更是一口答應，就替我寫將起來了。

除了我很小很小的時候，因為受到長輩的影響，常將外省人呼為「阿山豬」，將眷村稱作「豬母寮」，而且也曾看到閩南村與眷村小孩的集體打架，但自入了小學之後，本省外省同學一起讀書、耍玩，誰管誰是哪一省人？只要談得來、玩得起勁，都是好朋友。

第一次感受到本省、外省人的隔閡，是從我教書之後開始的。記得那時正是台北市長陳水扁、黃大洲、趙少康三人競中非常激烈的時候。陳水扁刻意祭出省籍牌，強分「土狗」、「貴賓狗」，整個社會就開始有了激烈的變化。

當時，淡江中文系裡的幾位「外省」教師，經常在教室休息室裡談天，我遠遠在休息室外面，就隱隱然聽聞他們討論的內容，可是，等我進去，一切的聲音就逐然歇止，不是起身離去，就是顧左右而言他了。

我很是訝異，不明白個中道理。有一次，還是我主動講起台北市的選情，並說出我是支持趙少康的以後，才見他們開始「敢於」與我攀談。其中段世革老師對我最是另眼相看。有一次，我看他心中悶悶不樂，大白天就就喝酒喝得滿臉通紅，不禁就上前問候，原來，是因為段師母與他所支持的對象不同，兩人常因此爭吵得面紅耳赤，這次居然鬧到要離婚。只見他眼眶泛紅、音聲哽咽地向我訴苦：「我從小流浪到台灣，還在白色恐怖時遭受到國民黨迫害，差點連命都丟了，還好是張建邦校長將我救了出來，讓我從師大轉到淡江就學，然後留校任教，在台灣娶妻生子，建立事業、家庭，憑什麼就因為我是外省人，因為我有自己選擇的對象，就非要我滾回大陸去？台灣是我的家，我成長在這，也會埋葬在這，阿保，你說，這公平嗎？」

在這一剎那，我才赫然發覺到，強分省籍，是多麼殘酷與違反人性的事，但是，因為政治因素，有些政客卻偏偏想藉此牟取政治利益。我對段世革老師的感受，是相當能夠體會的，他算是湖北大漢，比我高了兩個頭不止，平常談笑風生的，可卻在我這個小不點面前，流下了英雄不輕易流下的眼淚，其心中的淒楚，是可想而知的了。

我是不是中國人

台灣人到底是不是中國人？

這是個「大哉問」，無論回答「是」或「不是」，恐怕都會牽動許多人的敏感神經，甚至引帶出兩種截然相反且壁壘分明的爭議；不但如此，更攸關於個人如何自我定位的問題。

旺旺中時集團的蔡衍明，與台北市長柯文哲前幾天對槓上了。蔡董事長認為自己「是台灣人，也是中國人」；柯市長則從「文化」上肯定自己是中國人，但在「經濟」上則略有保留，而在「政治」上則謂「現階段就不可能」。顯然地，柯市長是顧左右而言他，未肯正面回應蔡董事長的質問，將文化、經濟與政治作了明顯的切割。

有關「文化」的定義，是極其複雜的問題，依照柯市長的觀點，應是指在同一血緣、同一語言文字、同一生活方式下所顯現的總體樣態，在這個樣態中，難以避免會涉及到經濟活動及政治形態的問題，是否能如柯市長般的作完美切割，恐怕是不無疑問的。從文化上的中國人角度出發，則在同一文化圈中進行經濟活動，顯然是較諸不同文化圈來得更具有便利性，也更容易協調，此所以柯市長認為「可以談」的緣故。當然，在這裡，柯市長含而未露，保留了「如何談」、「談什麼」，以及「如何落實談的內容」的問題，是相當技巧也具有彈性的作法；畢竟，兩岸的許多經濟制度有不小的落差，也當然「非談不可」。不過，從現實面來說，這問題早就已經跨越了「可以談」的階段，以兩岸目前頻繁而活躍的經濟互動看來，所該做的其實是如何在如此相互依存的關係中，為台灣爭取到最大空間的問題。柯市長無疑是有意避重就輕、模糊焦點的。

兩岸政治上的歧異，幾乎可以說是天差地別的，此所以柯市長認為「現階段不可能」，其實「現階段」只是個託詞，除非兩岸發生天崩地裂的變化，否則將是「永遠的不可能」。換句話說，柯市長是無法認同對岸的政治制度的，其實，這也表達出了多數台灣人的心聲。

但是，經濟上雖仍須尋求更佳妙的應對方式，政治體制上的絕大差異，卻是與「台灣人是不是中國人」的問題邈不相涉的。台灣人多數是從大陸移民過來的，只不過有先來後到的區別而已，在同一文化下，可以說都是炎黃子孫一脈相傳，以此說自己是中國人，柯市長的觀點，是完全站得住腳的。問題的關鍵在於，兩岸即便在「國體與政體」上有極大的差別，但皆不過是政治體制的不同，此正如同民國革命，從清朝的專制政體，轉向於民主政治，而食息於這片廣袤土地上的老百姓，依然不妨其為中國人。台灣人既然與大陸血脈相連，站在斯土斯民的立場，強調本土，固然是理所當然；但是立足於整個中華民族的角度，則承認自己也是中國人，何嘗不也是順理而成章的？

柯市長是企圖以切割方式迴避蔡董事長的問題的，但在不自覺中，忽略了自身論述的一個盲點，那就是，他把國家和政權混淆在一起了，操掌政權的人，可以憑藉其威權，選擇任何一種政治體制，但卻絕不能改變國家名號；我們可以反對某種政權實施的政治體制，但卻沒有必要否定這個國家。

當然，兩岸因為歷史上的種種因素，目前各有其信守的國號，無論是中華民國、中華人民共和國，食息於這片土地上的人，無疑都是中國人。

論者往往以英、美兩國為例，美國是從英國人在北美所建立的國家，雖與英國的文化密邇相關，卻是分屬兩個不同的國家，是以台灣人雖從大陸而來，自也有充足的理由獨立成國。表面上看來，這也是頗具說服力的。但是，美國五十一州的土地，向來未曾歸屬過英國；而台灣，遠的不說，自明鄭開台以來，歷經清朝之正式納入版圖，雖因甲午之戰，淪為日本的殖民地，但無論如何，都始終是從屬於中國的，除非刻意扭曲歷史、變造偽證，台灣人當然也是中國人。

我是台灣人，以身為台灣人為傲，但這不妨礙我也自居為中國人，以中國人為榮。

「可憐」的中華民國

早在二〇一六年蔡英文當選總統的那一夜，我就想寫一篇「祭中華民國文」，以示哀悼；可是顧念到自己不熟悉祭文文體，同時也為所謂的「維持現狀」所惑，還抱持著一丁點的期望，中華民國，這個我認同並喜愛的國家，還能夠僥倖實存下來。可是，在蔡政府一系列有計劃、有步驟的清除「中華民國」這個名稱，只是拿虛假的「維持現狀」當幌子，一步步蠶食的時候，我已經明白，目今的執政者是決心拋棄我的中華民國了；直到此次「同慶出訪」，在執政者動員下，在美國的台僑「熱烈」歡迎蔡總統的蒞臨，一片旗海飄揚，居然全都是民進黨旗，連一面青天白日滿地紅的國旗都看不到，讓我懷疑，到底蔡英文是代表國家還是代表政黨出訪的，我是徹底死心了，中華民國即將亡在蔡政府的手裡。

中華民國建國的路程是非常艱辛而苦難的，從興中會、同盟會到武昌起義，其間不知有多少先賢先烈拋頭顱、灑熱血，才告成立；袁世凱變更國體、軍閥割據，北伐後才勉強撐住大局，而風雨飄搖，國步維艱，好不容易抗戰勝利，又遭逢山河變色；國民政府退守台灣，儘管緣因戰亂，頗多強抑的施政，而金湯固守，總算蹣跚而進，相對於大陸的紅色暴政，中華民國畢竟還是在一片藍天中，樹立了民主自由的典型，台海局勢雖緊繃，斯土斯民，卻能免於戰禍，得享數十年安和樂利的日子。這是中華民國，台澎金馬共同的標誌與光耀。

自李登輝開始，台獨的聲音逐漸茁生，陳水扁繼之，中華民國四字，反倒不如日本來得重要，蔡英文執政，明獨、暗獨，紛紛而出，中華民國這個名字，包含青天白日滿地紅的國旗、莊重壯肅的國歌，被棄之如敝屣，中華民國，其實早已名存而實亡了。

中共其實是承認中華民國的，只是認為民國已亡，成為歷史；國際上的友邦雖少，但還是肯與中華民國交好；在島內，在野的藍營是認可中華民國的，但執政的綠營，骨子裡是進行台獨，欲尋求台灣建國的路徑，但因懼於中共可能的武力犯台，又不敢堂皇宣布，中華民國是他們擋箭牌，平時絕口不提，於是，每逢雙十國慶，過去滿街飄揚的國旗在綠政當家縣市，完全消失了；總統府前「中華民國萬歲」招牌被撤除了；若干重要的典禮，「中華民國」變成了「我國」，浸至連代表中華民國出訪的重要迎接場面，也看不到一面國旗！可憐了，我的國，已成為權力爭奪者「借屍還魂」的工具。

中華民國如果沒有更強力的人群來加以護持，算是已經亡滅了，這也是無可奈何的事，國號更易，全民共決，在民主時代，選擇一個更美好、更有益的國家代號，只要他還能堅實穩固的護持台澎金馬兩千三百萬人的和平與安全，也未嘗不可；可憐的是，都已名存而實亡了，還要被當政者作賤糟蹋、播弄褻玩，時不時來個掛羊頭賣狗肉，連入土都不能為安！

中華民國有百多年的歷史，從我出生開始，就是中華民國的國民，無論世事如何變動，政治多麼詭譎，我的國家只有一個，那就是中華民國。東晉名詩人陶淵明，所作詩文皆標誌日

「愚公移山」的迷思

「愚公移山」一文，出自於《列子．湯問》，敘述北山愚公發願欲以一己（包含後代子孫）之力，鏟平橫亙於家門口，阻絕交通的太形、王屋二山，使得天帝震恐，於是命夸娥氏的二子將二山搬移到別處地方的神話寓言故事。

自民國以來，許多教科書都收入這篇文章，且都一致肯定其隱含的決心、毅力之可貴，類似教育部《成語詞典》中所說的，「比喻努力不懈，終能達成目標」的解讀，普遍深入人心。

但是，此則寓言之所以會被民初學者視為童蒙教材的原因，其實是在當時普遍信仰「賽先生」，強調「人定勝天」的背景下而開啟的，固然有其特殊的時代意義；但是，時移世易，此一觀念是否仍然適用於當代，卻是值得重新思考的。

基本上，民初以來的學者對此則寓言是「誤讀」的，所謂的「決心、毅力」，並非其重點。《列子》一書，基本上是道家思想，道家思想上承老、莊，對人文與自然的態度，是以自然為上，否定人為的，因此，破壞自然景觀，硬是要將大山弭平，以創造適合人類生活的環境，是與道家「道法自然」的觀念相衝突的。本文的「寓意」，其實專指「變通」，這點從愚公批評河曲智叟「汝心之固，固不可徹」中，可以分明看出。這正如莊子在〈逍遙遊〉中，批評惠子有「五石之瓠」，卻只能想到不適用於當杓子，而未想到可以當腰舟使用，是「夫子猶有蓬之心也夫」一樣，是思路受到成見所囿限而僵化，不知變通一樣。推廣列子之意，則二山橫阻，只想到將其鏟平，也是只知其一，而不知其二，同樣被成心偏見所囿限。

或許是由於最後一段夸娥氏的「負山」過於違反科學原理，所以多數引文都省略了這段，其實，列子正是利用神話，指出了可能有的另一條徑路——「移山」。但此「移山」，不同於愚公的「鏟平」，而是保留其原貌，而放諸於其他地方。這雖然也是違背科學原理的，但卻指出了另一可能，正如莊子所說的，「今子有大樹，患其無用，何不樹之於無何有之鄉，廣莫之野」一樣，指的並非真有此地此處，而是指心靈上的無限可能。順其自然，不以人力加以干涉，這才是道家的本旨，否則，就將如夸父逐日般，最後是徒然枉費人力的。

但是，儘管當初是「誤讀」了，卻也因此「誤讀」，轟烈蓬勃地引發了民初一股面向科學的熱潮，推動了科學進步的腳步，也未嘗沒有其意外的功效。

但是，當近代科學益發進展的同時，我們卻也發現到科學也只不過是冰山浮於海面的一角，還有更多更大的領域，不是單純憑藉科學就足以解說的。只從科學的角度觀察宇宙，正如同愚公的移山，只想到消除其阻礙一樣，是「固不可徹」的。

人力可以有多強大？事實證明，其實是非常渺小的，愚公，再加上其後代綿延不絕的子子孫孫，即便有千千萬萬個世代，也同樣充滿了令人敬佩的決心與毅力，就真的能夠鏟平如太形、王屋般的大山嗎？時間愈長，變數愈多，人智固然聰穎，無如計劃永遠趕不上變化，又能奈此二山何？又能奈此自然何？

大山阻隔，我們可以有多少的應對方式？這是一個層面，就以這個層面來說，鏟平，也絕對不是最佳的方法。更何況，鏟平之後，整個氣候、物種、生態的變化，又將會如何？河曲智叟固然固不可徹，但北山愚公又何嘗不是有蓬之心？在這裡，其實又引生另一層次的問題，人力，非得要勝天嗎？天道即是自然，人亦在此自然之中，最佳的應對方式，就是以自然應自然，勿以萬物之靈自居，同歸於自然，如是而已。

科學的無限進展，固對人類文明的推動有其助益，但是，其引發的後遺症，卻也開始凸顯出來，自然界的反撲，目前已開始見其端倪，「人定勝天」的現代意義，恐怕到了需要重新檢討的時候了。因此，假如我們要再以「愚公移山」的寓言教導我們的下一代，恐怕也非得跳出所謂決心、毅力的「誤讀」框架不可。

《莊子‧應帝王》中有另一則寓言，是值得深思的。南海之帝儵與北海之帝忽，因為中央之帝渾沌「無面目」，因此認為凡是「人」都應該有五官七竅，否則不足以為「人」，故而就替渾沌開鑿七竅，結果七天之後，七竅完成了，但渾沌也就因此而死亡了。人類以臆見成見偏見觀仰自然，其實往往就危害了自然，而自然的消亡，最終也將讓人類如儵與忽般，最後全無立足之地。

不必再誇讚「愚公移山」的精神了，讀《列子》此篇寓言，恐怕更值得今人深思的是，我們人類應當以如何方式與自然共處共榮。

新聞「閱聽自由」之爭

人人都嚮往自由，台灣更向來以自由為豪，但曾幾何時，連看電視選擇權的自由都將要被剝奪了？

由於中天電視台特別偏愛韓國瑜，因此幾乎廿四小時疲勞轟炸式的報導有關韓國瑜的新聞，偏偏喜歡韓國瑜的「韓粉」又聲勢浩大，因此儘管中天新聞連篇累牘、鉅細靡遺的播放，實在有點令人不以為然，但「韓粉」樂此不疲，收視率節節攀高，遂引起「非韓粉」的嫉恨與厭惡，先是有PTT八卦版禁止引述中天新聞，隨後又有內政部欲徹查小吃店播放中天新聞的內情，如今又有台大、政大的學生公然於校園中呼籲抵制中天電視。一連串的批判、抵制，無非就是要防禦「韓流」的侵襲，壓低「韓流」的聲量，一時之間，台灣彷彿又回到了戒嚴時期新聞管制的「一言堂」時代。

從新聞自由的角度來說，各家媒體自由表述，只要不是蓄意捏造、報導不實，違反新聞法所規定的事項，都不妨各有立場，據以陳述；持反對立場者，可以厭惡，可以抵制，甚至可以公開譴責、辱罵，但絕對不能禁止其發行與傳播。美國總統川普與媒體關係不善，多次公開怒斥CNN等媒體，卻絕對不敢妨害新聞自由，作任何的禁制處分。從閱聽者的自由而言，任何人都有權利作自由的選擇，愛看哪一家媒體的新聞，就看哪一媒體的新聞，也是其他人所不得干涉的。這就是自由，可貴的自由。

當然，誠如大家都認可的，自由須以不妨害他人的自由為範限，這就是尊重，更是自由不可或缺的精神。無論是小吃店、校園餐廳或其他公共的場所，人群猥雜，各有所好，也各有所惡，如果特別針對某一媒體，要求禁止播放，而對其他媒體殊無設限，就完全妨害了閱聽者的自由。新聞局欲徹查所謂「付費鎖台」的內情，中天新聞究竟有無如此，尚待證實，但即便有之，也不過是種行銷策略，這與當初某報大量以贈閱方式推廣行銷如出一轍，又有何不可？小吃店的電視，屬於私人財物，擁有者有自主選擇播放任何節目的自由，顧客如果不喜歡，大可拒絕光顧，豈能無理要求非得依從一己的選擇？小吃店廣招顧客，他的決定會對顧客有若何的影響，自有其自身利益攸關的考量，新聞局大張旗鼓欲加以「追究」，真不知其有何顏面奢談新聞自由。

大學校園餐廳中的電視，雖然所有權屬於學校或經營者可能各有不同，除非契約上另有規定，否則還是以開放自由為原則，以進來用餐者（也常有非學生）為主體，可以作自由的選擇，而亦以尊重為前提，先到者為優先，後到者如有不同選擇，亦可以婉言尋求認同。台大學生之欲以「公投」抵制中天新聞，基本上是不違反新聞自由的，但割雞而用牛刀，且必將使校園淪為政治角力的場所，所得所失相衡，識者自有明斷，此所以最終仍是協調出「自由選擇」的結果，等如白忙一場。儘管是「自由選擇」，但若是如政大學生所宣揚的「主動轉台」，則萬萬不可，問題恐怕就會更多更大，如若每個人都「主動轉台」，則必然引發爭執，畢竟，校園中形形色色人等各有其立場，豈不更造成校園中的對立與紛擾？

仔細論析，電視節目閱聽選擇權之爭，其實是個「天下本無事，庸人自擾之」的「假議題」，因為在「新聞自由」與「閱聽者自由」這兩個不能稍有撼動的原則下，除非最終就是「一言堂」，否則永遠都不可能有結論的。事實上，掩藏於紛爭背後的，正是赤裸裸的政治角力，唯一的目的，就是想驅散「韓流」，卻無辜的將小吃店、校園捲入了政治鬥爭的漩渦中。政治之可以如此無所不用其極，也真的是令人嘆為觀止了。

燈塔熄燈，文化安在？

誠品敦南店也熄燈了，這個象徵台北文化燈塔的一〇一，終於不敵出版業的不景氣，還是要歸零了。

長久以來，陷落於藍綠鬥爭的台灣社會，在尖銳的政治角力中，早已浮現出一股躁急偏激伏流，將一應理當沉潛靜默、涵融蘊蓄才能培養出來的讀書風氣，完全衝毀無餘；政治人物關心的是權勢名位，工商鉅子在意的是利潤盈收，青年學子追求的是功利現實，還有多少人能夠平心靜氣，涵泳於讀書、求知，別無他想的心靈沉澱之中？叫囂、喧鬧、浮誇、躁動，如浪翻波滾，台灣幾十年好不容易才積累的文化根苗，就如此淹沒在深沉暗黑的水底，再也無能浮出波面，稍吐一口生氣了。

讀書、教書數十年，面對著不同世代的學子，其間的變化，無疑是感受最深的。早些年，無論是理工商農科系的學生，儘管所學非關文化，但無論是對古代文化、歷史，或是對當代文學發展、趨向，卻都還是可以信手拈來，說得言順理通，但冰霜漸凍，日趨淺薄，現在即便是人文專業的學生，竟也是「乃不知有漢，無論魏晉」，有時候連教科書都不願意購買，遑論其他了。台灣讀書風氣，尤其是閱讀人文、藝術方面的求知欲望，相較於東鄰日本的差距，真的是令人汗顏與遺憾的。

這讓我不禁懷想起已然過去的時代，兩蔣時期儘管霸道專制，但對文化的關注，也還頗願傾心，《荒漠甘泉》、《天地一沙鷗》等書，還是能在上位者推廣下，成為普遍讀物；李登輝的執政，固然會有在政治上不同的評價，但其飽讀書卷，對文化的關注，卻是前後諸人所未見的，其「心靈改革」的具體行動，就是推介若干攸關於文化的各種書單，雖然在選書上可能有見仁見智的不同聲音，但起碼還能自覺的以提倡讀書風氣為己任。但自陳、馬、蔡以下，迄今二十年了，馬英九可能還會讀一些文化書籍，但陳水扁、蔡英文二人，恐怕連文化是什麼，都得去詢問幕僚才能略道一二，但這三位「總統」，又幾曾真正對文化盡過半分心力？從文建會到文化部，除了酬庸，還是酬庸，經濟、政權，才是首務，至於文化，就只不過是裝點門面而已，連雞肋都還比不上。上之所行，下必效焉，台灣就是如此徹頭徹尾，與文化漸行漸遠了。

誠品敦南店即將謝幕，蔡英文特地去晃了一晃，空口說些勸人多買書的白話，怎不先想想，台灣文化氛圍的淪喪究竟是如何而形成的？政府面對此一嚴峻的情勢，可有具體的挽救措施？當重慶南路的書街逐漸成為商業街，而誠品敦南又將熄燈之際，死命苦撐、嗷嗷待哺的出版業、書局業，該當何去何從？

現代人常急著與時間賽跑，說是騰不出時間去讀書，可新冠疫情之下，許多人有大把大把必須關鎖在家中的時間，但是，只聞追劇、追電玩，上line、上推特，幾曾聽聞有人去追書的？曾國藩說，「風俗之厚薄奚自乎？自乎一二人之心之所嚮而已」，我們以高倨於一、二人頂端的領導者，其心之所嚮又在哪裡呢？

台灣是多元文化融匯的區域，而毫無疑問地，中華傳統文化是開台數百年來最重要的一支，台灣對傳統中華文化累積的底蘊，以及其影響下的人文素養之深厚，到現在還是許多大陸人士嚮往、傾羨的，這是台灣的文化瑰寶，但是，在極端的政治意識形態操弄下，已經逐漸喪失其優勢，未來恐怕在三、五年間，就要完全被大陸取而代之了。當代的社會，是不讀書的社會，不讀書，則何文化之有？尤其是若干汲汲營營於名韁利鎖，或狹隘偏激的無知無識之士，竟猶然謷謷於否定台灣文化所奠基的傳統文化，昔日可炫誇於世的厚實蘊藉的「文化台灣」，只剩下浮誇喧囂的「政治台灣」，未來會朝哪個方向走？真的是堪為憂慮的。

文化燈塔已經熄了燈，茫茫夜海，風濤險惡，「這綠島像一隻船」，將會飄到哪一處不知名的地方？

AI打開了潘朵拉的盒子

在希臘神話中，潘朵拉禁不住好奇心的驅使，打開了上帝嚴格叮嚀不得打開的盒子，遂使得貪婪、虛偽、誹謗、嫉妒、痛苦、疾病、禍害等等，全都釋放出到原本寧靜平和的世界，造成了諸多的紛擾、不安與動亂。

這個神話故事，與中國《水滸傳》中洪太尉「誤走妖魔」，釋出了一百零八個天罡、地煞凶星，因而禍亂了大宋天下，可以說是中、西相互輝映，整個世界原有的穩定秩序，都為之渾沌淆亂了起來。

潘朵拉倒還是能及時醒悟，在最後一刻緊閉了盒子，還為世界留下了一線「希望」；洪太尉雖是誤縱妖魔，可禍亂僅止於一時，凶星最終還是能夠歸位，天下清平。

但是，AI的出現，是將潘朵拉的盒子完全敞開，連最後的一線希望也無影無蹤了，而且凶星久不歸位，再也無人可以反制，未來全世界的人類都即將面臨與AI無休無止，而且必然失敗的鬥爭，人類生命的意義與價值失去了倚仗，未來將何去何從，就將是人類最大的考驗了。

才剛剛面世不到三個月的ChatGPT，在短短幾個月內，就讓人類見識到了它強大無比的威力，尋常人，甚至專家、學者，可能要耗心費力幾個月才能完成的工作，AI可以在短短不到

一、兩分鐘的時間內，迅速完構，而且還不失具有一定的水準，無論是撰寫程式、命題寫作、製作論文、創寫企劃、諮詢分析、趨勢觀察、風險評估……，幾乎可以說無所不能。儘管到目前為止，缺陷仍然不少，還不足以完全取代人工，但從「深藍」到「沉思」，短短不到二十年時間的發展速度來看，在精益求精之下，恐怕最遲不到五年，AI勢必已能取代百分之九十以上的人類工作。許多現在能自信自傲的工作，如教師、醫師、律師、法官、程式設計師、股市分析師、作家、作曲家……，都將無足輕重。

眾多人失業，是必然的，但不僅僅是人浮於事，而是根本都沒事可做了，八成以上的人，可能一輩子沒有適當的工作可做；托拉斯的大型公司，將併吞所有的中小企業；貧與富的差距更形擴大，而且階級的層次更加分明，寡頭統治、家族政治，必將重現；人生無須奮鬥，因為再如何努力奮鬥，也不會有任何作用。道德、倫理，不會再有人重視，因為一般人連衣食都可能發生問題，哪還有時間、心力去思考心靈的問題？AI將是比大洪水還可怕的災難，但會不會有艘諾亞方舟，卻是很難令人期待的。未來的世界，怕是暗夜沉沉，永遠見不到光明了。

更可怕的是，這已經是一條明明白白的不歸路，卻再也回不了頭了。科學家發明AI，本來是為了減輕人類的負擔，最終卻變成了人類最大的負擔。人類，最後是親手滅絕了人類。

這不是危言聳聽，而是眼見其即將逐步到來。自詡為萬物之靈的人類，聰明反為聰明所誤，卻極可能陷人類於萬劫不復之地。「天作孽，猶可違，自作孽，不可活」，其斯之謂歟！

唬爛文章

這幾天看到一則有趣的新聞，不知是哪個天才，竟發明了一種「論文生產神器」，只要輸入任何題目，標明字數，就可以產生一篇文章。我在好奇心驅使下，就上網去試試，看看會有怎樣的結果。

我一共填寫了三個議題：《張飛戰岳飛》、《吃飯問題》、《尿尿問題》，字數限在三百。試驗之下，果真還產生了一篇短文。這短文當然不可能當「論文」看，但是如果教師粗心大意，或者根本都沒看內容，以此當作課堂報告，還真的可以蒙騙過去。聽說還真有學生是這樣交報告的。

這個「神器」的主結構，是由一些「名人的金句」組合而成的，然後再加上一些強調此一論題如何如何重要、自己多關注這一問題……等的文句，如「若無法徹底理解張飛戰岳飛，恐怕會是人類的一大遺憾」、「我認為，吃飯問題的出現，必將帶領人類走向更高的巔峰」、「正視尿尿問題的問題，是非常非常重要的」。通篇文字都還算流暢，就是完全「文不對題」，都在外圍繞圈子，果真不愧為「唬爛」。

一九三一年，英國作家赫胥黎寫了本《美麗新世界》，其中也提到一種「小說生產器」，只要將小說中的人物、性質、元素、類型的百分比加以輸入，就可以生產出小說。想來這種「唬爛」神器的點子，應是可以追溯到這個淵源的。當時我看了頗有不可思議之感，卻未料到竟然還真有這種神器。不過，這種機器需要的「變項」可能很多，當然不是現在網上的神器所能比擬的。然則，未來是否真的有此可能？我的判斷是有的，現今許多通俗小說，橋段套來套去，其實已隱伏此一潛在可能性了。只是，水準如何，當然就不必去苛求了。

這讓我聯想到當初大學聯考批閱作文卷子的事。連續有好幾年，不同的作文題目，一定都有很多學生將王國維的「人生三境界」背寫出來，孤立而看，倒也是條理井然，發人深省。但是，「文不對題」，竟不知這段話與論題有什麼關聯。我猜想，應該是某個補習班的作文老師教出來的，所以都是同一套路。

記得我小學時寫作文，也曾如此亂套、亂用過，不管是什麼題目，如遊記、雨天、我最喜歡的人……，我的最後一段，一定都是「反攻大陸，解救水深火熱的大陸同胞」，然後國高中作文，也非得把「莊敬自強，處變不驚」放到作文裡，想來都有好笑。

當時真的是「唬爛」，但自己卻完全不知道自己是「唬爛」，而且還認為是天經地義的，這是「政治正確」，有時候，只要「政治正確」，即便你是如何「唬爛」，也還是有人願意「買單」的。

防疫與宗教

這次的新冠疫情，來得非常不是時候，不但破壞了過年應有的歡樂氣氛、阻礙了正常開學的時日，更即將影響到台灣民間佛道兩教，如佛祖誕辰、媽祖遶境等大型宗教活動，究竟在目前疫情尚在蔓延之時，應該不應該繼續援例舉行，各相關單位、民間宗教團體、醫師公會，議論紛紜，莫衷一是，政府單位既要防疫，又苦無法源禁止，索性來個不聞不問，任由多方火力全開、各執己見，這絕非一個自詡大有為、大魄力的政府應有的作風。

這次疫情最讓人心惶惑難安的，就是病毒感染力道之強，與擅於潛藏之狡猾；無症狀而能傳染於他人，甚至死亡，以及「假陰性」、「復陽性」的病例越來越多，誰都不敢確定自己是否染病或帶有病源，更不曉得所接觸到的人有何來歷與情況，在這種既不能自知，又難以知人的惶惑中，除了遵循醫護專家所呼籲的勤洗手或戴口罩，以自我防護外，最忌諱的就是因群聚而受到感染。而宗教活動，在台灣信仰自由的情況下，每年一度的宗教慶典，都是盛況可期、人數眾多的，以大甲媽祖的遶境來說，為期九天八夜，地跨中彰雲嘉四縣市，據估計，最少也將有二十萬信眾參與，一旦稍有不慎，大規模的群聚感染發生，恐怕將會嚴重衝擊到台灣的經濟與民生。

宗教信仰固然有其自由，但政府在面臨到防疫如此嚴重的課題時，不能不明示一個於情於理於法全都相宜的政令，以供民眾採擇或遵循。群聚感染是防疫的最後一線，看看日本鑽石公主號、韓國新天地教的可怖事態，難道還不能有所警惕嗎？儘管政府對疫情防控信誓旦旦，堅決否定美國將台灣列入「社區感染」的名單中，但如果因此而形成防疫的漏洞，政府能夠負全責嗎？

以目前台灣三十一例的確診來說，恐怕疫情的控制未必有如政府宣稱般的可以樂觀以待，此所以戴不戴口罩都會形成風波，接不接血友病童也會釀出政治糾紛，政府既能夠不遺餘力的向世衛組織積極爭取入會資格，又能如此有魄力的堅持台灣主權的立場，難道就沒有膽識對禁止不禁止、勸阻不勸阻這些宗教盛典的聚集人潮發聲？

防疫攸關的是性命，宗教強調的是信仰，媽祖遶境，雖自古以來相傳有防止瘟疫、護土佑民的作用，但神力不可測，亦不必去檢驗，際此非常時期，虔誠在居家、在網路、在心底尊崇、信仰，也未必會因此就褻瀆了神明。在此，誠摯的呼籲宗教界的團體今年暫停或暫緩如此大型的活動，留得青山在，神明何處不憑依？待疫情過後，延後或來年再更盛大的慶祝，相信也是神明所樂見的。至於政府，更應該一視同仁，以防疫為優先，明下禁制之令，展現出大有為、大魄力的作風。

名器的濫施與濫用

每逢選舉，參選者的三代祖宗、生平缺陷，一定都會被拿出來作放大鏡，甚至顯微鏡的檢閱，其中證據確鑿、一翻兩瞪眼的過往劣跡，自是大白於天下，莫可迴護，而當事人原形畢露，自然也難逃公道，為民眾所唾棄，因而嚐到敗選的苦果，二〇二〇年高雄市長補選，李眉蓁被檢舉的「論文抄襲」事件，就是活生生的例子，可以引為炯戒。

但是，捕風捉影、嚮壁虛造的「假訊息」，其實也是不勝枚舉，揑造事證、含沙射影、打了就跑的事例，更是為害非淺，如過去同樣發生在高雄的「錄音帶」、「抓到了」的事件，儘管事後還其清白，可受冤屈者的傷害，已成不可挽回的局勢，欲哭而無淚、申訴而無門，只能眼睜睜看著造謠者得意洋洋地僭居大位，徒呼負負而已。

台灣是個只重學歷，不論真才實學的國度，政治人物受此影響，最喜於從政之際，夤緣找個虛有其表的大學，蒙混個碩士或博士的學歷，而且私立不足，還必得掛上個名校的招牌，一以驕其鄉人，一以為自己添錦戴花，碩士、博士簡直都成為了政治人物「漂白」的工具。

這已是政界不可言說的「潛規則」了，遺憾的是，學術界不但不能堅守學術原則，不是漠視輕忽，就是虛應故事，甚至通同舞弊，政學掛鉤，以作未來經費的奧援或晉身之階。台灣政治人物的攫取碩士以上學歷，幾乎等於是唾手可得、輕而易舉的，已令兢兢業業、寒窗攻苦的學子忿忿難平；而此輩平時忙於各種選民服務、開會剪彩、飲宴結交的工作，任誰都知道絕對是沒有這種「餘暇」去認真讀書、聽講及撰寫論文的。因此，各種取巧的途徑，便紛然而出，雷同者、抄襲者、倩人代筆者，不一而足。

照道理，這些模擬、抄襲，乃至代筆的論文，如果經由認真、嚴格的審查，是不可能輕易過關的。但眾所周知，論文口試委員的選擇，通常都是由指導教授推薦的，同一師門、同一黨派的知交好友，常是列為優先，礙於情面的有之，沆瀣一氣的有之，交通關節的有之，而其論文水準之不堪聞問，也就可想而知的了。

名器濫施，這是學術界最大的墮落，學術倫理、學術尊嚴，一向為學界所標榜、所不可踰越的界線，就在這些政治人物的操弄下，淪喪殆盡，虛有其表了。這樣的學術界，還有什麼可以期待的？

政治人物虛心向學，於百忙之中，猶肯致力於新知的攝取，以增益己所不足，本是一件好事，也未必每一個政治人物都是如此不堪的，揪出害群之馬，重還學術本質，一以維護學術尊嚴，一以端正選舉風氣，將一應政治人物的學歷重加檢視，以目前「洗學歷」幾成風尚的趨勢而言，真的是刻不容緩的大事了。

不過，話又說回來，為了不冤枉真心勤力向學的政治人物，檢視者必須具體舉證，將其可能虛造、抄襲、代筆的真憑實據，一一攤在陽光下，供學界或全民審視，但切忌以模糊影響之論、首鼠兩端之言，作不實的指控，或是曖昧的影射。

自稱是「旅美學者」的翁達瑞，在國民黨推出柯志恩參選高雄市長沒幾天，就發表文章，「揭露」柯志恩的論文有「學術不倫」的問題，並聲稱據他所查，柯志恩發表論文極少云云。就維護學術尊嚴的立場而言，我是非常認同「據實證以揭發」的，但是，翁達瑞的「揭發」，卻只是泛泛而論，其所謂的「自我抄襲」、「一稿兩投」，是連基本功都沒有作好的不實指控，顯然是大違學術嚴格的要求的。柯志恩有無「學術不倫」，是可以依據其論文內容加以檢覈的，但翁達瑞的指控，卻是連論文都沒有詳細比對，便率爾發文，就令人不禁懷疑其學術研究的能力及用心，究竟何在了。

翁達瑞此人，不知其何許人也，身在海外，卻屢以不實的指控批判台灣政壇，尤其是在野黨人士，早已為人所厭棄，此番迫不及待的指控，時機又恰巧選擇在柯志恩甫宣布參選之際，顯見就是一種蓄意的栽贓、抹黑，民進黨對付吳敦義、黃俊英的故技，再度重施，卻假借「學者」名目。學者甘作執政黨排除異己的爪牙、打手，自貶身價，名器濫用，這又是學界的另一種墮落。

我們的學術界，名器已經濫施，阿狗阿貓也可堂堂皇皇打著碩、博士的招牌混淆視聽，而又不珍惜名器，動輒倚附權勢，甘作前驅，顧炎武所說的「士大夫之無恥，可謂國恥」，正是如今學術界的寫照。

總統應該讀什麼書

柯文哲嘲諷韓國瑜讀的書只夠當北農總經理，「當國家總統還差得遠」，彷彿讀的書越多，就越有資格出任一國總統，言下之意，顯然對自己擁有台大醫學院博士的頭銜，頗為沾沾自喜。號稱智商一五七，讀的又是令人欣羨的台大醫科的柯文哲，難免是有些高階知識份子的傲慢，如果依據他的標準，旁的不說，遠的不說，只有中國海專學歷的郭台銘，首先就挨了一記悶棍；而台灣歷任總統，自李登輝而下，顯然陳水扁就是目前唯一「不合格」的。但是，郭台銘在企業經營上的成就，誰人能比？未必就不足以治國；陳水扁如非因貪污惹禍，其八年的政績，其實也還是有不少人稱道的。學歷，豈會是一個判斷的準據？

仔細分析柯文哲的原意，料想應該不是指學歷而言，平心而論，擁有博士學歷而從政的學者，多如過江之鯽，又幾曾讓台灣「向上提升」了多少？以柯文哲的智慧，不會連這顯豁的現象都觀察不出來。然則，柯文哲所說的「讀書不多」，究竟指何而言？推而廣之，一個肩負中華民國總統重責大任的人，應該讀怎麼樣的書？

古代的讀書人，攻研四書五經，透過科舉考試，得以躋升入統治階級，這也是他們唯一的途徑；但步入現代社會，知識分工愈來愈朝專業發展，傳統的四書五經已為科技、管理、法研……等等無數的門類所取代，李登輝讀的是農業，陳水扁、馬英九、蔡英文讀的都是法律，當然都算是學有專精的了，但是，除了他們所學的專業，令人好奇的是，他們平常讀不讀書？又或是讀了些什麼書？還有，他們對整個社會讀書的風氣有多少關注？

專業的優點，在於對本領域相關問題的精熟，但除開本領域，就極可能是隔行如隔山，甚至完全門外漢的。身為一個總統，自己讀的書再多，也讀不了世間所有的專業學問，這也就是為什麼國家下設的各不同部門，都必須審慎甄擇人才，各以其專業知識應對相關問題的緣故。總統不可能有餘暇去讀各個不同的專業書籍，更不可能號召每一個國人，都一窩蜂的去讀他個人的專業。只能擺脫專業的局限，以更開闊、更厚實的普遍性的知識，充實自己，同時，亦鼓勵他的國人，朝向這些普遍性的知識的攝取上，儘量的充實自己，以提升個人的素質。這些普遍性的知識學問，說穿了，正是與專業背道而馳，且明顯不帶有功利趨向的層面，那就是以調劑個人身心、道德涵養的「人文素養」。

從台灣歷任總統的「人文素養」來檢視，恐怕除了李登輝之外，都是令人失望的。兩蔣時代，蔣中正、經國父子，雖然讀書不多，更無顯赫學歷，但還會提倡讀書，王陽明的書、《荒漠甘泉》等，都曾在他們父子任內極力推廣。李登輝在此基礎下，更提倡「心靈改革」，並開列了一張書目，呼籲社會大眾重視「人文素養」。儘管他所開的書目，仁智各有所見，但對提升社會讀書風氣的努力，是相當讓人激賞的。但是，自陳水扁而下，這幾位總統，姑不論除了專業之外，他們自己還讀了什麼書，二十年來，對台灣讀書風氣的衰歇，更是視若無睹，文化部門，除了酬庸之外，就是選舉考量、虛應故事。據報載，李登輝家中藏書，有萬本之多，雖未必全都看完，但顯見關注的層面早已跳出其農業的領域，然則，我會相當好奇，我們其他的總統，包括了目前有意角逐總統大位的人士，他們家中的藏書到底有幾本？平常的時候，讀書還是不讀書？

上有所好，下必甚焉。兩蔣、李登輝時代，只要一提出建議書單，全台各級學校都引以為大事，紛紛鼓勵學生閱讀，讀書風氣，因而大盛，這正是台灣二十年前普遍的人文素養，遠遠高於當代的最大原因。

專業，尤其是帶有濃厚實用功能的專業，事實上已逐漸排擠了提升台灣人文素養所不可或缺的文學、哲學、歷史、文化、藝術等門類，台灣人讀書之少，是非常駭人聽聞的，這是文化衰竭的前兆，請問我們目前對總統大位躍躍欲試的諸位，於此可有若何的對策？索性，我更直白的問：你們平常讀書不讀書？

兩黨不分區名單的背後

國民黨的不分區名單出台，社會一片譁然，諸媒體、評論員紛紛提出批判與建言，咸認為這是一份與民意落差甚大的名單。

然而，民進黨名單出爐，深知民進黨內部派系之爭的陳水扁，有最公道的評論：「是一份集選舉提名大成的名單，有派系角力、有政敵言和、有小黨收編、更有接班布局。」

但是，除了幾乎已經與蔡政府決裂的陳水扁外，竟未見幾人（尤其是媒體）敢於批判，尤其是民進黨中人，盡皆俯首帖耳，只差沒有歌功頌德、山呼萬歲了。

此一現象，自然與國民黨名單之「爛」有關，但泰半的媒體都幾乎成了綠營的喉舌或打手，趁此良機，揶揄嘲弄、挑撥離間，既可成功地移轉自家名單的焦點，更能打擊到國民黨的士氣，當然是非得火上注油、加油添醋不可了。

平心而論，民進黨的名單在表面上，由於善於包裝，看起來是較亮眼的，他們懂得掩蓋事實，如某位重要級人物的妻子、某電視台海派的指定人選，都會用什麼工作者、媒體者的身份作掩護，這相較於國民黨笨到直言某夫人、某女兒公子，自然較為順眼，足以欺瞞一般社會大眾。但明眼人如陳水扁，當然一眼就可戳穿其西洋鏡。

誠然，國民黨的名單不能愜於人心，但民進黨的也未必高明到哪裡去。不分區的名單當然不可能人盡滿意，在這方面，國民黨展現出的異議聲音，固然是其一盤散沙的本性，但勇於表達不同的意見，相對於民進黨的一片鴉雀無聲，卻是更能展現出「民主進步」的力道的；而民進黨空負其名，卻反而退步多多，是頗令人感到弔詭的。

國民黨的名單是由中常委擬定的，不可諱言的，在這份名單中，我們可以說國民黨是完全沒有勝選把握的，因此純粹以個人私利為考量，作敗戰後尚能苟延殘喘的盤算，其愚昧令人嘆惋；但從其急於卡位上，卻也可以得知，即便勝選，未能先卡上一個不分區的位置，恐怕依韓國瑜的個性看來，也是不容他們如民進黨般分茅裂土、四處安插親信以要職的，對國民黨未來的改造而言，也未嘗不是一個良好的企機。

民進黨挾著目前民調的大幅領先，蔡英文的聲勢鼎盛，是早已存了個勝者全拿的傲慢姿態，蔡英文一個人「吾輩定則定矣」，沒有人敢於有異議，連擺明了有「搓圓仔湯」嫌疑的人選，都不敢稍吱半聲。

其實，又何必有異議？反正勝選之後，上萬個國營企業、機構、中心的肥缺，無論如何總是可以撈到一個兩個，又何必在意於區區不分區的橡皮圖章？總之，利益均霑，自是皆大歡喜之局。

對國民黨來說，如此「不爭氣」的名單，當然不免有損於政黨立委的席次，吳敦義的院長夢恐未必能圓成，實為愚昧之舉；但藍營因此刺激下所產生的危機意識，反而更可能激發出較高的投票率，以及未來重新改造國民黨的決心，塞翁失馬，未必非福。而對民進黨來說，在尚未勝選之際，就已經作了各就各位的盤算，一副君臨天下的傲慢心態，就已可以卜知其未來必將如現今一樣，攀親帶故，董事滿街走，經理隨處有了。

一個要人民為它去死的政府，還是早一點滅亡的好

今天朋友傳來一則網傳的信息，不知是真是假，但卻引起我相當程度的感慨。日本NHK的記者，採訪一位日本年輕人，問道：「你願意為國家政府而死嗎？」這個問句，通常的回答，理當為「願意」或「不願意」，然後可能再追問其願意與否的原因。但這位日本青年卻是如此回答的：

「一個要人民為它去死的政府，還是早一點滅亡的好。」

這個回答，儘管是「答非所問」，但顯然比真實的答案，更具有反思及震撼力的。國家或是政府存在的意義，本來就是建立在能為人民帶來安和樂利的生活基礎上的；一個要人民為它犧牲、戰死的政府，肯定不是內政不修，就是外患頻仍，內憂外患，自己沒有能力解決，造成人民生存的危機，因而不得不假借「國家」的名目，鼓動、煽惑人民拿起槍枝，為它犧牲奮鬥，這是用人民的鮮血，去染紅它們的旗幟、保障它們的政權，以掩飾其治國的無能及腐敗的統治。這豈是我們民眾所需要或期待的政府？真正大有為的政府，豈不是應該內外兼修，解決相應的問題，而不是嘈嘈嚷嚷，假借「愛國」的名目，讓無辜的百姓代替它們到戰場上去「送死」？這樣的政府，還有繼續存在的價值嗎？

或許有人會說，這是為「國家」而犧牲，是光榮的，是值得驕傲的。而且，他們還會振振有辭地說「不要問國家為你做了什麼，要問你為國家做了什麼」，狡猾的政客，常將「政府」等同於「國家」，彷彿只有它們的政權才能代表這個「國家」，殊不知政權是可以輪替的，而「國家」還是可以巋然存在。即便退一萬步來說，一個「國家」如果不能護衛百姓、讓人民享有安和樂利的生活，我們當然要「問」，而且必須「問」個徹徹底底，否則，這樣的「國家」，徒然掛個虛名，又還有何存在的意義和價值呢？

中國古時朝代更迭，每逢「國變」，就不知有多少被詡為「忠臣義士」的人，殺身以報，「臨危一死報君王」，從不敢去過問，這個「君王」到底幹了些什麼壞事、歹事，將「國家」拖累到分崩離析、兵燹蜂起的地步。這是「愚忠」，是為一家一姓一人的虛名而效死，這是封建專制時代的遺毒，但在號稱民主自由的時代，還是餘毒未清，甚且假借龐大的傳媒力量，深入骨髓地滲透入尋常百姓的心裡，要他們為「國家」而犧牲，其實，真正的目的，卻是在保衛這個可能已經壞透、爛透的「政府」而已。

台灣目前已面臨相當艱鉅的危局，而最大的危局是，我們的政府已束手無策，只能「要人民為它去死」。它們非常在意到底有多少人會為它們「勇敢赴死」，尤其是身強力壯、可以在戰場上拋頭顱、灑熱血的年輕人。通常這樣的調查數據都是相當樂觀的，大抵都在百分之七十以上，顯見年輕人的「愛國心」，是如何的堅定而可貴。姑不論這數據有多少的真實性，但是，調查的用意，並不在於屆時真的會有多少人「願意」慷慨赴義，而是在強調這個政府獲得多少人的支持，人眾越多，就代表這個政府是越受肯定的。殊不知，我們只要簡簡單單問一句，既然這個政府如此受到肯定，又為何非得「要人民為它去死」呢？就可以豁然開朗了。

一個施政到「要人民為它去死」地步的政府，會是怎樣的一個政府？這位日本青年說得非常直白，「一個要人民為它去死的政府，還是早一點滅亡的好」。歸根究底，問題就出在這個政府。一個不能讓人民免於兵凶戰危的政府，就是無能的政府，無能的政府，如果不能替換下來，「去死」，也等於「白死」而已。

沒有文化，何來創意？

據報載，嘉義縣中埔歡喜財神廟將傳統的「擲筊」，由兩枚改為五枚，搭配不同顏色，並據韓愈〈送窮文〉的「五窮鬼」——智、學、文、命、交，鐫刻於上，名為「送窮」，論者謂，這是「搭上文創熱潮」，將舊翻新的創意。

韓愈的〈送窮文〉，作於唐憲宗元和六年（八一一），此時韓愈改任河南令，大概有感於此生歷經顛沛、窮愁潦倒，抑鬱之氣盈胸，故擬仿漢代揚雄的〈逐貧賦〉，將一身窮困的際遇，歸咎於這五隻「窮鬼」的作祟，因此為文送之，用以脫離貧困。

「送窮」的習俗，最早記載於南朝宗懍的《荊楚歲時記》，「正月晦日，送窮鬼」，據說「窮鬼」是高陽氏的兒子，身形瘦小，喜歡吃糜粥，最愛揀挑破爛的衣服來穿，人家送他新衣服，也會將它撕破，或是以火燒缺，因此宮中都稱他為「窮子」。後來他在正月晦日，死於陋巷。故而到每年的這一天，就家家戶戶以糜粥、破衣服加以祭祀，但願從此能將「窮鬼」送走，永不回頭。這一習俗，在唐、宋兩朝相當盛行，唐人姚合就曾寫過一首〈送窮詩〉「年年到此日，瀝酒拜街中。萬戶千門看，無人不送窮」。不過，現今的「送窮」，多數選取正月初五，接財神，並送窮鬼。

韓愈的〈送窮文〉，非常巧妙地將「窮鬼」一分為五，而且各有指涉，藉由主人與窮鬼的對話，寫下這篇既自嘲又自戀的文章，雖名為「送窮」，其實是「固窮」。

韓愈筆下的五隻窮鬼，「智鬼」讓他一生秉持著矯亢的品格、良善的作風；「學鬼」讓他博通群書、洞見事理；「文鬼」使他為文不拘一格、怪怪奇奇；「命鬼」使他不慕榮利、但求行善盡責；「交鬼」則使他誠實待人、而不免招惹仇怨。凡此五鬼，都是使韓愈饑寒交迫、怨謗叢集的原因。窮鬼不去，他一輩子就無法翻身，因此，韓愈「結柳作車，縛草為船」，非將窮鬼送走不可。

智、學、文、命、交「五鬼」，其實都是人一生中相與循環、終始相依的涵養，其實也正是韓愈自己最引以為傲的成就，別的不說，單是「文鬼」，韓愈首開「唐宋八大家」的文風，縱恣洸洋、氣勢雄渾，蘇軾稱讚他「匹夫而為百世詩，一言而為天下法」、「文起八代之衰，道濟天下之溺」，豈非正是「文鬼」附身之所致？

因此，窮鬼剖析因由，說明了韓愈自身之所以有成就，還是有賴於窮鬼的徘徊不去，而縱然偶爾有未盡能如人之意的際遇，則是韓愈自身荒疏的緣故，是與它們無關的。其實，這也正是韓愈發揮「君子固窮，小人窮斯濫」的對「君子之窮」的堅持。所以最終韓愈還是「燒車與船，延之上座」，還是將「窮鬼」留了下來。

韓愈為文，向來主張「唯陳言之務去」，「陳言」不僅僅指文詞的創新，更指意境的新穎，敢言人之所不敢言，如〈師說〉、〈諱辨〉、〈諫迎佛骨表〉等文，理致精闢，後世皆傳誦不已。

「人生不如意事，十常八九」，總是難免有遭際不順的時候，這就是「窮」，沒有人會希望自己「窮」的；但是，「窮」既臨身，如何「處窮」，才是一門學問，所謂「不經一番寒徹骨，焉得梅花撲鼻香」，唯有君子，才能「固窮」，韓愈在這點上其實是有點沾沾自喜，而且自傲的。古人常說，「文窮而後工」，其實未必如此，世間多少人能經得起「窮」的磨難？又有多少人能像韓愈一樣夠「固窮」？

韓愈這篇翻空出奇的文章，影響是相當大的，跟他同年代的段成式，也模仿韓愈的筆致，寫了〈送窮祝〉、〈留窮辭〉，宋人區仕衡〈送窮文〉、俞德鄰〈斥窮賦〉、崔敦禮〈留窮文〉，也差不多是同一機杼的作品。

中國歷代文人怕「窮」，卻又強調自己是有風骨、有志氣的窮，最終還是「留窮」而不「送窮」，這才是韓愈〈送窮文〉的最關鍵處。

以此而言，嘉義的歡喜財神廟，以「擲筊」方式，欲將智、學、文、命、交五鬼送出，其實是根本誤解了韓愈的文意，殊不知人生在世，這五鬼是千萬送不出，也送不得的，一旦送走，自身存在的意義和價值，恐怕就會連帶失去了。

近年來，台灣頗致力於「文創」事業，藉古翻新，將傳統文化在當代重新演繹，當然是件好事；但是，前提是應該深入了解「文化」的意義，唯有自「文化」本身滋衍而生，這樣的創意，才是真的創意，而不是生吞活剝、胡亂架構，甚至罔顧內涵、空取名目，就像從日本的「祭」剽竊過來，動不動就是這個祭、那個祭的（或改成「季」），這絕對不是所謂的「文創」。

《金瓶梅》與台灣政壇——錢、權與色

明代小說《金瓶梅》向來被許多學者論定為「反映社會現實」的一部鉅作，書中以西門慶為核心人物，凸顯出明代中葉的社會荒淫、奢靡的普遍現象，儘管作者明顯使用了小說誇張、渲染的筆法，集中在西門慶這一角色身上，具有強烈批判現實的企圖，卻未必可以反映出當時一般民眾的實際生活狀況。

不過，西門慶從一個破落戶子弟，開間生藥鋪起家，夤緣巧合，遂浸漸成為巨富，尤其是娶了孟玉樓之後，更是如虎添翼。有「錢」則能通神，是以西門慶憑藉著富厚的家財，廣其交遊，熱結十兄弟，就儼然成為清河一縣熾手可熱的風雲人物。有了錢之後，一來為增重聲望，二來為以官身保護貲財，當然就必須更上一層樓，故結交官府，甚至賄貨朝廷大員、覲見過皇帝，獲得了正五品的提刑千戶之職，就等如有了「權」。「錢」與「權」相互倚附，勢力薰天，在清河縣無出其右，惡性循環之下，自然無所不為，成為率獸食人的一頭猛獸了。飽暖思淫欲，有了錢與權，西門慶除了生活驕奢外，更對「色」字縱欲無度，除了徵逐歡場，廣嫖妓女外，更娶了七房妻子，而魔掌所及，就是連家人僕婦，像孫雪娥這樣不起眼的丫環，也不肯放過，尤其是犯了大忌，連好友花子虛的妻子李瓶兒都偷上了手。全書「錢」、「權」與「色」，充溢篇幅，即便視為明代中葉豪富階層的「浮世繪」，恐怕也是具有相當的寫實性的。

西門慶是典型的威權代表，其最大的權勢來源，無非是朝中有人，蔡京就是他最大的臂助，提刑千戶雖只是五品小官，但在清河一縣，恐怕威權之大，連清河縣令也難以望其項背的，此所以何九明知武大郎死於砒霜之毒，還是畏其權勢，不敢聲張，而全縣大小官員，也莫不仰其鼻息。西門慶在家中的權勢，也是無與倫比的，家主對從妻子、妾室到僕婦、奶娘，西門慶生殺予奪，是沒有人敢批其逆鱗的，就是那些曾經與西門慶有染的女人，又哪一個不是屈從於他的錢與權之下的？西門慶曾在吳月娘面前自吹自擂，「即使拐了許飛瓊，搶了王母娘娘，也滅不了他的潑天富貴」，膽氣之粗壯、作風之囂張，令人鄙棄生厭，但國法如爐，何嘗能對他有所懲處？因色喪身，難道就算是天理昭彰嗎？

其實，自古以來，錢、權與色，向來是難捨難分，交相聯結的，不僅僅只有明代中葉的社會如此，就是當代台灣的社會，尤其是政壇之上，又何嘗不是如此？張竹坡說，《金瓶梅》是「古今天下第一淫書」，以此而言，西門慶自是可當得起「古今天下第一淫人」（不是賈寶玉的那種「淫」）了；但是，台灣政壇上，錢、權與色交相迭應的「西門慶」、「淫人」，恐怕也未必會遜色多少。

台灣雖號稱「民主」社會，執掌大權的，都是由人民一票一票選出來的，但欲參加選舉這種必須耗費大量貲財的活動，如果沒有富厚的身家，又豈能雀屏入選？選舉，在某些政治人物眼中，其實就是一種商業投資，雖有風險，但投資報酬率之高，卻也讓人趨之若鶩。一旦選上，等如是有黃馬褂加身，憑藉權勢，可以招財納賄、設局立法、掛鉤黑白、吸攫財源，試看一下台灣近期發生的 im.B 詐騙案，有多少高官顯貴淌入了這個渾水？這不是官商鉤結、錢與權的惡性循環嗎？有錢又有權，這就是可以在政壇上暢通無阻的通行證、護身符，天大地大我最大，這幾日一連爆發出來的「性騷擾案」，當事的無辜受害者，又哪一個不是因其權勢的威逼，而只能飲恨吞聲？這群寡憐鮮恥的政治人物，又哪一個不是當代的「西門慶」？

以台灣近日發生的一連串「im.b 詐騙案」來說，涉案的金額超過廿五億台幣，受害者高達五千人，其實早在七年前就已有人檢舉，但因牽涉到民進黨的高層，檢調單位畏於權勢，不敢積極偵辦，遂如滾雪球般越滾越大，而民進黨重量級的人物，從市長、立委到議員，甚至法界高層的檢察長，都與涉案主嫌有不少啟人疑竇的關係，可以說是錢與權交迭互利的駭人現狀；再以這一周以來爆發出來的「性騷擾案」為例，一連十數案，上從「總統府資政」到民進黨議員、助理，都牽扯在內，而其中壓案、吃案者，更是不在少數。蔡英文執政七年，「性騷擾案」增加三倍之多，當然也包含了國民黨在內，而無一不是假借權力壓逼，而無辜受害者申訴無門，不得不飲恨吞聲。如果不是二〇二四大選逼近，這些冤案、疑案，恐怕都將不會有水落石出之日，可以見得「權」與「色」的輾轉糾結。

台灣政壇的錢、權與色，像是潛伏於海面下的冰山，選舉不過是一面水上的鏡子，雖可照見冰山的一角，但掩藏於海面之下的，正還不知有多少。我們雖不敢說「天下烏鴉一般黑」，但其頻率之高、數量之夥，想來已絕非「個案」可以形容，而是跨黨派、橫政界的普遍現象了。《金瓶梅》不過寫了個西門慶，論者已謂隱伏了明末大亂，甚至亡國易姓的徵兆，而當今政壇上竟有如此之多的西門慶，台灣的未來，又將會如何？真的是令人很難想像了。

《金瓶梅》中的西門慶，畢竟還是遭到報應的，至少壯年殞身，為患猶小，而大樹飄零之後，西門一家遂告中落，讀小說的人，雖是覺得猶有憾焉，卻也不無欣慰之處；但當今政壇的西門慶，壞事做盡之後，豈真的會有報應臨身？即便是東窗事發，輿論抨擊，可高官厚祿，依然可以持續享用、逸樂終身，而代代傳襲，富厚累世不絕，西門慶雖死，富二代、富三代，還是一樣可以呼風喚雨，又有誰能奈何得了他們？

我生平不喜歡《金瓶梅》，原因非常簡單，無病無痛，死於牡丹花下，也算是「盡得風流」了，幾曾因其所造諸孽事，而及身受到什麼切膚之痛的報應？反而我喜歡《水滸傳》多一點，至少，獅子樓中，武松的鐵拳痛擊，還可以為我一消鬱悶之氣。只是，當今世上，又豈會有另一個武松？

批判民進黨

「買騙」、「賣騙」；「棋手」、「棋子」

蔡英文七度出訪，這次是加勒比海四個友邦，和往常一樣，出訪邦交國只是個名義，最重要的是「過境美國」，比接待規格、比駐留城市、比會面層級，以及比看誰述職、朝聖得最賣力，就代表誰最獲美國這個主子的歡心，好回來驕其國人，然後出口轉內銷，為其政權的延續，取得名正言順的有力後盾。「民主自由延續之旅」，說穿了不過是自家政權的苟延殘喘而已。

相較於中國古代，台灣的婢妾地位，是連過去的藩屬國都還不如的，與美國當初所扶植的他國反對勢力，更無法相提並論。眾所周知，美國為了厚植「親美」的他國反對勢力，是如何無所不用其極、源源不斷地供輸人力、財力與武器，儘管到後來還是難免遭到「反噬」的惡果，仍然樂此不疲，此無他，美國的利益是優先的考量。「買」與「騙」通常是美國對付他國的利器，收買人心，以未來的前景誘騙，成果一向斐然。但是，收買往往只能收效於一時，誘騙終將會露出原形，此所以美國處處點燃戰火，又處處無法收拾殘局，面臨到緊要關頭，如南越般溜之大吉的事例，絕非只是孤例，是以反倒成為各國深惡痛絕的對象。

台灣人不知何故，對美國從來就慣於當孝子賢孫，從庚子賠款之撥付給清華大學，到老蔣時代對台灣的軍援與經援，無不過甚其辭的渲染，視之如再生父母一樣。晚近台灣備感中共威脅的時候，更是一廂情願地將所有的希望寄託於美國的援助。這是從李登輝的時代，就種下的謬誤觀念，無論藍綠是誰當家，都行禮如儀，照走一遭。大家只要一看到美國的若干參眾議員發表對台「友善」，或是對中共「警示」的話語時，都不禁眉飛色舞，眾鳥欣有所託起來；卻完全忽視了，在每一句話語的背後，都是一連串龐大的財務、不平等協商在侍候著，美豬進口、軍費支出，哪樣不是台灣須付出的沉痛代價？

美國是吃定了台灣無法與中共抗衡的事實，「買騙」的技倆，是無法奏效的，索性更提高層次，改用「賣騙」的手法對付台灣，以若干包裝過的「謊言」，煞有介事的誤導台灣民眾相信美國是世界正義的維持者，未來必然會與台灣站在同樣的陣線上，然後「無條件」接受美國所開的價碼，將許多未必真正有用，或是早該退役的戰爭武器，如坦克、飛機，以高於市面以倍數計的價錢，賣給台灣。台灣早已是美國用來對付中共的棋子，在其大手播弄，翻手為雲覆為雨之下，就像吞食了迷幻藥一樣，自覺快意，而不曉得即將大禍臨頭。台灣一旦有事，難保美國不會像南越般撒手落跑，而即便萬一不會「照常」開溜，反正烽火籠罩在他國領土上，遠在重洋之外的美國除了名譽受損外（其實他們被打罵慣了，根本也不會在意），絲毫不受影響，受災遭厄的還是兩岸的老百姓。

「聞道長安似奕棋，百年世事不勝悲」，台灣正如同藍綠棋子正在交鋒的狀態，黑棋白棋，爭城爭地，殺得不亦樂乎，殊不知都在雙方的棋手「買騙」與「賣騙」手腕的撥弄下，一心一意以邀寵、獻媚為能事，毫無自主能力，遑論國格，勝了如何？負了又如何？倒不如推翻此局，化棋子為棋手，三方對奕，我們改玩「跳棋」，雖勝負之數還未可知，至少還有底氣，還有尊嚴！

掐住言論自由咽喉的「中介法」

「數位中介服務法」以「中介」、「服務」為名，其實是變相的箝制言論自由，一把磨刀霍霍的利器。緊緊壓制在網路平台的咽喉上，以借刀殺人的手法，喝令網路平台對所有不合當局意願的言論，加以管制、壓抑，如有不從，則以高達千萬的罰款伺候；網路平台為自保起見，自不得不予以配合，先行轉嫁到用戶身上，而且為了避免麻煩，一定也更嚴苛、更緊縮。如此一來，所有的網路言論，甚至可能包括LINE、FACEBOOK上的私人對話，都會遭到監控。網路平台的「服務」性質，逆轉成「監控」機制，這是民主退步的第一步，也是言論自由開始緊縮的先聲。

我們很難想像，向來標榜百分之百言論自由，甚至連「謠言」都涵括在「言論自由」範疇當中的民進黨，居然會頓改初衷，提出這個較諸戒嚴時代還要嚴苛的「數位中介服務法」，宛若「警總復辟」，形成民進黨的「一言堂」。這不但背棄了民進黨當初創黨的信念，更等如是向「言論自由」宣戰，摧毀了自解嚴以來台灣辛苦建立的自由堡壘。這也難怪一經發佈，幾乎高達百分之百的全民集體抗議與反對。

自古以來，凡是掌控政權的獨裁者，進行專制的統治，第一步必然就是「止謗」，也就是禁止一切反對與異議的聲音，周厲王使衛巫「監謗」、秦始皇的「偶語棄市」，都是同一的操作手法。近代以來，國民黨時期的「白色恐怖」、共產黨的「紅色統治」，也都莫不是循其故轍，導致人人自危、言語噤聲。揆度其之所以強行壓制輿論的原因，其實只有一個，那就是鞏固其政權，如是而已。「數位中介服務法」正是為了鞏固民進黨政權而推出的「綠色恐怖」政策，而且是處心積慮、籌劃已久的措施。

由於反對的聲勢浩大，蘇貞昌面對強烈的反彈，不得不「暫緩」推出，並聲言並未「強推」此一法案，猶待與廣大的民眾溝通。換句話說，這只是草案性質，並不周全。事實上，《數位中介服務法》根源於二〇一七年行政院會通過的《數位通訊傳播法草案》；二〇一八年底，落實為《數位通訊傳播法》，但因為當時就引起甚大的疑慮，不得不由ＮＣＣ重新修訂，本擬於六月底推出。但不知何故，竟在此時換了一個新的名目出現。從二〇一七年到今年，相關的法案其實已經討論了好幾年的時間，豈是倉促推出的法案？只不過是礙於意想不到的反對聲浪太大，深怕影響到年底的選舉，故以「暫緩」作拖延之計而已。待得選後，相信仍然會故技重施，再度推出闖關的。

此一「暫緩」，等於是為民進黨爭取到重整旗鼓的時間。唐鳳主導的「數位發展部」將於近日掛牌，唐鳳已經明言其轄下的公務員將有三百人不限學歷（國中即可），不必透過國家考試，只要主管核可，即可晉用，這無疑是讓網軍得以正名，領國家公帑，當民進黨的親衛軍。而整備齊全後，屆時天時地利人和盡佔，輿論就可能翻轉，「數位中介服務法」捲土重來，恐怕也就再也沒有任何勢力可以阻擋得了了。

「數位中介服務法」可以說是言論自由的劊子手，其最可怕的後患，在於此法可以不透過司法的裁斷，而徑由各部會機關直接裁斷其合法與否，就可以勒令、備註，甚至停止使用，形成處處是警總、人人是抓耙子的窘境，不只是有利於民進黨的箝壓，更有利於日後政黨輪替後任何政黨的統治，這將徹底摧毀台灣好不容易才樹立的言論自由典範。

因此，我們絕對不能掉以輕心，為民進黨的花言巧語所欺騙，讓它以任何改頭換面的形貌借屍還魂，而應全民同心協力，將此掐住言論自由咽喉的惡法，徹徹底底消除掉。

饕餮食人——貪婪的民進黨

古代有種神話動物，名為「饕餮」，是所謂的「四凶」之一，常見於出土的青銅鼎彝之上，形狀猙獰恐怖，據說是「貪於飲食，冒於貨賄」的怪物，古人鑄之於鼎上，用以傳教後世，對此等生物，一定要倍加警惕，否則國家將毀敗於其手。

但弔詭的是，鼎彝寶器，都是富貴尊榮的貴勢人家才能擁有的器物，其身本就已是富泰有餘，又何須多此一舉？殊不知，凡貴勢專權之家，往往操掌國家經濟命脈，反而最容易仗勢為非作歹，所以才更須自我惕厲，「爾俸爾祿，民脂民膏」，古人於此，實大有深意。

可惜的是，當今社會陵替，政風澆薄，許多從政者不但不知惕厲，更從鼎彝中飛躍而出，張牙舞爪，化身成人形，極盡其貪冒掠食之能事。民進黨執政，不過短短四年多而已，而挾持著「完全執政」的威勢，用人唯「綠」，不但黨政軍企媒一把抓盡，從中央到地方，從機關到企業，遍布親信，利益均霑，堂而皇之的利用各種巧門與捷徑，中飽個人私囊，連區區的菸品差價，都不肯輕易放過，東窗事發，竟能輕輕以「超買」二字帶過，古代有率獸食人之事，而今更化身為如「饕餮」一般的野獸，吃乾抹盡，大嚼老百姓的血與汗。

貪冒受賄，本是難以鏟除盡淨的劣根性，各黨各派都難免有不肖政客昧心而作，SOGO行賄案，或許只是冰山一角，這是台灣最大的悲哀，也是有心改革者，必須特別加以除弊的重點。民進黨向來以「清廉勤政愛鄉土」為口號，本為百姓所寄予厚望者，可前任八年，連為首者都以貪污之罪，身陷囹圄，讓人大失所望；而後續再任者，本當以此為借鏡，不能再重蹈覆轍才對，可未料不但貪冒醜聞不斷，更變本加厲，連各公部門標案都以「合法掩蓋非法」，肆無忌憚的圖利於自家人，「全面執政」，變成「全面霸佔」，肥水不落外人田，政風之貪黷、敗壞，已到駭人聽聞的地步了。

據媒體的調查報告，蔡英文執政四年多，公部門得標廠商，綠色相關企業得天獨厚，某電視台更勇冠三軍，投標獲選率竟高達八成，在媒體業一片慘淡中，炫爛耀眼，令人羨煞慕煞。揆其緣由，顯然是所謂的「評審會議」有以致之。

依法律規定，投標過程，須有「學者專家」各以專業加以審核考評，方能過關，此之謂「依法行政」，但熟知內情者都清楚知道，也正在此「合法」中，足以挾帶許多「非法」的竅門，這就是評審委員的遴聘。內政部有一評委的資料庫，計有四千多位可供遴聘的委員，可遴聘誰人，則純由各部門自作抉擇。據媒體調查，在這四千多人之中，竟有不少等如是「專業評委」的人出現，個人大包大攬，甚至有四年內超過一百件、高達近三百件者，而名列前茅者，「全都綠」，無不是與執政黨關係密切者。其中文化總會副秘書長李厚慶個人獨占鰲頭，四年累計評審二百九十八案，最多一年一百一十一案，可謂是全能全才的「專業評審」，而考其學歷，不過區區淡江公共行政系畢業，幾時就儼然成為幾近「全能」的「專家學者」了？其中是否有蓄意護航，甚至可能有豐富後謝者，正不能啟人疑竇。

從評委到得標廠商，一片「綠油油」，生意鼎盛，根正苗綠，葛藤纏結，縱橫無阻，八方通吃，原來這就是民進黨標榜的「清廉」執政！饕餮食人，老百姓就只能引頸受戮，任人魚肉嗎？

質本潔來還潔去

監察院副院長，來來又去去，黃健庭是被民進黨「仙人跳」，還是「聰明反被聰明誤」，抑或是「偷雞不成蝕把米」、「竹籃子打水一場空」？

黃健庭「終於」宣布「婉拒提名」了，自始至終嚴封密鎖，暗通款曲，直到即將開記者會的前一刻，才「通知」黨中央的黃健庭，如果不是意外遭逢到民進黨的強烈反彈，自覺過不了關，你認為他會「婉拒」嗎？

國民黨內的「同志」，其實永遠有一群「騎牆派」，擅於觀風望色，國民黨得勢時，奮勇爭先，個個以為「非我莫屬」，稍遭冷落，便來個「此處不留爺，自有留爺處」；失勢時，則「吃碗內看碗外」，「水往低處流，人向高處爬」，考量的都是個人的前途、利益，豈是真有中心主張，為民謀福祉之念？

民進黨政權在握，其實根本無須招降納叛，且「一朝天子一朝臣」，分茅裂土、安插酬庸都還嫌位子不足，豈容一個空降而來的人分一杯羹？群情激憤，力表反對，乃是意料中事。

黃健庭自認「清白」受損，並以民進黨未能為其「捍衛」為憾，天下豈有甘居濁流中混水摸魚者，還能自詡「清白」的？你要來佔人家的缺、搶人家的位子，還想要人家替你捍衛「清白」，天下還有這個理嗎？

民進黨不是省油的燈，黨內所謂的「菁英」，多到不勝枚舉，黃健庭是個活生生的例子，那些暗中盤算著帶槍投靠的人，即便真被延攬，最多也不過是充當花瓶的角色，難道你以為真能有若何作用嗎？殘羹冷飯，賞你幾口，就該偷笑，難道還敢奢想大魚大肉、滿漢全席？

民主制度，說穿了就是「分贓制度」，但贓有大小，能分多少？欲得好處，唯有一途，那就是徹底絕裂、倒戈反向，就如民進黨中的若干異類，「漢人學得胡兒語，便向城頭罵漢人」，以此表忠，以此當投名狀，或許還能冀其萬一。

漂亮話誰都會說，而且能說得比唱的還好聽，這是「話術」，但未必真能瞞過耳聰目明的人。「質本潔來還潔去，不教污淖陷渠溝」，早知如此，又何必淌此渾水？

／NCC怪獸與率獸食人的民進黨／

《鏡電視》於今日闖關通過，除了准許《鏡電視》董、監事變更之外，也讓《鏡電視》未來可以在凱擘、台擘共卅二家第四台系統台八十六頻道上架，這是台灣近十年來唯一拿到執照的新聞台，重要性不言可喻。

這當然是在陳耀祥主導下的NCC一手炮製的結果，儘管《鏡電視》自去年一月取得執照後，就陸續爆發了不少驚人新聞，尤其是一個月內撤換了四個董事長，本身就有不少經營上的問題，再加上其立場明顯有偏綠的傾向，早就是物議紛紛；但是，眾所周知，由於陳耀祥極力偏袒，其通過只不過是時日的問題而已，其實也早在大家意料之中，只是沒想到陳耀祥敢於如此大膽、粗暴，悍然不顧一切而已。

陳耀祥原本就因《鏡電視》的裴偉可能涉及不法案，被北檢以「瀆職」罪嫌列為被告，陳耀祥也因此公開承諾，在NCC爭議未完全解決之前，不會審查《鏡電視》案，而今竟迫不及待，出爾反爾，在眾人的質疑與批評聲浪中，讓《鏡電視》闖關成功，其時間、手段及目的都是頗耐人尋味的。

《鏡電視》的闖關成功，主要是依NCC組織法的規定，只要有過半數的委員投票通過，就足以作成決議，而NCC委員共七人，其中副主委因故迴避，不能參與投票，故僅剩下六人，其中只有兩名委員是長期對《鏡電視》持反對態度的，而其一名委員因確診請假，而立法院又值休會期間，故陳耀祥覷準時機，兩度強行排定日程，不讓反對者有充分表達的空間，就強渡了關山。在時間及手段上，都拿捏得十分精準。於是，三位民進黨附翼的委員，外加自己應迴避而未迴避的一票，就以四比零之數，符合了組織法「過半數」的規定。

其實，這應該還只是表面的原因，因為無論如何，只要陳耀祥「好意思」投票，無論如何，《鏡電視》都能以過半的人數闖關成功的。陳耀祥何故食言而肥，不但急迫地召開審查會，更連自己的待罪之身也不願迴避，就率爾讓《鏡電視》過關？這當然是因為選舉日期已近，而《鏡電視》向來是偏向民進黨的，如果真的拖延下去，當然就等如自廢一臂，少了一個可以為民進黨宣傳的鼓吹工具了，當然就必須速戰速決，儘早讓《鏡電視》上架了。

NCC的成立宗旨，原意在保護第四權，目的是使通訊及傳播事業的管理能「行政中立」，但是，由於委員會的設計，使得民進黨能施展巧門，在人數上佔有極大的優勢，因此就蛻變成了代表民進黨黨意的「東廠」，只要是反對民進黨的媒體，都橫遭打壓，「中天新聞」就是因此而成了代罪羔羊，被迫退出有線電視，儘管法院屢予平反，卻至今無法獲得有效的濟助。相對地，只要是對民進黨有利的，如華視，如《鏡電視》，說實話，只要是民進黨想讓他們通過，是任何人都阻止不了的。

NCC從一個原應保持中立客觀分際的機構，蛻轉成專門鎮壓異己、消弭反側的龐大怪獸，在現在民進黨一黨獨大的情況下，其凶猛的威勢，是沒有人能夠制服得了的，因此，NCC被貶稱為「髒兮兮」，甚至有許多學者主張廢除，都如狗吠火車般，一點效果都沒有。時代力量的陳椒華，國民黨的曾銘宗率領藍委，赴NCC抗議，公正的學者大力批評，又能如何？人家鐵門一拉下來，在裡面作成決議，還不是只能灰頭土臉回去？

NCC成了吞噬民意的怪獸，卻對它無可奈何，最關鍵的原因，是有民進黨這樣罔顧言論自由的政黨，在背後撐腰，而無恥的學者，當作前鋒，這是民進黨在「率獸食人」，不能讓豢養NCC這一隻怪獸的民進黨下台，重新檢討NCC的組織法，NCC永遠不可能中立客觀，台灣的新聞自由，也將日逐倒退，這是可以預卜的。

NCC將會是言論自由的劊子手

二〇〇六年，NCC正式成立，其宗旨在於「因應科技匯流，促進通訊傳播健全發展，維護國民權利，保障消費者利益，提升多元文化」，本應是秉持公正立場、獨立於政治力之外的機關，但是，由於其借鏡於美國的FCC模式，台、美兩方，境況不同，美國是「兩黨制」，台灣則除兩大黨外，還有特別奇怪的「無黨籍」（民眾黨成立較晚），因此在成立之初，就引起相當大的爭議，可以說制度本身就是先天不良，極容易淪為執政黨用以箝壓媒體、控制輿論的工具。

「無黨籍」是非常曖昧的一種存在，不隸屬於任何政黨，但其實從未真正擺脫政黨的色彩，甚至，只要臨時退出原有黨派，就可以脫胎換骨，以無黨派自居，如監察院的陳菊及中選會的李進勇，原來都是民進黨中的要角，卻只要宣布脫離黨籍，就可以堂而皇之的以無黨籍身份，入主原應公正無私的獨立機構。

依照法律規定，NCC的委員有七位，由行政院長提名，經立法院同意後正式任命，而同一黨籍的不能超過二分之一。換句話說，執政黨可以擁有三位人選，而只要再多一個顏色相近的無黨人士，就足以掌握整個獨立機關。基本上，在國民黨時期，還能有所節制，多少還能做到公平的遴選、推薦，但到民進黨掌權後，卻大不相同，甚至敢於清一色都用「國王的人馬」，儼然將獨立機關當作黨營機構來使喚，是以其公正性，屢屢遭人質疑，據二〇二〇年十一月的民意調查，民眾普遍對ＮＣＣ的信任感相當低：有百分之六十八的人不相信ＮＣＣ是「不會受政治力量干預的獨立機關」，甚至多有人鄙之為「打手」、「東廠」、「髒兮兮」。

ＮＣＣ自從由陳耀祥接任主委後，就稟承民進黨的黨意，對媒體展開慘烈的追殺，用以霸凌媒體、箝控輿論，最引起非議的是有關「中天新聞」的「換照風波」。當時的ＮＣＣ以各種事實上難以成立的理由，針對中天加以開罰，而以此開罰，論定中天違反了新聞從業者的守則，逼迫中天退出有線頻道。可笑的是，這些據以裁罰的事證，一連十案，都被推翻、否定了，甚至還查出ＮＣＣ違反眾議，悍然開罰的事例，顯見ＮＣＣ早已成為民進黨的御用機關，可陳耀祥無羞無恥，居然安之若素，至今仍戀棧其位，可見是有恃無恐，根本不將「言論自由」放在眼裡了。

中天換照風波之後，ＮＣＣ還主導了「三立換頻」、「華視上架五十二台」的進程，三立、華視，都是色彩綠油油的媒體，而ＮＣＣ一意護航，分明就是逼使無色無彩的媒體，無論如何都要全面染綠，才能生存，這無異是宣告民進黨「一言堂」時代的到來，寖漸有將ＮＣＣ變身為「新警總」的疑慮。

「鏡電視」的申請案，也是ＮＣＣ的傑作，早在申請之初，就有傳言是「高層指示」的錄音帶風波，其後自家董事會又起內鬨，其組織結構大有問題，就連綠營學者都質疑其有如「槍手代考」的弊端，可是在上意指示下，陳耀祥奉旨行事，還是非得讓「鏡新聞台」闖關成功不可。在在野黨舉出種種需要陳耀祥親臨立法院解說，接受質詢之處時，陳耀祥不但故意請假迴避，更企圖召開審議會，強渡關山。離譜的是，行政院竟然譴責立委，當起ＮＣＣ的幫凶。

國民黨立委為阻止ＮＣＣ的蓄意護航，群起赴ＮＣＣ陳耀祥辦公室「靜坐抗議」，總算有效阻止了這個可能再度發生的惡例。但是，這次的「擇期再審」，恐怕也只是拖延時間而已，預定的董事長鄭優總會恢復身體健康，而兩位反對的委員，即使未來仍堅持立場，五比二，想來也是不可能阻擋得了的。整個ＮＣＣ的組織，由於制度上的思慮不周，未來無論是哪個政黨執政，恐怕都將是一把架在媒體上的大刀，隨時可能變成媒體言論自由的劊子手。

公子王孫把扇搖

七一六「司法改革，居住正義」的遊行，數萬群眾頂著熾熱的太陽、流著濕黏的汗水，發出怒吼的聲音，將矛頭直指不公平、不正義的民進黨政府；可民進黨卻假借「全代會」的理由閃避，躲在圓山大飯店裡涼爽爽、樂乎乎的吹冷氣，蔡英文猶然嫌熱，《水滸傳》裡，梁山泊的好漢，體恤民情、哀民生艱苦，作詩云「赤日炎炎似火燒，野田禾稻半枯焦。農夫心內如湯煮，公子王孫把扇搖」，說得還真是非常傳神。

民進黨執政將近八年，最新網路調查，有百分之八十以上的人不滿意其施政，可見民心早已背離，但民進黨顯然是不以為意的，只由行政院發了一個死板板、冷漠漠的文宣，強調他們有多努力在做事，但老百姓看在眼裡的，卻相差得有多遠、多大？民進黨不是號稱人才濟濟嗎，怎就沒這個膽子派三兩個高位的官員，出來直球對決？

那個油頭粉面的王孫公子，更是可笑，居然說「不以人廢言」，在這句話中，完全凸顯了其傲慢不屑的態度。「不以人廢言」的潛台詞，其實就是直指這些聚眾遊行抗議的人，包括了郭台銘、侯友宜與柯文哲在內，不過都是一些不足與數的人，壓根兒就是瞧不起他們。這些人的話，就是說得再有道理，聽聽就好，不必過於認真。群眾在凱道上聚眾吶喊，聲嘶力竭，總統府就在後面不遠，當然不可能聽不到，但聽到了又如何？在民進黨人的眼中，七一六遊行，其實是「理由不正當、訴求也不正義」，在搖著清涼的扇子、吹著舒適的冷氣的王孫公子眼中，真的是吹縐一池春水，干我屁事的。

還記得當年蔡英文的豪語嗎？當政府第一次、第二次聽不進人民聲音時，可以大聲點，第三次聽不進，就可以拍桌子。七一六的凱道遊行，豈僅僅只是「拍桌子」而已，簡直都已經「掀桌子」了，可他們有真的聽進去嗎？

梁山泊的好漢，終於是忍耐不下去了，這是官逼民反，再不反，老百姓就沒有未來可言；這個時代，當然不可能聚眾以暴力造反的，但是，民主社會人人都有一張選票，只有用我們的選票，「下架民進黨」，台灣才有未來可言！

民進黨在為台灣幼兒教育「餵毒」

喧騰、鬧嚷了近三周之久的「新北幼兒園餵藥案」，在昨日由北榮以質譜儀作毛髮檢驗，證明結果是「陰性」後，終於「真相大白」，以科學擊敗謠言，證實了是椿道道地地、精心炮製的「烏龍假案」，民進黨為了選舉「打侯」，不惜耗費社會成本、製造社會恐慌、撕裂社會信任的惡毒手段，也終於完全表曝於國人眼前了。

幼兒園的幼師，受到家長委託，替有病恙的孩童定時「餵藥」，以免耽誤病情，家長信任幼師，故將孩童託付給幼師，幼師因體諒家長工作忙碌，故因而代勞，不但是家長與幼師間的一種「互信互諒」，而且更是教育部「明訂」的工作範疇之一，但是，卻在民進黨惡意操弄下，因為事件發生於板橋，遂將「餵藥」誣陷成「餵毒」，用以打擊新北市長侯友宜。這不僅僅是惡劣的選舉操作，更可以說是民進黨本身就是在「餵毒」給台灣整個社會。

事件的初起，不明究裡的人乍看之下，還以為是有不肖的幼師，為了便於管理幼兒，竟不惜以餵食含有安眠成分的藥物，使孩童能「安靜」下來。如果此事為真，則真是件令人髮指的事，為正常社會所萬萬不能允許的，當然就不免造成了社會的恐慌，不但家長開始耽憂自家的孩童會不會也遭受到如此可怕而殘忍的待遇，而連帶著也使幼師一時成為千夫所指的對象，遭受社會輿論的嚴厲指摘，蒙受到莫大的陰影與壓力。不止是許多在職的幼師蒙生退意，想要離職，甚且激起了幼教協會的抗議，呼籲將來「病孩不入校，幼師不餵藥」，整個幼兒教育的美意，幾近蕩然無存。

這個事件，新北市政府的反應，固然有「慢半拍」之嫌，但實際上並未有任何延誤之處，但民進黨政治操弄的斧鑿痕跡，卻是赤裸裸不加掩蓋的。先是有泛綠的家長起鬨，繼而有民進黨的民意代表以口誤的時間大肆渲染，甚至連衛福部都刻意加入戰圈，連身為醫師的副總統賴清德都在背後插上一刀，其間捏造數據、聚眾抗議、製作梗圖、名嘴批判，鬧鬧吵吵，流言漫天，民進黨唯一的目的，就是要將侯友宜打入十八層地獄，讓他永遠不能翻身為止。

民進黨本身就是個為了爭奪政權，可以無所不用其極的惡濫政黨，往往藉用政府對媒體的掌控，製造虛假訊息，集府院黨團及名嘴、網軍之力，針對政敵，施以全面的打擊，將「餵藥」扭曲成「餵毒」，不過是已被戳破的一樁烏龍事件而已，隨著選戰的開打，未來更不知道會有多少令人匪夷所思的手段出現。這次的事件，最可怕的是檢調單位蓄意拖延調查時間，而衛福部官員則故意掩蓋真相，甚至連新北市宣布將開放檢測，以求得真相，並安家長之心的時候，還故意將其扭曲為「普篩」；甚且，同樣是「苯巴比妥」，當高雄市於六月九日才開始檢測，且發現有上百案例時，民進黨反而開始稱讚陳其邁的處事明快積極，民進黨的「雙標」，早就是人所共知，但敢於違背科學精神、盲目製造輿論，卻還是讓人膽戰心驚的。

如今真相雖已大白，但後續的風波仍未完未了，幼師該不該替孩童餵藥、幼師有無能力判斷藥品成分、幼師該在何種情況下接受家長委託……，勢將引起整個幼兒教育的極大變化，未來家長與幼師間的互信，將如何建立？民進黨簡直是在台灣的幼兒教育餵上了一劑巨毒，這一劑毒藥，徹底破壞了社會上人與人的互信，後遺症之大，恐怕是不能小覷的。

最可怪異的是，當初揑造事證、扭曲真相的許多民進黨代表、官員，明知已是東窗事發，可至今仍無人表態認錯，反而像是沒事人一樣，坐令整個事態的發酵、擴大。侯友宜市長是警界出身，以維護社會治安、建立社會互信為己任，無論如何，都應該不能坐視這種現象的發生。沈富雄先生說得好，侯友宜團隊絕對不能再姑息養奸，必須將事件始末，一一詳加釐清，對造謠者、汙蔑者、扭曲者，一一揪舉出來，不能「輕易放過」。

民進黨魔手伸入台灣司法與學術界

在台灣轟動一時，影響了二〇二〇年台灣地方選舉結果的「論文抄襲案」，這兩天總算是告一段落了。

一方面，「罪魁禍首」，造成民進黨「一屍五命」、大敗虧輸的林智堅，與控告他「抄襲」的余正煌達成和解，林智堅道歉，並捐出三十萬台幣做公益，余正煌撤銷所有的告訴。余正煌其實是本案最無辜的受害人，明明其論文發表在先，卻引惹到林智堅指摘他「抄襲」，而且被他所服務的單位考績打成丙等，並內調做文書工作，無論身心都承受非常沉重的壓力。此案雖說「和解」，但余正煌恐怕更承受了莫大的壓力，而此一壓力，明顯是政治性的壓迫，沒有人能理解為何余正煌突然願意息事寧人，而且條件如此寬鬆的原因。更重要的是，林智堅雖然已被兩所大學撤銷學位，卻依然堅不承認他有所「抄襲」，其怙惡不悛的倚仗何來，明眼人當然是可以輕易窺出的。

另一方面，林智堅的「背後靈」，隱隱操控著台大國發所命脈，將學位當商品販賣，廣結人脈，圖利自己的教授陳明通，今日也經台大校評會作出決議，認為其行為雖有不當，但並未達到可以解聘的程度，因此仍保留了他的教授資格，使得他能夠迅速辦理退休，坐領每個高達十萬台幣以上的退休金。

陳明通與林智堅師徒狼狽為姦，敗壞學術風氣，卻仍然能夠輕騎過關，使學術界蒙受奇恥大辱，可見民進黨的魔掌，是已經如何完整操控住了司法界與學術界。「論文抄襲案」，結得如此草率與唐突，當事幾乎可以完全置身事外，甚且可以忝然無恥地高居政府高層，我們可以預卜，只要民進黨仍在位一天，台灣的未來就必然是暗淡無光的。

缺德的蔡政府

台灣有「五缺」：缺水、缺電、缺地、缺工、缺人才，早已是不爭的事實，任何執政的政黨，皆理當針對此「五缺」，制訂出相應的對策，以解決相關的問題。但是，民進黨為了粉飾太平、營造假象，總是不肯嚴肅面對，反而用詭辯的方式，大肆玩弄文字技巧，企圖淡化相關問題。

近日因天氣暴熱，供電吃緊，地方各自傳來停電的訊息，逼使台電不得不以高價向民間購買電力，以渡此難關，這已十足證明了台灣目前「缺電」的嚴重性。但是，民進黨的立委洪申翰，竟不知從哪邊找來所謂的「專家」，強調「台灣不缺電，缺的是節能」。殊不知，「缺電」與「節能」，是一體兩面的事，正因「缺電」，所以必須「節能」，如果電力供應充沛，又何必出此「節能」的下策？

「缺」是「少」的意思，「少」就是「不足」，但卻未必是「沒有」，民進黨故意用「缺」字的歧義性，移轉焦點，再度故技重施，想混淆民眾耳目，此正如過去分明是「走私」的案子，偏要說成是「超買」，而近年來一連串的「缺蛋」、「缺藥」、「缺快篩」、「缺疫苗」，也非得利用話術加以搪塞不可。

一個政府，不願正視百姓的苦難，而企圖用話術掩飾缺失，最大的問題，就是「缺德」，政府官員為了掌控政權，罔顧民意與現實，「缺德」是必然的；但是，連所謂學有專精的學者、專家，也為其所攏絡、收買，附和政黨的說詞，巧言詭辯，其「缺德」之甚，更是令人油生「士大夫之無恥」的憂懼。

「五缺」的台灣，還可以制訂對策，予以彌補，但「缺德」的政府、「缺德」的學者，必將使台灣淪為無所不缺的苦境。我們對這樣一個「缺德」的政府，到底還要容忍多久？

從「瘦身」到「虛胖」

民進黨自陳水扁當上總統之後，就大力鼓吹要政府「瘦身」，搞了一個「政府再造委員會」，主張精簡機關、裁減人數；但因當時立法院國民黨佔多數，是以未能實踐。馬英九繼任，當然更未必沿續他的主張。「瘦身」，是民進黨一貫的政治主張，甚至連僑委會、考試院、監察院，都認為是包袱、贅疣，恨不得一舉而裁撤之。但蔡英文上任後，非但未有任何「瘦身」的規劃，反而無限擴增，今天一個「辦公室」，明天一個「國家隊」，整個行政院陡然變得臃腫、虛胖起來，幾乎成了厖然怪物。

我們不妨細數一下，蔡政府在這七年來，究竟擴增了多少單位。首先在中央部會上，多了「促轉會」、「黨產會」、「年改會」，更有一個所謂的「數位發展部」；在「辦公室」方面，則除了總統府在各地區、縣市的「辦公室」外，更增設許多「專案辦公室」，如打詐專案辦公室、亞灣新創園暨5G AIoT專案辦公室、新南向政策辦公室、對外經貿談判辦公室、TPP溝通專案辦公室、少子化對策辦公室、地方創生專案辦公室、個人資料保護專案辦公室、智慧醫材專案辦公室以及台港服務交流辦公室，洋洋灑灑，不一而足；至於所謂的「國家隊」，更是離譜，從農業、資安、打詐、太空產業，到口罩、鳳梨、雞蛋，都可以組建成隊，不只是琳瑯滿目，更是突梯滑稽。

這些額外的、倉促成軍的辦公室、國家隊，除了每次會聚一些官員，擺拍、合照，隆而重之的宣傳之外，卻未必能見到有多少實質的績效，而且可以隨時變換名目，以至疊床架屋，形成人力、財力的無謂浪費。以「打詐」來說，二〇一六年的「打詐中心」、二〇二二年的「打詐國家隊」、二〇二三年的「打詐專責辦公室」，都是「打詐」，可台灣社會的詐騙案件，卻是越來越見頻繁，反而自己成為「詐騙」中的一員卻不自知。

仔細探究蔡政府設置這些宛如「類黑機關」的單位，其用意何在，基本上約可區分成幾大類：（1）是追殺異己的政治迫害，「促轉會」、「黨產會」，擺明了就是針對國民黨而來；（2）是用「口號」以唬弄老百姓，假借名目，強調政府有多重視這樣的問題，包山包海，可以無所不包；（3）是最重要的，增設任何單位，就需要有人、有錢，有人可以大肆酬傭、安插親信；有錢可以賄買人心、朋分其利，甚至中飽私囊。別的不說，光看「數位發展部」的設置，花費了多少公帑、晉用了多少人員，就可以恍然大悟了。

如果蔡政府「虛胖」的單位，果真能夠達到一定的成效，這也就罷了，但是，其績效如何，相信台灣民眾都是看在眼裡、痛在心裡的。近日，民進黨的總統參選人賴清德，又在夸夸其談，強調他如果當選，將會「行政院設立專案辦公室，建立區域聯合治理」，天哪！身為一個副總統，難道不知道類似的機構已經多到「罄竹難書」的地步，居然還要再加碼補上，未來的辦公室、國家隊，簡直就要取代了原有的文官制度，將會對台灣造成多大的後患？

民進黨結構性的貪腐

民進黨是不是「貪污腐敗」的政權，當然會有不同的意見。國民黨向來是被目為「貪腐」的，但究竟貪腐到怎樣的程度，恐怕也很難歷歷舉證。

基本上，「貪腐」二字，常是訴諸主觀感受的，而且與民眾對政府的信賴程度成反比。世界上沒有任何一個政府轄下沒出現過「貪腐」現象的，即便是「清廉指數」最高的丹麥、紐西蘭，也不過只有八十七分，不可能完全杜絕貪腐現象。因此，是否貪腐，往往就成了政敵誇張渲染的利器。連兩袖清風，卸任後回歸公寓住所的馬英九，居然被連番告發其貪污，相較於翠山莊、帝寶大廈的豪宅，真的是讓人情何以堪了。

通常，如果有重大的「貪腐」事件發生，「清廉指數」肯定是會被拉低的，但是，由於貪腐的技巧日漸高明，其實很多重大的貪腐事件是被掩蓋起來的，如果以「有無發生重大貪腐事件」為據，企圖證明自家的清廉，恐怕是會被人嗤笑的。

貪腐的技巧，可分個人貪贓枉法和集體貪污兩大類。個人的貪腐容易被查出來，但是，集體貪污，卻往往是很難察覺的。民進黨的貪腐，其實是技高一籌的，在穩穩掌握住行政、立法、司法大權之後，往往以「立法」的方式，以合法掩護非法，而將所有的證據封存隱藏，不讓證據凸顯出來，這是結構性的貪腐，別的不說，八千八百億的前瞻預算、八千六百億的防疫預算、光電案、風電案，哪一項不是疑雲重重的？然而卻都有明白的法律作掩護，且有行政權的掩護、司法權的縱容，當然不會有重大事件爆發出來，但是，你真的相信其中沒有貪腐嗎？

個人的貪腐，容易察覺，危害雖大，但還是能夠抑制；但集體、結構式的貪腐，等於是假公濟私，將國庫當黨庫，其為禍之烈，才是真正可畏的。

中華民國歷屆總統，兩蔣時代到李登輝、馬英九，是否貪腐，當然是無據可查的，但陳水扁夫婦的貪腐，卻是經法院判定，證據確鑿的；蔡英文如何？恐怕也得等政黨輪替後，才能作明白的判斷。

兩岸關係

重回「兩岸一家親」

蔡英文總統召開國安會議，向全台民眾宣佈有關「全民國防」的重大訊息，其中的要點，以「將義務役從四個月延長為一年，逐年實施」，以及「義務役的薪資提高，且服役期間可以抵勞保的年資」這兩項為最重要內容。

從對岸的武力威脅日盛一日，台灣必須擁有堅強的自衛武力為後盾，方才有足夠的能力確保台灣安全的角度來說，這兩項改革，無疑是非常必要，且迫在眉睫的。義務役延長一年，當然可以加強役男的體格能力、戰技訓練，以及多管道的現代戰爭技巧，以此配合志願役的軍事強化訓練，誠如蔡英文所說，是能夠兼取募兵、徵兵的優點的，「徵募雙軌制」，志願役為主攻戰，義務役主防衛戰，習練既久，當然對「全民國防」是絕對有其效應的。這正符合《孫子兵法》所說的「勿恃敵之不來，恃吾有以待之」，本人是樂觀其成，且義無反顧地給予支持的。

但是，一年的義務役訓練，是否真的就足以發揮應有的效應，恐怕也還是很難確有把握的，而且在時間上還有幾年的調整期，方能全面實施，那就得先保證在這段期間內不會爆發戰爭才行。據蔡英文總統所說，這項計劃早已籌備了兩年之久，但誠如柯文哲所質疑的，近年來國內的訓練人力與資源，一直在削減當中，蔡英文總統口口聲聲說沒有美國的壓力，ＡＩＴ立刻就跳出來表示歡迎，豈能不讓人懷疑她是聽命行事，所以才不得不倉促推出？

調高義務役的薪資，並列入勞保年資的考量，當然也頗足以讓年輕入伍者減輕經濟壓力，同時也有後續的福利，不可不謂是對年輕人的利多，相信也足以削弱年輕人觀望、猶疑的心態，奮身為國，貢獻一己的心力。但既云「徵募雙軌制」，則亦不當厚此而薄彼，對志願役的薪資，也應該酌予調高，才符合公平原則，且或許可能激勵更多的人志願從軍，一起捍衛國家。

不過，從蔡英文總統以及國防部副部長柏鴻輝的談話中，我們不難看出，其實台灣是已經處於「備戰」的積極狀態了，此可以從他們兩人都屢屢以烏克蘭為例，強調其全民奮勇抗戰的意志中，可以充分印證。「備戰」當然必須的，尤其是台海局勢愈來愈見緊張，蘇軾〈教戰守策〉云「今不為之計，其後將有所不可救者」，未雨綢繆，正當如此。但問題在於，要「備」到怎樣的程度，才能確保擁有足夠的實力呢？政府的經費，是否真的足以因應？恐怕不是嘴巴上說說就可以為自己壯膽的。

「備戰」固然是要「備」的，但《孫子兵法》也說「上兵伐謀、其次伐交、其次伐兵、其下攻城」，「兵乃不祥之器」，如何運用謀略，避免戰爭的發生，才更是當務之急。蔡英文總統強調「沒有人希望發生戰爭」，的確，一旦發生戰爭，屋社丘墟、生民塗炭，台灣彈丸之地，一旦戰事爆發，四面皆海，居民百姓可不比烏克蘭猶有鄰國可逃，將遁於何處？兵凶戰危，蔡英文感動於部分烏克蘭軍民的浴血抵抗，卻渾然忘卻了有更多的烏克蘭民眾顛沛流離，輾轉死於溝壑的慘狀，未免也是見樹不見林的。

蔡英文總統強調「備戰才能避戰」，在兩岸軍力相差如此懸殊的情況下，其實「備戰」是未必能「避戰」的，相較於「備戰」，其實蔡英文總統應該有更積極、更周詳的規劃，避免戰火在美麗的寶島上燃燒起來。

台海局勢的緊張，原因眾多，但中美博奕的賭局，將台灣牽扯進來，蔡英文政府選邊而站，不但對對岸不假辭色，甚至諸多嗆聲、挑釁之舉，恐怕才是最重要的因素。馬英九時期，儘管施政未必如人之意，但至少在兩岸和平上，為台灣掙得了八年的舒緩空間，又何至於如現在一般的劍拔弩張？

這讓我想起了柯文哲所主張的「兩岸一家親」原則，許多人皆惡意曲解為「投降主義」、「與對岸隔海唱合」，事實上，「兩岸一家親」才是在互重、互利、互相協調的融洽氣氛中，最有效的「避戰」方式。家庭人口眾多，難免各有主張，翻生齟齬，家庭中人豈能不相互協調，以維持「家和萬事興」的成效？至於如何親？親到如何的程度，就看當局者的智慧了。

兩岸因歷史因素，問題重重，台灣殊有必要藉著各種實質有效的協調，爭取到最大的利益。「和」字與「戰」字相反，「大家都不想發生戰爭」，這豈不就是「和平」嗎？唯有「和平」，台灣才有利基，才能維護難得的自由與民主，才能更順遂的發展民生經濟。

「一中各表」的曙光

馬英九訪問大陸，在公開場合喊出了「中華民國」、「前總統」，甚至連「三民主義，五權憲法」，都一併呼出，在大陸那塊土地上，面對早已否認中華民國的存在的廣大群眾，敢於突破框架，維繫並延續中華民國政權的道統，不僅讓一路唱衰、巴不得馬英九灰頭土臉的民進黨大驚失色、惶惑難安，更使馬英九始終堅持的「九二共識」尋得了一個新的開展契機。

「九二共識」的解讀，兩岸各有不同，大陸著眼於「一個中國」，而台灣則強調「一中各表」。多年以來，民進黨都以此一名詞為蘇起所創造，並未形成「共識」，且認為已經時過三十年，是陳腐而老套的說法，已不適用於今日，更屢以大陸表明不認同「一中各表」為言，斷定其「絕無可能」。事實上，這樣的論述，是明顯存在著盲點的。

首先，在兩岸情勢越來越趨於緊繃，幾至於劍拔弩張，隨時有擦槍走火可能的情況下，只要有任何足以緩解緊張情勢的論述，即便原來並不存在，又何必拘於是由誰，或者是何時提出來的？「九二共識」雖由蘇起提出，卻有效保障了兩岸至少八年以上的和諧與共榮，此正如商鞅變法，使秦國一躍而躋升於五霸之列，歷朝歷代的有效興革思潮，豈不都是如此橫空出世，而影響深遠的？但觀其效能如何即可，又何必計較為誰所倡、何時而起的？民進黨如果有能耐，自不妨另外提出更有效的論述，而不是一味為反對而反對。

其次，「一中各表」雖迄今未獲得大陸的認可，卻可以說是對台灣最有利的，既可維護台灣本有的主體性，又保留了彈性的空間，大陸儘管還不能認同，卻不代表不是台灣可以努力爭取的方向。民進黨成天以「國格」為說詞，強調不能「矮化」，事實上，「一中各表」豈不是才是真正的「不矮化」、「有國格」？現階段大陸不認同，但未來呢？如果以「九二共識」為基礎，透過各種管道闡說、協調，誰敢說未來就是絕無可能達成「共識」的？既對台灣有利，又豈不是所有不分黨派的政治人物所應努力追求的目標？

馬英九雖然有不少缺點，但其優點則在謹慎小心，一絲不苟，他以民間人士「做客」的姿態訪問大陸，料想也應該知道在「以客為尊」的前提下，大陸方面也應該不至於當面反駁，雖有「偷渡」的嫌疑，卻展現出馬英九睿智的一面，而最重要的是，大陸方面也展示了「容忍」的可能，在重重迷霧掩蓋下的「九二共識」，或許就可以說是獲得了打破黑暗的一道曙光，真正成為兩岸和平的「定海神針」了。

其實，「九二共識」絕對不是沒有「共識」的，其「共識」就在「和平」兩個字上，相信這也是兩岸的人民共同的心願，更是所有的人應該致力以達成的目標。

馬英九訪問大陸的消息，據聞全世界已有一百三十四個國家加以報導，透過這些報導，相信全世界都能知悉兩岸人民企盼「和平」的強烈訴求，而這也已由馬英九「和平奮鬥，振興中華」的出訪目的中完全顯示了出來。

「備戰」與「戰備」

從蔡英文的「備戰」二字中，其實我嗅出了戰爭的煙硝味。台灣固守孤島，能自保已經萬幸，當然不可能派兵出征，因此，「備戰」就是等如積極因應即將可能爆發的兵燹，而且是以台灣為戰場的。

「戰備」與「備戰」，是兩個完全不同的概念。「戰備」是必須在承平時期，就應積極訓練，以防一旦擦槍走火、事發倉促，仍然可以因應的防範措施，這也是當初義務役必須有二年，甚至三年的原因。役男受過二至三年的軍事訓練，雖未必能夠達到正規軍的水準，至少還可以充作「後備」。但自從二〇〇〇年開始，逐年遞減，到二〇一三年，則僅僅剩下四個月。四個月的軍事訓練，成效能有多大，這是眾所皆知的，更何況，還有替代役一項，簡直形同雞肋，若有而實無。

這群「後備」人員，其實是無法上戰場的，真正能赴第一線作戰的，恐怕只有正規軍，目前台灣約有將近十九萬的部隊，這才是主力，但也不可能出境攻敵，只能固守前線。但是，近幾年來，國軍的訓練與資源能力，逐年削減，「能戰」與否，在大多數人心中，是存有疑問的。換句話說，在「戰備」上，其實還是有待加強，必須有連續多年的精實計劃及步驟的。

「戰備」當然除了軍事人員外，更重要的武器裝備，在台灣不具有研發能力的情況下，只能仰賴美國，但其所願提供的軍備，其實不但價格高昂，且往往未切實用，與對岸相衡，優劣之勢明顯。在「戰備」未能充分齊備下，突然宣佈要「備戰」，其實是有點「驅市人而戰」的，「以不教民戰，是謂棄之」，難道真的要讓這些後備軍人奔赴前線嗎？

「備戰」者，「準備戰爭」也。我們真的「準備」好了要與對岸開戰嗎？果真開戰，戰場一定是在台灣本島，無論是否能夠打勝仗，都將是玉石俱焚的局面，台灣至少將後退五十年以上，這絕對不是危言聳聽的。

「備戰」是緊急情況，迫不得已的，是在「和平」已無任何希望，不得不挺身而出，做自我捍衛的。「沒有人希望發生戰爭」，這就是「避戰」，這就是「和平」，試問，我們對和平盡過怎樣的力量呢？「備戰」是已經準備要打仗了，又豈能「避戰」？

人手一槍作巷戰的準備？

爭取美國共和黨總統候選人提名的拉馬斯瓦米，近日在競選造勢大會上，主張讓全台灣人民「每人發一枝槍」，以嚇阻對岸的武力威脅。此語一發，不但在台灣引發非常大的反響，就是連美國本土，也有不少人對此有強烈的批評。

其實，拉馬斯瓦米雖然爭取共和黨提名，但相對於早已張弓引箭、蓄勢而發的川普來說，基本上是連獲得提名的機會都沒有的。他這一主張，是為全美步槍協會而發的，儘管當時獲得滿堂彩，在未來是九成九將要跳票的。所以，雖然這樣「死道友不死貧道」、「以鄰為壑」，意欲在別人家土地造成殺戮戰場的主張，極讓人反感與刺耳，但是也無須過於擔憂，因為儘管全球允許居民合法擁槍的國家有三十多個，卻並非世界主流，台灣也是禁槍國家之一，大概主政者也絕對不敢如同美國一般，冒著全台槍械氾濫、槍聲四起的危險，率爾讓所有的居民都可「合法」擁有槍枝。

相信只要稍微有點常識的人都知道，許多犯罪，常都是在犯者一時理性失控下，氣怒攻心，就鑄成大錯的。槍械運用起來與他種冷兵器不同，無須有多熟練的技巧，只要稍作瞄準，扣下板機，就可以在轉瞬間、近距離內，造成強大的殺傷力，連閃避、逃躲的時間都沒有。在台灣目前社會極端對立、暴戾氣氛如此嚴重下，人人一槍在手，將會出現怎樣的情況，恐怕是會讓人難以想像的。

因此，無論如何，台灣都不可能開放槍械，更遑論人人手上都可以有槍，唯一的例外，應該就是爆發戰爭的那一刻了。台海戰爭一旦發生，主戰場一定會延伸到城鎮，而開始進行巷戰。巷戰之際，槍械的禦敵效果，當然遠較刀劍、掃把為佳，那時全民皆兵，為了護衛家園，即便法有嚴規，恐怕居民也會千方百計，透過各種管道獲取槍械，用以自保了。最可畏怖的是，在台灣人心不齊的情況下，槍口未必就會一致對外，屆時以「除奸」名義，揪發異己，或是觀念不同，暗通款曲的兩方，勢必交相攻擊，蕭牆之亂，又該如何防制？

因此，拉馬斯瓦米的「人手一槍」提議，是絕對不可能在台灣施行的。不過，從拉馬斯瓦米的提議中，我們也不難看出，美國人早已有將台灣視為「準戰地」的企圖，是不惜讓台灣成為焦土，代替美國人與中共抗爭，甚至犧牲的了。這點，我們從網路上喧騰已久的「毀台計劃」，以及頻繁的軍購協商，尤其是五月即將來台訪問的廿五家軍火商的行動中，是不難窺看出來的。這也是為何美國會派遣兩百名軍事教官來台，準備教授城鎮作戰、生化戰爭等技術的根本原因。我們倒不能因為拉馬斯瓦米人微言輕，就掉以輕心。

拉馬斯瓦米之議，依常理來說，是不可能在台灣實施的，想來執政當局，也應該深諳其理，可對於拉馬斯瓦米這個荒謬的提議，民進黨居然連半句話都不敢吭，至今未作任何表態。揆其原由，一來是民進黨對美國卑躬屈膝，已成一種「制約反應」下的慣性，唯唯諾諾，不敢有任何異議，就是連區區一個無名小卒都不敢開罪；但是，最令人憂心的是，會不會是民進黨已經下定決心，不惜玉石俱焚，也要顯示「台灣人的勇氣」，所以對此默予承認了？回想起當初曹某人倡議組織的「黑熊部隊」，真的會讓人為台灣的未來捏一把冷汗了。

「九二共識」與「九六共識」可並行不悖

侯友宜重砲出擊，一連拋出五大政見，其中與兩岸關係最密切的，無疑是「九二共識」。據侯友宜的說法，他接受「合乎中華民國憲法的九二共識」，主張兩岸互不承認主權，互不否認治權的政治現實；並反對「一國兩制的九二共識」，以及「被蔡英文汙名化的九二共識」。這是侯友宜首次明白宣示他對九二共識的支持，也頗讓許多藍營的人心有所歸。但是，其實侯友宜還是不乾不脆的，中華民國的憲法是「一中憲法」，因此，所謂「合乎中華民國憲法的九二共識」，簡單來說，就是「一中各表」，但是，不知為何，「一中各表」這四字，侯友宜就是說不出口。

不僅如此，儘管侯友宜已知「九二共識」已被蔡英文等民進黨「汙名化」了，卻還是上了他們的大當，誤將「一國兩制」與「九二共識」作了聯結。實際上，這根本是兩碼子的事，而且也是民進黨「汙名化」九二共識的手段。光是嘴上說「汙名化」，卻沒有堅強的論據破除汙名，還其本來，侯友宜雖有金溥聰操刀，看來還是有一間之未達。這也難怪柯文哲會譏諷說「侯侯有三種」了。

民進黨之反對「九二共識」，當然是以「台獨」為基礎的，無論此一「獨」是目前實質存在的「主權獨立」，或是未來亟欲推動的真正的「獨立建國」，總之，一邊一國，此疆爾界，可以交流，可以往來，但是絕不相互統屬。對民進黨來說，承認「九二共識」就等於承認台灣是屬於中國的，絕無可能屈從認可，因此，他們極力駁斥有所謂的「共識」，最多只有「九二會談」，而歸咎於此一名詞是蘇起憑空捏造出來的；而為了強調不相統屬，則是有計劃的企圖將所有可能與中國有關的事務，包括文化，全都排擠出去。「去中國化」，可以說是民進黨最不遺餘力去推行的，首當其衝的就是教科書上的大幅調整，從歷史上一舉切斷中國和台灣的關聯性。因為其本質就是「反中」，只要是中國大陸提出來的，或者是可能有益於未來接觸、談判，促成兩岸和平共處的，不是說「矮化國格」，就是說「認知作戰」的「統戰」技倆，目前大概不敢違拗的，只有關涉太巨大的ＥＣＦＡ了。過去宣稱ＥＣＦＡ是「糖衣毒藥」，現在卻是緊緊含咬住，不肯鬆口。

民進黨反對「九二共識」、汙名化的手段，其實脈絡是十分清晰的。首先，他們認定「九二共識」是蘇起所「發明」的，並無所謂的「共識」；其次，他們認為九二共識已經時過三十年，是陳腐而老套的說法，已不適用於今日；最後，則屢以大陸表明不認同「一中各表」為言，斷定其「絕無可能」。事實上，這樣的論述，是明顯存在著盲點的。

「九二共識」的提出，蘇起當然是關鍵人物，但一個政策的優良、適用與否，我們只須就其政策的內涵，作出審慎的評估，並驗之於實效，就可以決定。在兩岸情勢越來越趨於緊繃，幾至於劍拔弩張，隨時有擦槍走火可能的情況下，只要有任何足以緩解緊張情勢的論述，即便原來並不存在，又何必拘於是由誰，或者是何時提出來的？「九二共識」雖由蘇起提出，卻有效保障了兩岸至少八年以上的和諧與共榮，此正如商鞅變法，使秦國一躍而躋升於五霸之列，歷朝歷代的有效興革思潮，豈不都是如此橫空出世，而影響深遠的？但觀其效能如何即可，又何必計較為誰所倡、何時而起的？民進黨如果有能耐，自不妨另外提出更有效的論述，而不是一味為反對而反對。

其次，「一中各表」雖迄今未獲得大陸的認同，卻可以說是對台灣最有利的，既可維護台灣本有的主體性，又保留了彈性的空間，大陸儘管還不能認同，卻不代表不是台灣可以努力爭取的方向。民進黨成天以「國格」為說詞，強調不能「矮化」，事實上，「一中各表」豈不是才是真正的「不矮化」、「有國格」？自馬英九大陸祭祖，公開宣揚「一中各表」之後，現階段大陸顯然已有所改變，侯友宜認同「九二共識」，中共也未針對「一中各表」表異議，只強調「九二共識」是「定海神針」，即此已可略窺其趨勢。如果以「九二共識」為基礎，透過各種管道闡說、協調，誰敢說未來就是絕無可能達成「共識」的？既對台灣有利，又豈不是所有不分黨派的政治人物所應努力追求的目標？

雖說「九二共識」的解讀各異其說，但其最大公約數，就是「和平」二字，而這又豈非是最重要的「共識」？目前三黨候選人的其他政見，可謂歧突甚大，但在兩岸關係上，卻不約而同提出了「兩岸和平」的主張，這還有什麼可以疑慮的？

「一中各表」當然是與「一國兩制」風馬牛不相及的。所謂「各表」，就是對岸認定此「一中」為「中華人民共和國」，台灣則強調是「中華民國」；而「一國兩制」的「一國」，到現在還沒有確切的定位，也不見得就是中共說了算，相信除非發生「武統」，這將是很遙遠以後的事了。民進黨基本上是「逢中必反」的，尤其對「一國」、「一中」最是凜懼，但是卻絲毫無法提出更優越的主張，除了一味反對，根本就是束手無策，不僅斬斷了未來可以談判的契機，在他們一意孤行之下，恐怕最後也極可能斷送了兩岸的和平。

相對來說，柯文哲算是較為理性的，他說自己「本來就不清楚九二共識」，這是真心話，也是老實話，因為在各說各話下，「九二共識」的概念早已被汙名化、模糊化了，誰能說出一個可以服眾的解說？因此，柯文哲基本上對此一問題是採取迴避態度的，反而另外提出「九六共識」，與「九二共識」別苗頭。

「九六共識」是前副總統呂秀蓮鑑於藍綠惡鬥的嚴重負面效應，於二〇一〇年所提出的主張，此一主張認為自一九九六年台灣總統由民眾直接投票選舉產生，讓台灣的民主化有了嶄新的一頁，這就是台灣立足的基點，可以藉此凝聚台灣人心，確立台灣的自由與民主。柯文哲很明顯是繼承並發揮了這一觀點，也認為這是必須加以維護、保障的台灣的主體性。就確立台灣的民主及主權來說，柯文哲的確可以避免民進黨嚴格區分本省人、外省人的偏狹觀點，更不至於導生凡是有異議的人，都將之抹紅成「中共同路人」的弊端。柯文哲從台灣自原住民、明末荷西鄭氏、清代移民、日據統治、國府治理、新住民締姻的歷史發展，有效論證了台灣是多元文化融合的地方，凡是居住於這塊土地上的人民，都是台灣人，且不應該區別其來自何時何方。這當然是不偏不倚、非常「中道」的說法。

但是，「九六共識」雖則可以凝聚台灣內部的人心，卻未必就能妥善處理兩岸關係，畢竟這仍然還是會有「台獨」或「獨台」的疑慮，這點，從二〇一〇年，由九六共識聯盟發起的「三二六遊行」中，公然喊出「一邊一國」的口號，就足以證明。從中國大陸的角度來說，恐怕接受的可能是微乎其微的。因此，這顯然不足以當成民眾黨的「兩岸政策」，而且恐怕會距離柯文哲所強調的「兩岸和平」越來越遠，道理非常簡單，因為這完全不符合對岸所提出的「一個中國」的原則。

以此而論，兩岸目前最大的癥結，就是在於對「一個中國」的認可與否，其他的都屬枝枝節節的小事。在此，「一中各表」的優點，無疑就凸顯了出來，因為它可以作彈性的解讀，「一中」究竟是「中華民國」或是「中華人民共和國」，兩岸各作其表述，各作堅持，但目前不宜作明確的定義，更無須彼此否認，這是用模糊概念的方式加以處理，反而更有商討的空間，誰敢說未來的「一中」，不會有新的內涵出現？

「九二共識」的核心，唯在「和平」，而「一中各表」，無疑就是打開和平大門的鎖鑰，因此，「九二共識」，是必須與「一中各表」繫聯為一，不可分割的。「和平」是全人類都應該極力追求的最高目標，因為大家都深知「戰爭」可能對人類造成多麼慘痛的禍害。當然，「和平」也不是沒條件的，戰爭之後，同樣也會終歸於「和平」，但歷經戰火洗禮的「和平」，往往就成了戰勝國的利器，「城下之盟」絕對是帶有濃厚的屈辱的，這種變質的「和平」，當然不是真正的「和平」。

「和平」絕對要與「戰爭」劃清界線，必須趕在戰火爆發之前，雙方針對許多問題加以協商，以「兩利」為原則，這就看如何折衝樽俎之間了。談判桌上，自然免不了「打口水戰」，互有攻防，但是，無論如何總比真槍實彈，在戰場上拚搏個你死我活好得多了。兩岸展開談判，是目前最迫切需要的，但台灣必然要有個底線，超越這個底線，就絕不妥協，寧可玉石俱焚。

在此，「九六共識」無疑就是最重要的底線。撇除「一邊一國」的論調，「九六共識」最主要的精神，在於台灣已是民主選舉的國家，必須由台灣的兩千三百萬人民，不分其何時、何處而來，依其自由意志，選出自己的領導人，自己當家作主，並維護（當然也要改進）此一制度的恆久性。

有了「一中各表」的「九二共識」，再輔以堅持民主底線的「九六共識」，以「九六共識」消弭台灣嚴重對立的情結，並以之為與對岸談判的底線，再以「一中各表」，模糊化其中關於主權的爭議，如此一來，「九二共識」與「九六共識」，可以並行而不悖，這才是「兩岸和平」最重要的基礎。

蔡英文的論文門

一點五個博士的傳奇

從小我總自認是個不太笨的小孩，雖不算是頂用功，但成績總在前十名之列，其間高中雖因故留級，卻也是不用功所遭致的後果，並未因此崩潰自我的信心。其後，上大學、讀碩、讀博，也還算是順風順水、一蹴而成。

但我儘管孜孜矻矻，博士卻熬了八年之久，方才在最後一學期取得。放眼同儕，有的三年多、有的五年，最多不過六年七年，就帽子方方正正、袍服亮亮麗麗地，在各大學中取得正式教職，而我失業一年，方才在淡江謀得一席教職，未免慚愧、汗顏，但還勉強可以「大器晚成」來自我安慰。

但後來我是徹底崩潰了，有人僅僅花了兩年的時間，喝了點洋墨水，就載譽歸國，順利成為歸國學人；而且，據她自稱，其博士論文寫得連擲地有聲都不足以形容，還拿了一點五個博士。彼何人斯？竟天縱英明若此，蠢我小生，又何足以與其相提並論？難怪她一路上備受倚重，節節攀高，如今竟貴為一國領袖；而翦陋似我，只能撐得個陽春教授，屆齡而退了。

孔子說，人有上智、下愚之分，我是只能介於上下之間，浮沉人世了；對上智之人，高山仰止、景行行止，只有望洋興嘆的份。從此，我甚不喜人稱我為「博士」，能獲得一聲「老師」的稱呼，就心滿意足了。

我一直非常好奇，如是洛陽紙貴的論文，不知可以霑丐後學多少，又不知為多少後學所引用，如左思〈三都賦〉一出，風靡一時。但或許此人深得莊子「得魚忘筌」之旨，不但從未見其刷印出版，更連自家都未肯存留，而所庋藏者，又多為洪喬之輩，致埋沒於天壤之間，亦未感可惜。

回想當年，我敝帚自珍，寶之愛之、珍之藏之，又唯恐人不知之，甚至金鑲檀框，大作其風雨名山、金匱石室的夢想，簡直「其器小哉」，落於下乘野狐禪了。

一點五個博士，對我而言，簡直就是個傳奇。恨只恨我一介俗人，是永遠無法追尋了。

我沒見過馬英九，也沒有見過蔡英文，更不像某教授如此神通廣大，可以認識到許多顯赫一時的政治人物；但我卻可以確信，一個人的治國能力，或者是道德誠信，是可以完全與其學歷無關的。馬與蔡的治國能力如何，見仁見智，未必某教授一個人說了就算；只因自己肯定、欣賞某個人的能力，就足以推論其必然獲有某種學歷嗎？這是哪一門子的邏輯？

蔡英文的博論

蔡英文的博論，有甚多的疑點，總統府及蔡英文雖提出若干解說，似乎仍未能祛除群疑。我雖很樂於見到最後的結果是對蔡英文不利的，但基於學術良知，對我所未能盡然了解的事務，不能妄斷是非。但蔡英文說，三十五年前的制度，可能與現在不同，這話是合理的，不能以現在的觀點去否定過去。

有關三十五年前碩博論考完後，據我的經驗，台灣的確是不用附上口試委員簽名的，我一九八二年取得碩士，上交的碩論也沒有附上簽名那一紙；不知何時開始，才有必須附上口委簽名的規矩。國外的規矩，通常都先於台灣，究竟當時慣例如何，其實不難查證，只要去查同時期的博論有無簽名即可真相大白。

不過，一定會有口委簽名確認通過的那一紙證明，這是絕無疑義的；通常這一定會保留在系上或校方，否則憑什麼證明妳口試通過呢？論文可能遺失（被偷、被不小心清空、蟲蛀……原因可能很多），但這紙證明不可能遺失，蔡英文只須請ＬＳＥ秀出來即可，何必天天窮於應付？

蔡英文的「論文門」疑義，在總統府發言人的記者會上所公布的證據看來，應該算是水落石出，盡掃疑雲了，至少，這是可以說服我的。這是快刀斬亂麻的決斷，理應給予肯定。

可惜的是，這些早該提供的證明，是早已牢牢掌握在蔡英文的手上了，但蔡英文與總統府卻故意拖遲，不願一次公開，反而吞吞吐吐，欲說還休，顯然這是基於選戰的考量，祭出假議題，好讓敵對陣營在欣欣自得時，反將一軍，一舉擊潰對方，這完全是多年前「舔耳案」的翻版，機謀之深，令人不寒而慄。

在蔡陣營的盤算中，雖說此議題乃獨派所猛打強攻，且最積極的就是獨派中的青壯、大老，但打擊獨派，獲利甚微，因此，遂將計就計，意欲拉國民黨入彀，這從許多綠營發言人有意無意將此說成是國民黨的「黑英計劃」中，可以證明。所幸國民黨猶有老成持重者，不願蹈入機阱，而社會輿論紛然，故逼不得已，才提前和盤托出，此雖殺傷力有所減損，但真的獲利的還是蔡陣營。換句話說，蔡英文這陣子的攻防，首尾縝密，實屬可圈可點，就選戰來說，算是非常漂亮的；但是，選戰居然可以打到這樣的慘烈，布局如是之深，也算是駭人聽聞的了。

蔡英文曾自誇自己的論文可以一個抵兩個博士，現在論文真的要公布了，我想，這應該是可以驗證究竟這本論文是多有價值了，大家不妨拭目以待。事實上，即使這論文未必如其所說般的優秀，因為，至今似乎罕見有人引用她的論點，但除非被人查出有抄襲的嫌疑，否則，即便評價再低，最多也只能說蔡英文不懂謙虛，甚至誇張渲染已成慣例，卻絕對無損於她的博士資格。

我個人對蔡英文實無好感，但論文一事，攸關於學術尊嚴，實不容無憑據的揣測橫行，故本著學術良知，也算是「仗義」為蔡英文論文沒有口委簽名一事，據實而論，認為三十五年前恐怕是無須此一證明的，但是，卻頗遭許多不明究底的網友，群起攻擊，說我蓄意為蔡英文開脫，甚至是「臥底」；如今真相已白，足可證明我的評論是公正無偏的，也堪告慰。

只是，本是一件可以立刻以堅實的證據作澄清的小事，居然拖拖拉拉，任由謠啄紛傳，非得要到輿論洶洶，才肯明說，徒然耗費無比的社會資源。蔡英文勝利，居然是以全民、社會的擾嚷、紛歧為賭注，實在令人感到不齒。

蔡英文的「論文」平議

早在二〇一六年的總統大選中，蔡英文的學歷，就曾被國民黨舉報有造假的嫌疑；但當時缺乏有力的證明，再加上馬英久施政頗失人心，故小石入海，波瀾不興，蔡英文輕騎過關，此事就不了了之。

但萬萬沒有料到，今年的蔡英文也是施政不得人心，且在初選過程中大玩其手段，致使賴清德含恨敗北，而卻偏偏是當初最支持蔡英文的獨派團體，又重新炒作了這個舊議題，不但在島內延燒，且波及到蔡英文的母校倫敦政經學院。

此番質疑，較諸二〇一六年已不可同日而語，蔡英文當時只是個弱勢的黨主席，而今卻是集一國政權在身的總統，已不容她不出面以捍衛自己的清白。

我們沒有理由不相信頗具盛名的倫敦政經學院所提出的證明，更沒有證據懷疑蔡英文所提出的畢業證書是造假的，但是，原本最簡單且最有力的破除謠言的方法，就是由蔡英文提出這本迄今仍不知藏於何處的論文，就足以讓漫天疑雲，一掃而空。然而，這本論文究竟在哪裡？裡面寫了怎麼樣的內容？反而更引人矚目了。

這本疑似消失的論文，在蔡英文當時取得博士學位時，可能並不重要，因為彼時只要有一紙畢業證書，就足以證明其具有博士資格，是無須附繳畢業論文的；不過，她當時曾申請並獲得政治大學的副教授與教授資歷，依常理而論，必須提繳論文，才能備核通過。只不知當時的政大，是否有依照規定走完全程，否則是應該很輕易就能為蔡英文舉證，以還她清白的。

博士學位，是一個人畢生求學過程的高峰，論文則是一輩子學生生涯成果的總結，就常情而論，除了台灣規定必須送繳校方、國圖固定的冊數以顯榮耀、以備參照外，任何人無論如何都會存留一本，以作紀念。我們當然無法以常人規約蔡英文，因為畢竟能當到總統，自非尋常人可以衡量的，而國外取得學位，亦無規定必須附繳畢業論文，就此而言，蔡英文不肯自己拿出論文，或國內、外圖書館中找不到論文，其咎也不在蔡英文，應是可以論定的。

但比較奇怪且有趣的是，政大當初照理也應該有蔡英文的論文，可是至今卻無人出面加以說明，無怪乎坊間謠言紛傳，甚至有人質疑她雖歷經了政大、東吳的副教授、教授之職，也可能是未循正當管道而得的。有關這點，獨派的曹長青首先發難，台大的賀德芬繼之質疑，直到前天，還在彭文正的節目中，信誓旦旦的說蔡英文只發表過四篇論文而已。殊不知，早已有人具名列出他在月旦法學及華藝等資料庫中查到從一九八三至二〇〇八年有十九篇期刊論文發表，固然其中有幾篇有的僅二至五頁不等，嚴格說來不算正式論文，但在近廿五年間仍有為數不算太少的論文發表，也應該符合一個教授的要求了。可嘆的是，論評者往往以個人好惡妄肆譏彈，竟枉顧事實，我雖也不滿意蔡英文，但是卻也不禁要為她叫屈。

蔡英文的博士資格，在目前別無佐證之下，是不宜遽加質疑的，不過，蔡英文提出的新申請的畢業證書，固然可以證明她的確取得過倫敦政經學院的博士，卻不能「指鹿為馬」，徑以畢業證書當博士論文。論文發表，是一個從事學術研究工作者相當嚴峻的考驗，除了博士論文必須重重疊疊加以考核外，就任教職之後的學者，更是無不兢兢業業，被規定必須年產多少論文。台灣的學術界，固然往往產官學沆瀣一氣，官大學問大，位高名位高，但就蔡英文而言，平心而論，倒也是出乎意表的特例，她是無愧於一個教授之職的。

蔡英文的總統職務，是透過眾人民主選舉得來的，無論她的施政是否得於人心，都是順理成章的；蔡英文也是個教授，教授的名器、聲望，當然也必須以論文作為檢驗。總統最多兩任八年，教授則是一輩子的。我們對蔡總統沒有意見，但對蔡教授又何嘗應該有異見？

坊間早先時候一直流傳，前總統馬英九的博士論文中的錯謬，不勝枚舉；而今自然也不免會有人懷疑，蔡英文的博論，究竟水平如何？其間是否可能有與目前她的政治主張大相徑庭之處，是以不願示人？其實，一個人的思想、觀念隨時代不同而有所成長、變化，毋寧是再正常也不過的事了，又有何遮遮掩掩的必要？公開示眾，攤在陽光下，以釋眾疑，以表清白，又何樂而不為呢？

目前的狀況是，蔡英文已經將自藏的論文複印本送交倫敦政經學院，這是好事，也應該可以袪除群疑，在此，我更願意呼籲蔡英文，索性就完全公開這本引發諸多爭議的論文，這才是正本清源之道。

【附識】

本人修改過此文，原因是自己不察，誤信人言，故原文也對蔡英文的學術論文有所質疑。幸而網友 YC Hsu 提供了相關資訊，讓我能及時糾正我的錯誤，在此，深致感謝之意，並借修改後的文字，向可能受我誤導的讀者致歉。對於我自己來說，這更是一個絕大的警惕，未來撰文，一定會更小心求證。

「論文門」與「學術詐欺」

蔡英文的「論文門」事件，似乎越演越烈了，事態糾結的程度，簡直有點超脫了一般正常人可以理解的程度。

我的政治立場，迥異於林環牆、彭文正、楊憲宏、童文薰等獨派人士，但身為學術界的一員，對他們如此鍥而不捨的專業「求真」精神，卻是深感佩服的。而環視芸芸學界，居然少見有人發聲（無論是正是反），對此攸關學術尊嚴的大事，漠然無動於衷，不由得不讓人心生「讀聖賢書，所學何事」的感慨。

不過，這些嚴肅而認真的獨派學者，用力的方向顯然是有問題的，因為最終必然要走向面對英國司法的裁決此一結局，而這將是一場遷延時日的持久戰，在明年一月十一日之前，不可能有結果，蔡英文如果順利當選，一切異議的聲音，都將消聲匿跡，蔡英文還是可以安安穩穩的當她四年的總統，遠水，何能救得了近火？

其實，「論文門」的主軸，還是應該拉回台灣，這點，「童溫層」楊憲宏與童文薰的努力，還是比較有方向感的，但是，劍鋒指向國圖的「非法登錄」，最多只能彈劾相關人士，蔡英文只要命國圖移轉，即可大事化小、小事化無；而標舉出蔡英文過去種種與現在不同的觀念及理路，蔡英文也未嘗不能以「時移世易」一語，振振有辭地反駁，還是難以撼動其分毫。目前真正可以施力的是，將蔡英文的整個學術晉升歷程，攤在陽光下予以檢驗。

儘管蔡英文將其所謂的「博士論文」內容，曾在取得學位前後分別轉譯發表過，頗有「一魚多吃」的投機取巧，但平心而論，在三十年前的台灣學界，其實是相當常見的事，未可以此苛責蔡英文，最多只能證明她其實沒有自己沾沾自喜的學術能力，只是習慣於自誇、說謊而已，但說謊、自誇，並不構成犯罪。

不過，「博論」內容儘管在當時被允許先後分篇發表，而無論如何，都只能使用一次，既已用來獲得「副教授」（到底蔡英文是一開始即便「聘為」副教授，還是「升等」為副教授，好像還沒有水落石出）資格，就絕不能再用來當作研究成果升等成教授。據楊憲宏、童文薰的抽絲剝繭、詳細比對（這點真的要愧煞學界中人），已知其當初憑藉「升等」的「論文合集」（專題研究），十篇中有七篇是完全同於其「博論」的，且另外三篇，是版權歸屬於政府的「研究計劃」，嚴格說來，是不能等同於研究論文的。如此看來，蔡英文不僅是「一魚多吃」，就光靠一本「博論」縱橫於學術界，更是企圖「魚目混珠」，「以舊當新」，「瞞過」（也許是通同舞弊）了好幾個層級的評審委員。當然，台灣的學術審查，向來有難以言說的群派之弊，蔡英文的論文寫得再糟，通過就是通過，誰也無法於事後否決；不過，蔡英文居然蓄意「以舊當新」，本身就有了學術「誠信」的嚴重問題，雖未必是「偽造文書」，至少算是「學術詐欺」，這就值得學術界鳴鼓而攻之了。

以我看來，這才是蔡英文「論文門」的致命傷，一來可以戳穿她號稱兩個博士的謊言，二來可以凸顯其「詐欺」的本性，學術界再如何顢頇，也應該不能容許這樣的「學者」掛羊頭賣狗肉吧？推而廣之，台灣人難道要容許這樣一個說謊、詐欺的「嫌犯」，繼續再「領導」台灣四年？

「論文門」與「學術詐欺」後記

蔡英文的「論文門」事件，雖經總統府出面說明，並羅列了若干佐證，但似乎並未獲得期待中的效應；由於佐證本身的力道不足，且說明中破綻百出，反而滋引出更多的疑點。尤其是總統府移送國圖的版本，不但不是當時公諸於眾的原版，而是經過塗改增飾的修訂本，而且在程序上分明有違法之虞，是以眾議更加紛然，較諸之前，有更劇更烈的趨勢。

國家元首，原未必非得有博士頭銜，方足以勝任，故蔡英文是否為真博士，無關其在位資格之認定；然蔡英文出身學界，其資歷之自博士、副教授、教授的晉升，則其事攸關於學術界之信譽與尊嚴，理當由學術界出面加以調查、澄清，以求其真相。然事發至今如許之久，徒見網路上各不同陣營隔空叫陣，火砲四射，相撕相裂，幾同寇仇；卻未見若何學術界人士，能秉持著求真求正的精神，對這番「論文門」事件有所表示，眾學者避之若浼，遁縮於象牙塔之中，既不敢仗義執言，更不見出面質疑，反而坐視若干不通於學術規範的網民，率意褒貶抑揚，是非由之淆亂，真相遂以沉埋，令人嘆息。

本人認為，蔡英文的論文門事件，原是可以超脫於政治糾葛之外，純以學術界的脈絡加以檢視，也唯有以學術良心，公正公允的加以調查、裁斷，方足以澄清真相；學術向來以追求真理為目標，當此之際，如果仍然靜默無言，坐視其持續發酵變味，實為學術界莫大的恥辱。

本人忝為學術界中的備員，雖無名無位，卻不忍有負初心，在此呼籲學術界的同仁，挺身而出，推舉出具有公信力的代表，針對此一勢將引起連鎖反應的「論文門」事件，組織調查委員會，信者傳信，疑者置疑，務求真相，以定眾議之紛紜，以還社會之和諧。

再說「論文三門」

蔡英文的「論文三門」喧騰已久，但似乎並未在台灣社會引起多大的矚目，舉證歷歷的攻擊者其實早已將整個始末剖析詳盡了，可謂鐵證如山，不但其「論文三門」可以攻堅而破，更凸顯出蔡英文在面對此一質疑時的態度是如何的倨傲、輕蔑與缺乏誠信，可所換來的，卻是冷漠以對，這在民主社會簡直是不可思議的事，而台灣卻真真實實的在上演中。

揆其所由，蔡英文以避重就輕、虛應故事，將一應相關資料予以封存，及其答詢時一味「冷處理」，企圖拖過大選的策略，無疑是相當成功的；尤其是相關媒體，多數不予報導，造成資訊流通上的障礙，更是個中關鍵。不過，最大的原因，還是由於博士學位的取得過程、學術倫理的要求，不是一般未曾涉入其間的普通民眾所能了解的，難免就以等閒視之。

以目前的民調看來，蔡英文穩穩居於上風，當然沒有必要讓自己捲入此深不可測的漩渦之中，故其採取冷處理的方式，雖讓人恨得牙癢癢的，卻也絲毫奈她不得，只要拖過大選，連任成功，蔡英文海闊天空，就無所顧忌，所有爭議，至少在四年中是可以化為輕風淡雲了。

相對於綠營的策略，藍營幾乎是一籌莫展，攻堅無力，這反而是比較令人訝異的。一方面，這與國民黨向來不擅於打議題，且過於斯文；一方面想來也是深恐此一議題含藏著許多

「陷阱」，唯恐受到反噬之禍有關。這是相當令人扼腕的事，綠營敢於將許多枝微末節，甚至子虛烏有的事，展開鋪天蓋地的無邊攻擊，而藍營面對如此證據堅實、犖犖可舉的事，反而瞻前顧後、趦趄不前，尤其是處在劣勢之下，還不思破釜沉舟，奮力一搏，只見少數人提出微弱的呼聲而已，則分明就是在戰略上出了錯。

平心而論，藍營真的是非常不用心，且缺乏追根刨底的精神，蔡英文的「論文三門」，最先是由藍營拋出的，但拋出之後，小鬧一陣，就無疾而終，再也未見有人繼續追索此一問題。這次反而是深綠的獨派學者、專家，在做鍥而不捨的努力，幾乎所有的相關證據，都是由他們突破萬難、蒐剔而出的。藍營非但不思加以利用，反而在綠營將此事「栽贓」給藍營時，也未見有若何的澄清或駁斥，癱軟如爛泥，令人難於寄予厚望。

照道理，學術界是最深知博士甘苦，且對學術倫理認知最清楚，是最有資格發聲的。但是，眼看著網路上一大群根本不知學術為何物，顏色立場分明的網民，大肆發表謬論，卻少見有人秉公直論，彷如事不關己般，才是真的令人氣結。其間大概可分三等人，上焉者自命清高，囿守於學術象牙塔中，視政治如浼，不願沾惹是非，反正事不關己，風聲再烈，雨聲再大，都可以一任階前點滴到天明；下焉者，緊抱意識形態，罔論是非，蔑棄公義，甘淪為御用，以求分潤，甚至不惜出賣良知；而多數的人屬中焉者，循循縮縮，雖未必只以求田問舍為務，但謹慎小心，一意為自家學途利途盤算，且心懷千百年來文字賈禍的惕厲，唯恐被算秋後之帳，雖心生憤慨，卻又緘默無聲，任由黃鐘毀棄、瓦釜雷鳴。上焉者可嘆，下焉者可鄙，而中焉者則可恕，因為坐視不義之人行不義之事，有能力加以防止，卻裹足不前、默然噤聲的人更加不義。

「九州生氣恃風雷，萬馬齊喑究可哀」，一百多年前，龔自珍的感慨，於今視之，尤為深沉，台灣學界絕不是沒有人材，但是，真能抖擻振作起來嗎？我也不敢厚望。

小蝦米與大鯨魚

蔡英文「論文門」爭議已有兩年多之久，雖是屢經學界、社會質疑，總統府多方解說，終究未能讓人釋懷。目前最新情況是，台北地檢署以「加重毀謗罪」正式起訴了奮戰不懈的彭文正教授；而英國倫敦大學，則不服行政法院公布口試委員的要求，提出上訴。在內外交攻之下，彭文正雖仍信心十足、老神在在，甚至還頗有「求仁得仁」的欣悅，但明眼人其實是替他揪了一身冷汗，勢單力薄的小蝦米，如何能抵抗得了巨無霸的大鯨魚呢？

雖說法律應當是公正的，但任誰都知道，有權有勢的人，總是有辦法藉公正的外衣，掩飾其不公不義之實，號稱公正的司法，遇到強權，也總是會轉彎的。

彭文正鍥而不捨的追求正義，無疑是令人感佩的，且基於學術良知，為維護學術起碼的尊嚴，也是當給予最大的肯定與支持的，但就外在「操之於人」的艱困局勢而言，情況恐沒有彭文正所想像得那麼樂觀。彭文正雖自比於「哥吉拉」，可對方擁有的力量如此強固而龐大，「哥吉拉」再如何憤怒、嘶吼，照樣得被打落到海底去。

蔡英文的「論文門」事件，稍有涉及學術領域的人，都對其間的疑竇、乖違心知而肚明，大概只有昧著良心，才敢加以支持；而蔡英文的有恃無恐，敢於無視笑罵，無非就是看準了倫敦大學絕對不敢將真相公諸於世。這其實不僅僅只是學術界單純的詐騙，或是司法公正不公正的問題；更牽涉到目前國際政治角力的勝負。

眾所周知，目前美國是決意採取「反中」的政策的，而其最大且最有效的籌碼，無疑就是台灣；台灣之可以成為籌碼，是因為蔡英文當家，因此，保護蔡英文，無疑就是美國賭盤上的最重要前提，無論如何，美國都不能讓蔡英文因學術醜聞身敗名裂。英、美兩國，向來是一鼻孔出氣的，五眼聯盟，沆瀣一氣，早就以「反中」為首要目標，英國方面，當然以美國馬首是瞻，司法公正的呼聲再強大，終究難以力挽狂瀾，美、英兩國政府，是絕對會利用各種手段，讓蔡英文全身而退的。

彭文正畢竟是學者出身，尚童心未泯的以為這只是簡單的「是與非」問題，殊不知其所牽涉到的是國際現勢的「利與害」問題，他打的不是司法官司，而是政治戰爭。孤臣無力，何以迴天？除非國際情勢遽變，否則的話，我敢斷言，彭文正是必敗無疑。

說穿了，彭文正真的只是一隻不起眼的小蝦米，是無論如何難於與大鯨魚抗衡的。但是，蝦米雖小，總還是有七手八腳，總還是應該在當出力時就出力的，「知其不可而為之」，其關鍵就在於「為」之一字，「為而不有」，總勝過不作不為。彭文正雖是虔誠的基督徒，但相信中國儒家的這一觀念，還是適用於他的。

人間是否真的有「公義」？我們是越來不敢相信了，但我相信，人間公義，只有在你真正有所「作為」時，才有可能顯現出來。至少，彭文正是在「為」了，光憑這點，就應該給他喝采。

「初稿」豈等同於「真本」論文

有關蔡英文的「論文門」案，今日開庭，被告律師提出了所謂的「論文原本」，以證明蔡英文當初的確是寫了論文，呈交於學校，並以此論文通過了考試，取得了正式的博士學位。

我本以為這應該是最能還蔡英文清白的證物了。殊不料所提出的「原本」，竟然還是二〇一九年在總統府公開「示眾」的初稿——一頁一頁散裝、未有裝幀、未有連貫頁碼，甚且上面還充滿了立可白塗改文句，以及超過四百個錯字的「初稿」。

猶記我當年撰寫論文，「初稿」還是用手寫的，完成了幾百張六百字的稿紙，也必須先去影印、裝訂，才敢送交給系所。通過口試後，回來還必須將口試委員指出的錯誤之處，加以改定、修正，之後才請人打字、印冊。「初稿」交出，雖是頗有自信能通過，但還是戰戰兢兢，深恐有個「萬一」。

事實上，「初稿」只能證明蔡英文「曾經」寫過論文而已，因為就一般的博士（甚至碩士）學位取得的程序，必然有以下幾個階段：（1）初稿完成；（2）編妥目次、頁碼、裝訂成冊；（3）提交系所備審；（4）尋找口試委員；（5）安排口試日期；（6）口試；（7）審查通過與否，並提供修改意見；（8）取回修訂；（9）重新裝楨，從封面、內頁、目次、頁碼等皆須齊備；（10）送交系所；（11）取得博士學位。這十一個程序，都是必須完足的。

蔡英文的律師所提出的「初稿」，甚至連第二個程序都沒走完，世上豈有任何一個學生送交論文時，是以散頁提交的？即使真敢如此提交，但口試時是否能通過，也沒人敢保證。豈能以區區的「初稿」就證明其必然取得了博士學位？

我在一九九〇年取得博士學位，當時的論文《明末清初經世文論研究》，由於經濟窘困，不敢多印，連同校方所規定的七本，總共只印了三十本，一方面以因應申請教職所需，一方面也用以分贈師長。但我交遊素來不廣，也深畏「投卷」之譏，這三十本也算是綽綽有餘了。其後，文津出版社同意出版，多增了主標題——《經世思想與文學經世——明末清初經世文論研究》，並申請了當年新聞局「重要學術論文」的獎助出版，文津的邱鎮京先生贈我三十本，三十年來，好不容易才將庫存清完，留一本精裝、一本平裝作紀念。

不敢多印、多買，主要關鍵還是在經濟問題，等我經濟稍微寬裕些後，二〇〇五年遠流出版的《台灣武俠小說發展史》，我就一口氣自購了一百本，不到一個月，就贈送得七七八八了。

蔡英文曾自誇她的論文經由口試委員認證，是足以取得兩個博士學位的，所以破例給了她一點五個學位。有如此表現傑出，前無例、後無續的優秀論文，如果是我，在經濟許可的情況下，肯定非得印個三、五百本來「驕其鄉人」不可。可惜的是，我拿的不過是個村裡村氣的「土博士」，書也未有如此高的評價，只能一切從簡了。

蔡英文所取得的可是英國著名的ＬＳＥ的「洋博士」，在那個年代，「海歸」回來的洋博士，可真不是我們的「土博士」所能比擬的；蔡英文出身於富豪之家，家大業大，論文又是如此的優秀，而我不怎麼起眼的論文、書籍，都還能輕易取得，但蔡英文至今卻連一本「正式」的論文都拿不出來，這真是讓我大惑難解的事。

蔡英文究竟是「真博士」還是「假博士」，我心底自有定見，不必多說。但如果依照蔡英文律師所提出來的「初稿」，就意欲「證明」她有論文，並以此取得博士學位，請恕我還不至於如此昏蠢愚昧，是絕對難以認同的。

蔡英文「論文門」事件的省思

蔡英文的「論文門」事件，以及由此而衍生出的真、假博士問題，從二〇一九年開始發酵，雙方屢有攻防，但到底「真相」如何，至今糾結纏繞，甚至對簿公堂，仍然未能釐清。

儘管以林環牆、賀德芬、彭文正、童文薰為主的學界、法界人士，積極蒐羅資料，三不五時就拋出所謂的「鐵證」，提供了相當多值得深入追究的疑點，力圖證明蔡英文就是沒撰寫完博士論文，且亦未曾取得過博士學位；但蔡英文陣營，始終以不變應萬變，堅守著「ＬＳＥ認證」的關卡，以一敵百，推擋掉所有的質疑，且挾持著龐大的行政優勢，封阻了一切進一步澄清的路徑。

究竟兩造孰是孰非，並不是此處欲探明的問題，但是，以一個取得正式博士學位，且投入於學界三十餘年，無論如何也可以稱得上是「學者」的立場，觀察這場是非難辨的紛擾，是絕對不容許我緘默無言的。

儘管蔡英文的施政，未必能獲得所有人的滿意，但無論如何，也是個經由民主程序選出來的國家領導人，面對如此嚴肅，不但攸關於自身清白，更牽涉到職位正當性的質疑，蔡英文從未對此有令人信服的解說，而僅僅是透過總統府發言人作千篇一律的報喜，顯然是過於低估這件事的嚴重性了。更何況其所祭出的「LSE認證」的擋箭牌，LSE既曾有過格達費兒子的醜聞，當然其所提出來的「認證」是否全無政治或賄買的嫌疑，就無法完全令人信服了；而就若干文件所呈顯出來的缺漏以論，的確也不無可疑之處。面對如此嚴厲的指控，焉能泰然自若、視如未見？

令人遺憾的是，不但身為領導人，且曾經當過學者的蔡英文完全漠視學術的尊嚴，就是連「寄生」在學術圈的學者，也多數對此事漠不關心。從事發至今，足足已有兩年多之久，可是卻從未見有學術界的人敢於公開表態。支持蔡英文的學者，投鼠忌器，不願事體擴大，因此採取迴避的態度，已經讓人覺得有失格之嫌，而對蔡英文有所質疑的學者，竟然也退縮、緘默，不敢置之一辭，全無應有的道德勇氣，更是令人覺得可恥、可恨。

在整個論文門事態的發展過程中，有些問題是這些多數出身於博士的學者，一望而知是充滿破綻與矛盾的，就以日昨賀德芬教授所提出的證據而言，有哪一個博士在求職的時候，會將「論文」中的某一章節名稱，當成博士論文的題目來填寫的？如此違背常情常理的事，其中有無弊端，豈非是顯而易見的事？可是，有幾個學者敢於出面質疑？台灣學者顧念身家，畏禍畏事，憚於維護學術的尊嚴，如此的學界，又如何能培養出真正優秀的人材？這簡直是學界的墮落了。

更可怪異的是，一般社會大眾，似也對政治人物的誠信問題，完全淡漠，台灣已形成一個「理盲」的社會，意識形態遠遠較諸政治人物的能力和道德來得更重要。政治人物只要祭出「台灣精神」，「愛台灣」、「愛國家」的口號高呼幾聲，就有許多盲目、無知的群眾聞風響應，就是連攸關於自家性命的高端疫苗的接種，都可以不顧一切，勇於犧牲；蔡英文的「論文門」事件，即便被證實為詐騙、造假，恐怕也都無損於其對蔡英文的支持程度。

蔡英文「論文門」未來的發展會是如何，目前尚難論定，或許會有水落石出的一日，也或許永遠就這麼渾沌模糊下去；但是，因循自保、懦弱退縮的學界，以及褊狹理盲，完全以意識形態為最高標準的社會，從上到下，沆瀣沉淪，卻已是無可挽救的事實了。如此的台灣，未來還會有什麼可能的發展？這就是令人最悲觀的了。

蔡英文「論文門」的疑點

蔡英文的「論文門」是充滿許多令人質疑之處的，這些啟人疑竇之處，當事人，尤其是身為國家領袖的人，如果不能充分釋疑、含糊其詞，就會成為政治紛擾、社會動蕩的根源。

扼要而言，蔡英文至今仍解說不清的，有如下幾點：

（1）有關論文通過的時間，說詞前後不一，甚至連論文題目，都有所不同，如果說是年淹代遠，記憶不清，尚有可原，然而卻發生在取得博士學位沒多久之時，難免可信度降低。

（2）總統府所出示、國圖所收錄、目前LSE所存的論文，皆非原本，顯然是後來所新補的。

（3）據蔡英文的說詞，她的確是有上繳論文的，卻被倫敦大學「不知何故」而遺失；但三個圖書館同時遺失，其可能性有多少？

（4）論文如欲通過，必有口試，口試委員亦必須簽名負責，但如今連口試委員的名單都提不出來；且目前的新製論文，格式、體例皆未吻合，且錯字甚多，當修改而未修改，怎能上繳？

（5）有論文然後頒學位，這是通例，而取得博士學位，乃光宗耀祖之事，必當攝影以資紀念，何故至今完全未見有任何博士照出現？且當時同儕必多，何以並無一人願出面佐證？

（６）據蔡英文自誇，其論文是非常優秀的，甚至可以據此拿到一點五個博士學位，但是，為何至今為止，這麼優秀的論文，竟完全沒有任何人加以引用？

（７）蔡英文自稱遺失畢業證書，故申請補發，前後凡三張，遺失一次，猶有可說，但連失二次，其可能性如何？且學者已指出其所秀出的畢業證書，有諸多疑點，真假莫辨，蔡英文理當澄清而未澄清，如何服眾？

凡此七大疑點，都攸關於蔡英文的「論文門」真相，也是蔡英文有無取得博士學位最關鍵的部分。近日倫敦大學發表聲明，「證實」蔡英文已於一九八四年二月取得博士學位，但對有關「論文」之事，卻避重就輕，未作任何合理解說，故仍難以讓人遽加認同。

蔡英文有無博士學位，不傷害其國家領袖的資格，更與其治國能力無關；但此事攸關於國家領導人的「誠信」問題，卻是蔡英文所不能迴避的，於情於理，都必須給國人一個清楚的解說。

蔡英文面對論文門的爭議，始終不肯針對這些質疑來釋疑，只一味以ＬＳＥ或倫敦大學的說詞為擋箭牌。ＬＳＥ的信譽，是否真的可靠，自有舊聞可以參考，當然未必就能依準。唯一能信服於眾的，除了針對上述疑點加以澄清外，最佳的應對方式，就是將其取得博士學位的前後階段，在政大、東吳任職期間的相關備審資料，完全公開，攤在陽光下讓全體國人檢視，以還其清白。

蔡英文的「論文門」，依情論理，都有破綻，但衡之於法律，卻可以一掃群疑。然而蔡英文卻反其道而行，將相關資料封存保密長達三十年之久，這就造成了許多人的不信任，更導致社會上反反覆覆、無休無止的紛爭。在這裡，我們的訴求非常簡單，徹底公開相關資料，依法直斷，以袪群疑，以昭公信，這不但可還蔡英文之清白，也可以免息一些無謂的紛爭。

蔡英文的「貴人」在哪裡？

林濁水雖然偶爾會對民進黨政府提出一些較無關痛癢的批評，但骨子裡還是流著綠色血液的，到了關鍵時刻，無論話鋒再如何扭轉，都還是以維護民進黨政權為最高原則。有關國民黨在立法院以「豬下水」表達抗議之事，林濁水不去追究其來龍去脈，更無視於國民黨團居於弱勢被打壓的實況，筆鋒輕轉，就將此舉定位於「影像傳海內外，轟動武林，驚倒萬教」，並認為蔡英文又遇到能代她免除危機的「貴人」了。言下之意，自然是將一切的責任就歸諸於國民黨，而渾然忘卻了民進黨在弱勢抗爭時更激烈、更不理性的手段，顯然是在為民進黨作開脫。

萊毒之豬，危害到全台灣兩千三百萬民眾的健康，這是民進黨在野時期傾其全力，不惜以暴烈姿態抗爭的嚴肅議題；而一旦執政之後，竟髮夾大彎，置全民健康、安危於不顧，反轉過來強行通過，這當然不是簡單的一句「環境不同」就可以說服得了民眾的。全台灣民眾都很明白，這是蔡政府屈於美國威勢，且亦欲藉此巴結川普，自動奉獻上的禮物，雖說不無藉川普之反中以鞏固自家政權的私心，但畢竟也是目前台灣艱苦處境下的「不得已」，然而無論如何，如此如此前後顛倒的政策，民進黨的確是欠缺一個對民眾的道歉，而且應該將一應的配套措施做到完美的地步，以消解民眾疑慮，並保障、維護全民權益。

國民黨在立法院訴求的重點，也不外乎就在強調這兩點。但是，誠如許多評論家的論定，蔡政府自執掌政權以來，其驕倨傲慢的姿態，早已不知將當初蔡英文所宣稱的「謙卑謙卑再謙卑」拋閃到哪裡去了，凡所措施，容不得人批評不說，更一力護短、掩飾，剛愎自恃，不是推給前朝，就是嫁禍對岸，更索性來個「言出一門」，以大量的網軍、偽中立機關，壓制所有異議的聲音。民進黨是不會有錯的，錯的都是別人。此所以蘇貞昌打死也不肯道歉，而提出的所謂配套措施，也盡皆是虛晃一招。

國民黨向來是老大心態，變成老二之後，還一直在做老大的夢，遇事軟弱溫吞，一點都沒有在野黨的衝撞精神，這是藍營支持者最痛心的一件事。萊豬的問題、中天關台的事件，國民黨的具體作為，是許多人都看不下去的，就連十一月十二日的「秋鬥」，都還有人嫌國民黨過於溫吞理性，相較於當初「太陽花」提出的「獨裁既成事實，革命就是義務」的精神，簡直就像小孩子玩家家酒一樣。因此，國民黨在立法院大撒「下水湯」之舉，儘管表面上看似缺乏理性問政的態度，卻展現出前所未見的勇毅與堅強信念，正不知足以讓多少人「解氣」，尤其是看到某個大言不慚，要「一個打三十五個」的小丑被架出去的視頻，更不知有多少人在暗中喝個「爽」字！這正是國民黨最欠缺的，唯有如此，國民黨才能重拾藍營的信心，才有重新出發的本錢。

林濁水想用「貴人」替民進黨開脫，政治上的「貴人」，絕不在立法院高高居上的委員身上，而在民眾，只有做出符合民意的代表，才足以獲得「貴人」相助。就幾乎是軍心渙散的

蔡英文葫蘆裡賣的是什麼藥

日前捷克議長引用前美國總統甘迺迪在柏林演說時的「我是柏林人」，改換成「我是台灣人」，一時之間，台灣民眾為之感激涕零，既寵又榮。這使我想起了甘迺迪的另一個家喻戶曉的名言：不要問國家為你做了什麼，問你為國家做了什麼。（Ask not what your country can do for you, ask what you can do for your country）

這句是我從小到大，幾乎都耳朵聽出老繭的話，但不知鼓舞出多少熱血青年的愛國意識，的確，國家是大我，一己是小我，犧牲小我，完成大我，這豈非是國民應有的體悟，應奉行的準則嗎？國民黨時代如此，民進黨目前也是依樣畫葫蘆，只要拿出「國家」二字當誘餌，就能夠讓一群無頭無腦、不慮不思的人，如飛蛾撲火般響應其號召。

姑不論甘迺迪這句話是不是被「斷章取義」了，而僅僅以其表面上堂皇正大的語意去理解，這句話不但有問題，更是完全違背了民主發展的真諦。當初拿出這句話大肆宣傳的人，正是實施鐵腕專政、白色恐怖，為了鞏固政權，不惜犧牲一切的國民黨。這是多麼弔詭的一件事！國民黨當初祭出這個法寶的時候，其實是刻意掩蓋住了某些實情的，大概沒有幾個人知道，就在甘迺迪就職演說後的第二天，便有不少新聞界、學術界的人站出來痛批，認為這句話是「民主倒退」的表徵，是專制政權復辟的前兆，是打著「愛國」的幌子，為自己脫卸責任，甚至倒行逆施的借口。

民主制度下，國家是個虛號，政府才是實體，許多野心勃勃的政客，都妄圖將「政府」等同於「國家」，企圖以混淆兩者名目的手段，達遂一黨專政、永續執政的目的；殊不知民主的真諦就在於政黨的輪替，誰能為百姓做更多、更好的事，我們就支持誰。國民黨始終沒能明白這一點，因此儘管拚命鼓吹宣傳，還是無法逃過人民的法眼，終於兵敗如山倒；而這個他們曾經寶愛、珍視的「名詞」反過來被用為霸凌、壓榨、追殺自己的利器，此一時也，彼一時也，金角銀角的「紫金葫蘆」，落到孫悟空手上，一樣可以整得金角銀角落花流水。

「紫金葫蘆」是法寶，「國家」也是法寶；唯有交給「對」的人，才能發揮其正面的功能；我們無法要求虛號的「國家」為我們做些什麼，但非得要求代表國家的「政府」為我們做了什麼「對」的事不可。所以，甘迺迪的話，是不足憑信的，如果政府就是國家，那我們就得先問你為我們做了什麼？然後才去思考我可以為你做些什麼。孟子說，「民為貴，社稷次之，君為輕。」如果政府不能為我們做什麼，很簡單，就是「變置」之——通過選舉的手段，換一個政府；萬一不得已，「當獨裁成為事實，革命就是義務」！

我們不曉得蔡政府的「紫金葫蘆」裡賣的是什麼藥，但「國家隊」的幌子，已經是老套中的老套了，我不管你祭出多少動聽的口號，只問你，為台灣老百姓的安全與和平，究竟做了些什麼？是進口的美豬美牛？是價高物不美的武器？還是美國人的大腿？

蔡英文與慈禧太后

自民國以來，「慈禧太后」在史學界，乃至極大部分的普通人心目中，除了德齡公主在她的一些著作中，從日常生活起居描寫慈禧，還頗能映照出慈禧較「人性化」的一面之外，幾乎可以說都視為「老妖婆」一般的人物，其中「中日戰爭」的敗績與激起「八國聯軍」的「庚子義和團事件」，更被指為罪魁、禍首，評價之低，實屬相當罕見的。究竟在當今學界喜作翻案文章的風氣下，惡名如此昭彰的「慈禧太后」，會不會有足以扭轉視聽的新評價，目前還難以論斷，但君子惡居下流，既已「天下之惡皆歸焉」，恐怕要在短期間遽翻成論，恐怕是千難萬難的。

在中國歷史上，武則天和慈禧太后，是僅有的操掌實權、影響深遠的「女主」，在傳統忌諱「牝雞司晨」的觀念下，自然是很難有公允的評價的，即便武則天已有不少重估的論見，但是也很難扭轉一時的偏見。蔡英文是台灣政治史上的第一位女總統，就台灣一隅而言，操掌四軍大權，位高勢重，自是可以與武則天、慈禧太后相比擬，但是，由於傳統觀念的根深蒂固，作此比擬的人，顯然也多數是未懷好意的，以武后相比，即使會更恰切些，但如果支持蔡英文的集團聞知，恐怕也會大跳其腳，更何況是擬之為慈禧，「是可忍，孰不可忍」？國民黨不分區立委吳斯懷在書面質詢稿中，竟然膽敢將蔡英文比擬成慈禧，雖說未必如蘇貞昌所嚴厲駁斥、批評的是「全民憤怒」，但遭致強烈反彈，顯然不會出人意料之外。

古代人臣，常有藉古事諷諫君王的事例，但通常都只敢以勗勉君王作堯、舜之類的明主為言，而非所必要，警惕君王須以桀、紂之類的昏惡之主為戒，也必須小心翼翼，以免批逆龍鱗，犯上大戒。吳斯懷是軍人出身，可能對此分寸的掌握不懂拿捏，居然直接就以慈禧為喻，說出「蔡總統的叫陣挑釁，宛若清朝慈禧向八國聯軍宣戰時的場景」的話語，相較於古人，可謂是非常直率、勇敢的，但「直而無禮則絞，勇而無禮則亂」，如此不識時務，如果是在古代，豈止於輿論反彈、國人皆罵，不被抄家滅族，已屬萬幸了。看看明初的方孝孺，只不過是抵死不肯為朱棣寫「即位詔書」，就慘遭誅滅「十族」的下場，吳斯懷真的應該慶幸他是生長在「民主自由」的、「現代的」台灣了。

「民主自由」，強調的是「全民作主」與「言論自由」，從這個角度來說，吳斯懷的立委職位，是經由人民選舉出來的，而立委職分，則是代表人民發言，尤其是代表在野黨對執政黨監督性的發言，面臨到大陸與台灣日逐緊繃、隨時可能爆發戰爭的嚴峻局面，諷諫、提醒蔡英文，指出其「叫陣挑釁」，已經「宛若清朝慈禧向八國聯軍宣戰時的場景」，雖說未必真的完全符合，卻也代表了不少對兩岸局勢憂心忡忡者的心聲，畢竟，兵兇戰危，一旦稍有不慎，其慘烈的後果，將是全民所要共同承擔的。吳斯懷在質詢稿中，殷殷以台灣如果發生戰爭所可能要付出的代價為憂，提醒執政的蔡英文不能掉以輕心，於情於理，都是洽切適當的。民主時代的蔡英文總統，理當於虛心承教之餘，更具膽識與信心的向全台人民昭示：我蔡英文，絕對不是慈禧太后之流可比，而我所作的決策，不但不是「叫陣挑釁」，而且是全心全力在為兩岸和平作努力的，以消除雖是少數，卻也佔有相當人口數量的人內心的憂懼與疑慮。眾矢交加，抓人話柄，對代表言論自由的異議聲音，礮火全開，對自由心靈的桎梏，是足以「絕天下讀書種子」的，真讓人不禁懷疑，這是古代還是現代？

雖然坊間早已流傳不少和吳斯懷一樣的，將蔡英文比擬成武則天或慈禧太后的謠諑，武則天還好，至少未墜了大唐的國勢與聲威，但我相信，全台灣沒有一個人會希望蔡英文像慈禧太后的，寄望深者，責之必切，還請蔡英文以充分的施政成效，來證明自己絕對有別於慈禧太后，這才是全台人民翹首以盼的。

蔡英文機關算盡

我一直在想，蔡英文為何如此堅定支持林智堅，無論如何都不肯換掉，而且下令與台大抗爭到底呢？

即便從勝選角度來看，換下林智堅，以民進黨如此擅長選戰，換成鄭寶清、鄭運鵬任何一人，恐怕也足以勝過佛系打法的張善政，既挽救了民進黨的名聲，也不會將桃園市長拱手讓出給國民黨，有何樂而不為？

原因應該有兩種，一是「慈母無敗兒」心態，林智堅是手中寶、心頭肉，無論做錯什麼，都會原諒，無論有何說詞，都選擇相信；而且望子成龍，非得讓他選上桃園市長，為其未來鋪路不可。這也是她當初想透過「竹竹併」栽培林智堅的原因，但「竹竹併」反對聲浪太大，只好讓林智堅轉移跑道，摒除了多位耕耘地方已久的幾位人選，非得讓林智堅獲得補償不可。

另一原因，應該是自己也深陷論文門的泥淖當中，兔死狐悲，深怕未來卸任後的骨牌效應輪倒在她身上。因此一步也不肯放鬆，林智堅撐得過，她也同樣可以撐得過。

但蔡英文卻忘了「寵豬舉灶，寵子不肖」的道理，更異想天開、一廂情願地認為她的論文門可以永遠欺瞞世人。

一念失錯，雖未必滿盤皆輸，卻賠上了民進黨的形象。

可惜的是，民進黨內頭腦清楚如王世堅、高嘉瑜、鄭寶清的人太少。蔡英文傾全黨之力以救林智堅一人，機關算盡，恐怕到最後還是誤了卿卿性命。

「論文門」的事實與立場

蔡英文「論文門」的爭議，已經是無關藍綠，甚至超越藍綠了。最早質疑蔡英文論文、學位，且鍥而不捨地追查的，幾乎清一色是綠營、獨派的學者，其中不乏言論極其公正，向來為社會所敬重的人士；相對來說，藍營的學者，除了少數人質疑外，幾乎都是緘默無言的。直到這些綠營、獨派的學者舉證、臚列多項的確充滿疑點的證據之後，才逐漸有藍營的人士加入討論。

論者或謂其中用力最勤、批判最力的彭文政教授是因其節目無端被停播，是以挾嫌報復，火力四射，這恐怕也低估了學者的正義感，同時，更一舉抹煞了其他與蔡英文無冤無仇，甚至曾為其好友、師長的林環牆、童文薰、楊憲宏及賀德芬等人的道德勇氣。

事實上，前述學者的歷歷舉證，都早已證明、釐清了蔡英文的論文的的確確存在著許多令人難解，而蔡英文又無法提出有力反駁的疑點，而蔡英文挾行政職權，卻強行將原本不屬機密、可供公評的相關資料，硬生生地加以封存達三十年之久，更讓人深覺其中的蹊蹺。平情而論，「論文門」只有一個「立場」，那就是學術歸學術、政治歸政治，無論蔡英文獲得多少民意的支持，可以用政治干涉到怎樣的程度，學術的尊嚴、學者的誠信，都是不容蔑棄、踐踏的！

蔡英文面對社會上如此之多學者的質疑，所釋出的相關佐證，不但破綻百出，且最愛搬弄的就是「倫敦大學」、「ＬＳＥ」的擋箭牌；可該校過往的歷史，及其所發表的聲明，卻又是難以服眾的。蔡英文身為國家領袖，一言一行，動見瞻觀，非誠信對待，不足以為全民表率，豈能淡漠視之？

蔡英文究竟有無完成論文，有否取得博士學位，都不妨害其為八百多萬選民所選舉出來的總統的正當性，畢竟這是透過民主機制的遴選；但民主不能掩蓋真相，更不足以喻論大是大非，學術精神就是求真求信，這就是「立場」。

博士學位為國家名器，取得之艱難，尤其在一九八〇年代，是每個曾經為博士學位奮鬥過的人所共知的。正因其艱難，所以倍加珍惜，視若拱璧而不願讓其稍有污染。無論藍綠學界都對蔡英文的取得程序，多所質疑，但親藍學者，畏恐秋後算帳，不敢出面聲援，只能私下嘀咕；而親綠學者，則唯恐一旦蔡英文信用破產，勢將連帶影響到民進黨的政權，故雖難認同，卻也噤不敢發聲。如謂學者有立場，這些緘默不言、不表態的學者，才真的是「不看事實，只看立場」——保護自己的既得利益，就是他們唯一的「立場」。

「舉世皆濁我獨清，眾人皆醉我獨醒」，民主雖是以多數決為準，但渾渾噩噩之眾，卻泯泯汶汶，未必真有清心明目，可以照見事實。最怕的是，偶有明理識事之人，已惺然而醒、覺然而悟，卻被逼得非同流合污、昏睡不醒不可。

其實，這些學者，早已是清醒的了，倒真有些人是千呼萬喚、醍醐灌頂，還是不肯醒、不願醒。黃鐘毀棄，瓦釜雷鳴，世事如此，又能如之何？

陳明通與林智堅

台大宣判林智堅誠信破產

台大九日上午舉行記者會說明，經學術倫理審定委員會審查結果，認定林智堅抄襲余正煌的碩士論文，且情節嚴重，建議撤銷林智堅的碩士學位。這是一個明智果斷、無畏政治壓力，且證據充分、公允平正的判定，不僅樹立了大學的典範、維護了學術的尊嚴，更展現出台大自傅斯年校長以來的學術風骨，值得為台大叫好喝彩。至於此項判定對林智堅的桃園選情可能造成的負面衝擊，是否真會「一屍五命」？後續民進黨會如何因應，仍有待觀察。

林智堅的論文門問題，社會上嘈嚷了一個多月，各方議論紛紜，各持異見，但兩本幾乎大部分完全相同的論文擺在眼前，必然其中有一本是抄襲的事實，是各種異論所不可能迴避的，即便是為林智堅護航的人，也不得不正視於此，問題的關鍵，其實只在「誰抄了誰」而已。以台大尊崇的大學地位而言，在短短半年之間，竟通過了兩本如此相似的論文，無論如何都足以造成對台大聲譽的莫大損傷，身為台灣最高學府，又在世界排名能擠進「百大」的台大而言，當然是樁「醜聞」，也當然必須擺脫除了學術立場之外的其他糾葛，嚴正以對，將事件的始末作全面的釐清，公諸於社會，以對國人有所交代，這也是所有的台灣人對台大的期望。

台大所發出的聲明，是相當切中要害的，綜括而言，約有四點：一、經過詳細的比對，甚至請了專人、使用比對軟體，逐章、逐節乃至逐句、逐字的比對，這兩本論文的確存在「抄襲」的現象；二、以學術上對「抄襲」的定義出發，從論文發表的先後時序，論定後出的林智堅論文是「抄襲」了先發的余正煌的論文，這是完全符合學術公例的；三、羅列出相關的迴護論點，一一加以澄清、破解，否定了所謂「原創」、「雙方均無抄襲動機」、「學術慣例」的「證據力」；四、依此台大做出最後判定，認定林智堅論文「抄襲」的「情節嚴重」，擬議撤銷其台大碩士學位，並回復了余正煌的清白。

如此的聲明以及隨聲明所附帶提出的各種證據，無疑是具有相當說服力的，誠如前教育部長曾志朗所說的，是堪稱「經典之作」的，也樹立了一個學術獨立的典範。但是，眾所皆知的，也一定會引發林智堅陣營的強烈反彈。

果不出所料，九日下午三時，林智堅陣營便召開了記者會，舉出六點說明、三項違法，有意將整個問題從學術倫理導向政治鬥爭，其中依法負責主持學倫會的蘇宏達院長的偏藍色彩、「未審先判」，更是其強調的重點。但縱觀其所陳述的論點，從任何角度來說，都很難迴避掉「抄襲」的問題。

林智堅陣營所舉出的所謂「物證」，既很難作為其「先寫」的論據；而所謂的「人證」，即其指導教授陳明通，既是當事人，反而引火焚身，導向了更大的一個問題，也就是說身為一個指導教授，居然縱容、默許自己的學生出現幾乎大半相同的論文？就維護一個具有聲望的大學來說，更是「是可忍，孰不可忍」的「醜聞」了。台大既然有意維護學術倫理，面對如此一個不適格的教授，是否也應該大刀闊斧，加以整肅？

從林智堅陣營的記者會看來，林智堅應該是打死不退，民進黨也仍然還是會繼續支持其參選下去。以目前台灣的政治氛圍來說，將此台大學倫會的判定抹上「政治陰謀」色彩，將林智堅塑造成一個受委屈、受迫害的「無辜者」形象，其實反而可能對林智堅的選情會有助益，未來桃園市長的選情，鹿死誰手還在未定之天。

不過，無論是最後選舉的結果如何，學術歸學術，政治歸政治，政治角力皆不應該影響到學術倫理的判斷。更希望夙富盛譽的台大，能夠無畏無懼，堅持學術獨立的信念，抵抗來自政治龐大的干擾及壓力，後續在處理陳明通的學倫調查上仍能展現出其風骨和風範。

就台大學倫會的判定來說，其實等於是宣判了林智堅「誠信」的破產。政治人物的能力當然未必會符合其德行，德行清正的政治人物往往會有能力不足的缺陷，但是，能力十足的政治人物，如果德行不足，所可能帶來的社會危害，恐怕是會更令人畏怖的。林智堅的論文門對台灣最大的考驗，恐怕就在於，台灣政治人物的「誠信」到底重要還是不重要？

抄襲、代寫、爛論文

林智堅的論文，雖然眾議皆以其為「抄襲」，但嚴格說來，還是與「抄襲」相去絕遠的。「抄襲」還是必須自己去動腦筋、查資料，知道哪裡有可抄的，然後剪剪貼貼，作一些剪刀漿糊的基本功（COPY）。在整個過程中，還是需要親力親為、知所取捨的。但林智堅恐怕連這樣的基本功都沒有能力或沒有時間去做，最大的可能就是「倩人代寫」。

「代寫」，是必須付出「代價」的。台灣在廣設大學之際，一些師專、私專的原有教師，紛紛趕搭這班列車，欲求升等。但過去的專科教師，基本上都只需要大學畢業即可充任，本身並無撰寫論文的經驗與能力，因此欲求升等，就不得不請人「代寫」。我在讀博期間，就曾經被徵詢過，當時是以十萬元的代價作酬的。

一九八〇年，台灣的國民所得，一年不過十二萬九千四百三十一元，十萬元的數額，其實是非常優渥的，對我這個窮學生來說，還真的是不小的誘惑。但當時我不知哪根筋不對勁了，竟然就斷然加以拒絕。據聞後來這人倒是真的升等成功了，卻不知是請誰代寫。

我不知道現在的行情是多少，但以林智堅的論文水平來說，肯定是捨不得花大錢請人代寫，而是助理之類的下屬代為操盤的，而其人本身大概也沒有足夠的能力去寫，只得東抄西抄、剪刀漿糊一番，就算交差了，所以才會出現那麼多的問題。

這樣的論文，竟然也能夠通過審查，當然指導教授及口試委員「師師相護」、包庇護航，是絕對的關鍵。其實，這也是目前台灣學界最大的弊端。據我所知，至少在我專精的中文領域，只要是學生敢於提出論文，無論是碩士、博士，幾乎是鮮少不能過關的。爛論文，甚至是抄襲而來的論文，之所以能輕易過關，其中最大的原因，一是口試委員都是指導教授推薦的，彼此相熟、賣放人情；一是口試委員考則考矣，簽名了事，不必負任何的責任，就是後來東窗事發，也沒有人會去追究。

我曾聽聞過一個實例，一個頂尖大學的博士生，口試時被質疑論文水準奇差無比，甚至其中的一節，竟然只有兩頁不到，原本是不讓他通過的。但是其指導教授多方求情，懇請口委放他一馬，並強調一定會命令其在一個月內重新修改完畢。口委迫於人情壓力，只能聽從，就有驚無險過了關。但所謂的「修改」，可以說是「一字未易」，根本連理都不理。然後，頂著一個頂大的博士光環，出任著名大學的系主任，還擔任過政府要職，赫赫奕奕，居然成為有名的「學者」。

台灣社會，向來是只看文憑的，至於這文憑是怎麼得來的，從來沒有人會去在意。金玉其外，敗絮其中的，正不知有多少。即便當事人東窗事發，指導教授與口試委員，也是波瀾不驚。

學位也算是一種名器，可名器亂發，濫竽亦可充數，無論如何，指導教授及口試委員是必須負最大責任的。但是，至今卻從來沒有任何法條可以規範。

其實，「抄襲」還算是可以用「查重系統」查出來的，但對於惡濫的論文，卻是沒有絲毫防杜的機制，這個問題可能是會更嚴重的。

抄襲判定豈僅僅會以「漏列」為據

民進黨鄭文燦與蔡適應的碩論、博論，分別為台灣大學、台北大學判定為「抄襲」，並撤銷學位，想來是一槌定音，即便再循管道申訴，也是難以挽回此一「定讞」了。撤銷學位既已成為事實，且二人也已表示後悔、道歉之意，本來是應該不再追究，作無情而無盡的「追殺」了，但是，觀其聲明的內容，卻顯然皆在避重就輕，意圖脫卸「抄襲」甚至「代寫」的過失，僅僅以「部分內容未引述出處」的「瑕疵」規避責任，不但未見其「悔過」之真誠，而且大有倒打一耙，將學倫會的裁定看成是無的放矢、蓄意誇大的嫌疑。基於學術界的嚴正立場，是絕不能視若無睹、任其糟蹋的。

「抄襲」是學術界最不可容忍的忌諱，凡有犯者，無不以撤銷學位為懲處手段，以昭炯戒。但「抄襲」之判定，是相當嚴謹的，必須全面檢視，詳查其內容襲用他人論述、文句雷同的比率多寡，方能據此加以裁斷的，如果僅僅是「內容未引述出處」，是絕不可能被判定為「抄襲」的。

鄭文燦將過失推向當時因環境的因素，故無法作「實地考察」，只能依據大陸若干相關的書籍、論文，加以綜合查考，概括而成。姑不論二〇一一年馬英九在位，兩岸交流頻繁，一片融洽，並無時空的障礙，即便如此，博參群書，自抒己見，也不可能有百分之三十以上重疊的部分。鄭文燦自謂「當時許多書籍不在手上」，試問，既不在手上，又為何會有如許之多的重複之處呢？他又自稱「本人論文寫作引述廣泛，未抄襲單一論文，也沒有抄襲的動機」，姑不論，鄭文燦的「未抄襲單一論文」，無法證明其無抄襲的「動機」，而且，雜抄了許多論文，這也同樣是「抄襲」，還有什麼疑議？

鄭文燦推說當時並沒有「查重」的機制，但是自己所寫的論文，究竟抄了多少別人的東西，難道不會心裡有數嗎？他自稱在學倫會判定之前，已是心裡有數，還派人利用大陸查重的軟體作檢視，大概是連自己抄了哪些論文都不太明白，檢舉人謂其是找人「代寫」，恐怕不是空穴來風，而「代寫」是比「抄襲」還要嚴重的。

鄭文燦與蔡適應，都強調其「創意」，如蔡適應說「單一文獻雷同比對僅有百分之二，具備原創性」，問題不是於「單一文獻」，而是「多種文獻」，每種百分之二，多種加起來會有多少？如此的論文，還會有「原創性」，這不是自吹自擂，就是口試輕忽、放水吧？

眾所周知，政治人物是繁忙無比的，從選區、選民的服務，到因應各種交際、應酬，公務、私務，兩皆繁冗，是不太有可能埋首書堆、潛心研究的，因此請助理代筆操刀，雜抄一通，甚且僱人代寫，勉強交卷的事，坊間多有耳語流傳，恐怕也不是嚮壁虛構的。

鄭文燦與蔡適應都不約而同以「漏列」引述出處作開脫，以小疵掩蓋大錯，平平穩穩，自然較林智堅之強拗硬辯勝過多多，但看似「悔過」，其實只是藉此以搏同情而已。其所仗恃的，無非是台大、北大，都未將整個具體的評斷內容公諸於社會大眾，因此由他們說了算。殊不知此舉卻等如否定了學術倫理裁斷的意義，是不可不辯，以正視聽。

陳明通單挑學術界

林智堅的論文門，目前發展的情況是由陳明通「一錘定音」，代表了民進黨對此一學倫事件的基本態度，那就是「陳明通將林智堅的論文初稿修正後，擅自轉交給余正煌參考，余正煌用以寫成論文；然後林智堅在不明究裡的情況下，繼續完成他的論文，所以才會出現文字有許多相雷同的部分，因此不算抄襲。而余正煌也不知道指導教授給他的參考論文是林智堅的，所以也不涉及抄襲」。

在此邏輯下，兩篇重疊性如此之高的論文，居然無一是抄襲的，這不僅顛覆了學術論文的定規，更是「一錘定罪」地暴露了這位學官兩棲的政客、學閥，是如何視學術為無物，正式與學術界「宣戰」了。

從最基本的學術倫理來判斷，一前一後發表的論文有高達七、八成的文字重疊，且結構、論述，乃至摘要、結論都幾乎如孿生子一般，必然有其中之一為「抄襲」，這根本就是憑常識就足以判斷出來的，問題只在於是「誰抄襲了誰」而已，豈有可能兩造皆無抄襲？而依學術規範來說，唯一的判斷標準，就是看誰先發表，這就如同雙胞胎一樣，早一分鐘出來的就是兄姐，晚出來的就是弟妹，絕無通融餘地。

在思考長達二十多天後，陳明通以類似政治「密室協商」的技倆，妄圖顛覆此一定規，就學術層面來說，簡直是不可思議的，更觸犯了學術倫理的大忌。

首先，身為指導教授，怎可以挾持師長威權，一則「剽竊」了學生的成果，二則慫恿另外一個學生取巧作弊？其次，這兩本論文都是由陳明通親自主考過關的，而其時距不過僅僅半年，若非蓄意放水，豈有可能未曾發現到其重複如此之高的現象？僅從這兩點來看，陳明通即已是「自證己罪」，難以遁脫了。台大是何等聲名夙著的學府，豈能容得下如此荒謬怠惰、尸位素餐的教師濫竽充數？更可駭異的是，陳明通說得振振其辭、視為理所當然，無絲毫愧疚之感，豈不等於是公開向學界挑戰？

「密室協商」是政治界最醜陋的手段，一小撮人屏除旁人、私下協議，各作對彼此有利的利益分配，既無人證，又乏物證，根本就是見不得光的。政治界可以如此胡搞惡喬，但欲施之於學術界而亦能成立，恐怕整個台灣的學術界就將是「將軍一去，大樹飄零」，從此再無翻身的餘地了。

據陳明通的說詞，許多林智堅論文與余正煌重疊之處，甚至連錯字，都是林先余後的，是經過他指示後修改的，將一切的責任都兜攬在自己身上。但此事你知、我知，法未傳六耳，何足憑信？當然，以陳明通之神通廣大，亦未嘗不可以找個「人證」，這擺明了就是「串供」，學界如果接受，那台灣的學術界大概也不必再說什麼倫理不倫理了。如果這招可以行得通，那未來只要指導教授敢於護犢、自污，則碩、博士滿街走的情況，應是可以預見的了。

陳明通顯然是將學術當作政治般去操作，說得難聽一些，就是用政治強暴了學術，還要受強暴者啞口吞下。陳明通敢於如此蠻橫，當然是憑藉著其受今上的寵信，而又掌握著國家安全的局長威勢。最壞的盤算，也就是陳明通退出學界，如此而已。

其實，最壞的盤算，也是個精打細算的如意算盤。陳明通早已退休，區區兼任之名，不過雞肋而已，他還是可以穩穩居於政府高層，而因其一己小小的犧牲，卻可以挽救林智堅這個年輕力強的民進黨明日之星，無論如何都是划算的。

這是政治干涉學術中最惡劣的實例，而一切的盤算，都是為了鞏固執政黨的既得利益。陳明通等於向學術界下了戰書，單挑學術界，就看學術界如何接招、化招了。

選舉只是一時的，政權也隨時可能變易，但學術尊嚴、學術倫理，卻是立國建國的基業，如果連最起碼的、一眼即可明斷的「抄襲」案，都可以輕而易舉地在政治的雨覆雲翻下加以隳敗，台灣還會有什麼未來?!

論林智堅論文門的可能影響

林智堅的論文門，是由國民黨的王鴻薇率先發難的，其爆料來源，郭正亮認為應該是由新竹市不滿林智堅獨攬權柄、包山包海的民進黨人扯後腿所提供的。這判斷頗有道理，但僅僅限於中華大學碩論涉嫌「抄襲」的一案而已。事實上，林智堅的論文極可能在競選期間被拿來當成攻擊的目標，民進黨及林智堅是早就心知肚明的，因此早早就在一周之前，透過媒體宣稱國民黨早就部署了「毀林三部曲」，準備對林智堅展開攻勢。這是先行打了「預防針」，並以國安局將介入調查作恫嚇，企圖施展寒蟬效應，教人噤不敢發聲，民進黨也可以從容應付。

王鴻薇的發難，論者皆嫌其太早，最不濟也該拖到林智堅七月八日辭去新竹市長後才披露。但王鴻薇見獵心喜，適巧又碰到「翁達瑞」好死不死地竟先以「自我抄襲」、「一稿多投」攻擊柯志恩的論文，遂認為是機不可失，打鐵應該趁熱，就發佈了此一消息。

王鴻薇其實是犯了戰略上的錯誤，過早披露，民進黨本是可以好整以暇地見招拆招，讓這一新聞炒個兩天，反正距選舉日還遠，可以扳回一城，評估是影響有限的。但民進黨人顯然對林智堅過於信任，並未仔細先行查核林智堅中華大學的碩論的重大「抄襲」程度，竟可與李眉蓁不相上下，幾近有百分之九十五點一的大量「抄襲」；同時，他們所不知道的是，媒體人黃揚明、學者杜震華也早已磨刀霍霍，找出了林智堅台大國發所的碩論，準備加以揭發了。

推估黃、杜兩人本來是不求躁進，擬先拖延個幾天，再進行揭露的；但因王鴻薇已發難在先，遂也不甘後人，也立即隨之而作了發佈，而針對的卻是林智堅台大國發所的碩論。於是，兩案齊發，竟互補互成，同氣相應，不但聲勢浩大，意外地彌補了王鴻薇的缺憾，也讓民進黨一時措手不及，整個亂了手腳。

民進黨的準備不周，是顯而易見的。最主要的關鍵恐怕是林智堅的幕僚對「學術倫理」的陌生，更低估了學界對「學術倫理」的重視，居然認為只要請出指導教授出面澄清、背書，就可以一手遮盡天下人耳目，撥開雲霧而見青天了。中華大學兩位教授的聲明書、國安局長陳明通的護航說明，其實是早早就預備好的了，也是民進黨原來用以抗辯的主調。因此，在初開始時，一應的網軍、側翼，均牢牢持著「指導教授都已澄清、說明林智堅沒有抄襲」的論點，回應一切的攻擊，而將之低貶為「抹黑」。

但他們沒有思考到的是，林智堅將三位教授，連同一個學長余正煌都拖了下水，使得他們也都成了此事件的「當事人」，當事人所作的陳述，由於攸關於自身利害，其信用度是必須大打折扣的，誰能保證他們的證詞就一定可信？甚且，誰能保證他們不是在「串供」？當然，他們更沒有想到，此舉反而會將「後座力」回彈到自己身上。這三位教授，尤其是當過台大教授、陸委會主委、國安局長的陳明通，本應是明理練達的，竟如此顢頇糊塗，殊令人不可曉解。

由於「抄襲」事證太過於明顯，除非昧著良心，否則稍有常識的人都可以判斷其是否抄襲，即便是指導教授出面背書、護航，也無法改變事實。無論是中華大學或是台灣大學的碩論，幾本如是相似、雷同的論文，必然就有「誰抄誰」的問題。即便林智堅的「抄襲」嫌疑「被澄清」了，則中華大學的兩位教授豈非就犯了「抄襲」之弊？而台灣大學的國發所學長余正煌豈不也成了「抄襲者」？更嚴重的問題出在陳明通，身為指導教授，豈能完全罔顧學術倫理，任令學生抄來抄去，而竟未察覺，甚且有慫恿之嫌？

在這裡，林智堅其實犯了一個嚴重的錯誤，那就是急於澄清，一開始就定調成政治打壓的「抹黑」，堅決否認其「抄襲」。這一定調，料想也是當初早已設定好的，可是由於事證過於明確，反而成了「硬凹」，不但難以說服大眾，而且也將其他的相關人士捲進風暴之中。現在已經不是林智堅個人「抄襲」與否的問題，更牽涉到「學術倫理」被嚴重破壞的大問題。

這件事在本質上其實是與李眉蓁的「抄襲」案相同的，但李眉蓁不過只是高雄市的一個小小議員，且在經過披露後，也最後承認抄襲、且宣佈放棄學位，更在後來的高雄市長補選中，以懸殊的比數敗下陣來。可如今林智堅的論文門，所牽涉到的人，余正煌不過是調查局員，算是小咖，林智堅是現在新竹市長、民進黨的明日之星；中華的教授，是學有專精的教授；陳明通則是政壇要人，現任國安局的局長，又豈是區區的李眉蓁可比？李眉蓁就讀的學校中山大學，雖說是國立，但分量略輕，中華大學固然難以比數，但又如何能與台灣大學相提並論？政壇要人、頂尖大學，甚至連公務部門竹科管理局、科技部，都被席捲而入，其影響力當然也就是李眉蓁難以望其項背的了。

林智堅的「定調」，其實是過於倉促提出的，至少也應該靜觀其變，先由幕僚發言，然後再召集眾人會商，擬出各種可能的因應策略，讓爭議先飄一段時間；但林智堅不僅太快親自出馬申辯，底牌掀得太早，又不具說服力，而最大的敗筆就是訴諸於司法，控告王鴻薇毀謗。如果林智堅先澄清了自己並未抄襲，且能歷歷舉證之後，再行控告，才真能立於不敗之地。如果林智堅沒有「抄襲」，要自證清白，原是非常簡單的事，只要拿出論文電子檔公諸於眾就夠了，不出於此，反而用政治語言遮掩，以司法訴訟為緩兵之計，其實是將偷雞不成，反蝕把米的。

其實，林智堅的論文是否抄襲，他自己是心裡有數的，他的最佳策略，本來應該是坦然承認，鄭重道歉，尋求選民諒解，然後繼續參選，以具體的政策說服選民，其實還是有機會在桃園勝選的。可惜的是，恃寵而驕的他，正如他一向清潔體面的穿著一樣，容不得一絲一毫的瑕疵，放不下明日之星的光環，竟選擇了最拙劣的「矢口否認，外加控告」。話既出口，反悔不得，遂也只能硬撐下去，連帶著，民進黨徒也只好隨著他的步調走下去，連蔡英文都出面力挺，「全黨以救一人」了。

民進黨的迴護，目前是朝四個方向進行的，一是沿續著先前的規劃，用「舊聞」、「指導教授已澄清」，將一應的批評當成「抹黑」。但是，他們也認知到這是難以說服人的。於是，他們另闢戰場，企圖以「天下烏鴉一般黑」來為林智堅開脫，將其與李眉蓁相提並論，說「國民黨才是抄襲的祖師爺」，這是潑髒水的打法，既然大家都一樣髒，那大哥又何必笑二哥，這是體制的錯，林智堅不過是體制下的隨波逐流者，又焉能深責？可他們卻未想到，李眉蓁是終於承認錯誤而道歉了，而且當初民進黨猛烈攻擊李眉蓁的時候，又幾曾手軟過？幾曾說這是「共業」的話的？此外，民進黨又轉移焦點，以張景森為首、周玉蔻附翼，宣稱「碩士生寫論文」是落伍的觀念，並獲得教育部迅速的「審慎研議」的回應。如果碩士生不必寫論文，則討論林智堅的論文有無「抄襲」，當然就是毫無意義的了。可他們卻渾然忘了，林智堅是「現行犯」，即便日後研碩士生都不必寫論文了，還是無法改變此一事實。第四個方向是最為離譜的，而提出的人卻是始作俑、引發這場風暴的「翁達瑞」，他居然認為「學術倫理」只能用來規範「學者」、「準學者」，是不能用來規範「研究生」的。言下之意，林智堅即便「抄襲」，也是抄得理直氣壯，未可非議的。我們很難相信，這麼荒謬的論調，居然還會出於所謂的「學者」之口。

從整個民進黨徒的回應看來，「學術倫理」這維護學術獨立、學術尊嚴的唯一保障，在民進黨肆意撥弄、耍玩之下，幾乎是形同具文，可以任人踐踏的了。學界中人，是可忍，又孰不可忍？

民進黨信心滿滿，以為林智堅的論文門在如此操作下，可以很快地就雲淡風輕，船過水無痕，因此評估是「影響有限」。但是，他們卻忽略了，曾經在求學的過程中兢兢業業，三更燈火五更雞，經過種種磨難、考驗，方才取得碩士學位的研究生，心中會有多大的反感？更忽略了用功認真一輩子都擠不上，或者好不容易才擠進頂尖大學台大的莘莘學子，看到林智堅竟然能夠憑藉取巧的途徑，輕易就頂戴著「台大碩士」的方帽，又會如何的痛心疾首？那又更別提向來以台大人自傲，以身為台大人為榮的台大畢業校友，看到校譽竟然可以如此被糟蹋，又豈會無動於衷？

連日以來，ＰＴＴ與網路各大平台都對林智堅的論文門議論紛紛，聲量之高，遠遠超過以往的議題，除了少部分硬拗強辯的側翼、網軍，無不皆以林智堅的「抄襲」為可恥，更對撥弄、踐踏「學術倫理」的教授力加撻伐，引以為學界之羞。民進黨施政不力、防疫疏漏，已經明顯是民怨沸騰，中間選民已經開始反彈，這些網路平台，中間選民更是最大的骨幹，民進黨二〇二二的選舉，端看這些中間選民的意向如何，如此來勢洶洶的群情激憤，其影響所及，不僅僅會對林智堅的桃園市長選情大有傷害，更可能產生骨牌效應，連帶拖累了其他縣市的選情。「難道你們還要投給民進黨」？此一呼聲，必然將在未來的幾個月中持續發酵、擴大，豈會只是「影響有限」？

選舉事小，學術事大

林智堅的論文抄襲風波，演變至今，可能已發展到足以影響到年底選情的地步了，眾人所關注的，無非就是林智堅，甚至民進黨各縣市長的候選人，將在這個連環效應下所受到的衝擊，尤其是綠營的政要、名嘴、附翼學者、網軍，斤斤在意的就是如何將林智堅超拔出這次的漩渦之中，因此，各種大違常情的狡言詭辯，紛然齊出，簡直將學術倫理、學術尊嚴，踐踏得體無完膚，完全視學界中人為白癡、蠢蛋了。

民進黨如此的操作，顯然意不在爭取學界的認同，而是在鞏固深綠的基本盤，林智堅以「被抹黑」、「受冤屈」的姿態現身，想必也一定能爭取到一些「同情票」，可以稍微抵消其可能造成的巨大衝擊。於是，作為立國命脈的學術，以及教育當局三令五申的「學術倫理」，就完全被犧牲掉了。

據聞台灣在這幾十年的發展中，已培育出近一百五十萬的碩、博士，為數更多的大學生，也經常被要求試作小論文，如此鐵板釘釘、鐵案如山的抄襲事件，怎可能無法判定其真偽？但是，這為數眾多的，明知其底細的高級知識份子，卻真的如白癡、蠢蛋一般，噤而不敢發聲，坐視綠營對學術無情的凌遲，風骨蕩然、公道無存，這才是學術界最大的危機。

林智堅選舉的勝負，不過影響到四年、八年藍綠政局的消長，可受到扭曲的學術倫理，卻可能攸關於其後十數年、數十年，甚至百年的學風，知識份子在此時採取緘默的態度，不僅僅是自宮的行為，更無異於作了幫凶，稍有良知良能者，忍心看到這樣的現象發展下去嗎？

事實上，將焦點聚集於林智堅個人的誠信上，是有點本末倒置的。本案更值得關注的，是那幾位身居黌宮，手握戒尺的大學教授，也是這些所謂的指導教授，懈怠職守、把關不力，甚且慫恿、縱容學生左抄右襲，已大失為師之道；而事發之後，竟還膽敢出面護航，中華大學的賀力行、王明郎認為「合情合理」，台灣大學的陳明通更明目張膽，自以為得計，學界中人敢於如此厚顏無恥，卻無人追究，這無疑是學術最嚴重的墮落了。

本案關涉到的幾位大學教授，在發表聲明之後，即銷聲匿跡，也從不見有任何媒體追根究底，前去採訪探詢，中華大學的賀力行、王明郎簽署聲明書，但另一位關係人李友錚，實為竹科計劃掛名的主持人，並未參與連署聲明，其原因何在？為何無人追問？余正煌的指導教授李碧涵，自己的學生被舉發有抄襲的可能，何以未見其出來表態？又為何無人聞問？

林智堅的論文門，所凸顯的不僅僅是政治人物「鍍金」、「洗學歷」的虛榮與誠信問題，更是一面學術界的照妖鏡，足以讓學術界種種光怪陸離的怪現狀，一一現形。陳明通號稱「國師」，一口氣可以指導一百七十三位碩博士生，門人弟子，遍佈朝野，已讓人驚詫；而賀力行居然如量販店般，三十年中便「售發」四百七十三位碩、博士學位，廣開方便之門，大展包容之量，我們的學術界究竟可以沉淪到怎樣的地步？碩、博士的生產、製造，可以怎樣的無底

我不能忍

連日來，寫了好幾篇批評林智堅論文門的文章，文友勸我，「算了吧！做個李白遊山玩水、寫寫詩自我陶醉」。其實，我有時想想，他說得也對，別人家的事，關我啥事？學術墮落，自己沒有墮落就好；國家衰微，我一樣可以苟延殘喘。都快邁進古稀之年了，就趁桑榆晚景、夕色猶美的時候，做些能讓自己開心愜意、悠遊林野的事，不是對自己身心大有補裨嗎？又何苦成天當個「老憤青」，淨說一些不中聽、惹人厭的話呢？更重要的是，說得再多，也不過是狗吠火車，終歸一點用處也沒有，又何苦來哉呢？

我不知道。真的我不知道。求「名」嗎？什麼千秋萬世名，我是壓根兒都是不會去想的，今生今世的「名」嗎？我寫得再多，也不過還是一個默默無名的陽春退休教授，也不會有人來拉我去當官，還能多出些什麼？求「利」嗎？一個字一個字敲打出來，連綴成章、灑灑洋洋，又能賣到幾文錢？既不想當網紅，就沒有人斗內；既未上政論節目，也沒有通告費可領；時論文章，一如過眼雲煙，人亡政息，又有誰願意出版？就是一心想求「利」，也是毫無可求的。

既不求名，又無利可求，那又所為何來？我真的不知道。我一點都不想當烈士，因為我膽小怕死，面對位高權重的大官，我也一樣非常害怕，甭說別的，就是天天來查水表、有事沒事調我去偵訊，我都會怕得要死。我也沒有能力當俠士，畢竟年既衰老、體力也不濟了，縱有寶劍，也無法斬邪除魔，做什麼大快人心的義舉。「不知我者，謂我何求」，別說不知我者了，連我自己都不知道啊！

其實，我也真想能悠遊山水、縱恣徜徉的，沒事讀讀書、追追劇、種種花、蒔蒔草；有朋友邀約，喝喝茶、談談天、吃吃飯、打打牌，身體養好、心情愉悅，不必咬文嚼字、不必引經據典，無須戰戰兢兢、無須忐忐忑忑，深恐因文賈禍，這該有多好！

可是，我就是忍不住啊！忍不住小人當道，忍不住巨奸誤國，忍不住社會不公，忍不住國家淪敗。是可忍，孰又不可忍？或許我過去忍過，但如今，請寬恕我，我實在是忍不下去了。

我沒讀過多少聖賢書，比不上一些通儒碩學，但勉強也以一個知識份子自期自許，希望能「而今而後，庶幾無愧」，不平則鳴，所以我不想忍，也不能忍，這樣，我才對得起自己。

二〇二四的政局

1 民進黨的賴清德

賴清德去美國幹什麼？

台灣的總統大選可能是全世界最「奇特」的一種選舉，儘管無論各黨派競爭得有多激烈、戰況有多膠著，候選人南北奔波，忙得焦頭爛額之際，卻總是得於百忙之中，「抽空」到美國一行，哪怕就是個十天上下的行程，也都得詳細籌劃，緊鑼密鼓地進行、大張旗鼓地吹噓。彷彿只要能到「美國」去「整個容」、「鍍個金」，回來之後就能脫胎換骨、驕其鄉人一般。「美國行」，儼然成為台灣選舉的「潛規則」，而且其重要性，往往遠遠超乎爭取台灣選民的支持。

不但如此，這些曾經去美國鍍過金的人，一旦當上了總統，更是難以忘情，無論如何非得想盡各種方法、突破各種障礙，「明渡」到美國不可。

上個世紀的台灣頂尖大學，流行一句，「來來來，來台大，去去去，去美國」，而當前的台灣總統選舉，似也不遑多讓。這種心態，和孟子裡所譏訕的「齊人」，其實是非常相像的，他跑到別人祭祖的墳地間，去乞討人家祭祀完剩餘的酒食，然後醉醺醺而回，向他的妻妾誇耀說，我去了哪些地方、遇見了哪些貴人，跩得像是二五八萬一般。這些總統，也最愛宣誇，我到了哪些地方，會見了哪些高官，受到了怎樣的接待，哪怕就是短短一天兩天的「過境」，都足以讓他們「金光強強滾」，不可一世起來。

其實，齊人雖讓人不齒，卻還是拿到不少好處的，至少還能「饜酒肉而後返」，吃喝得飽飽足足的，這些貴人，不會指指點點，交代齊人回家後該如何如何做；可我們這些總統們，簡直等如是地方官員定期向朝廷「述職」，向主子「獻功」，更像是古代藩屬，向宗主國「朝貢」一般，對美國唯唯諾諾、言聽計從，深怕一旦批其逆鱗，自己的地位就將不保一樣。

不過，這些總統們，畢竟因有關體面問題，還是會遮遮掩掩，用「過境外交」、「實地考察」、「宣慰僑胞」等名目加以掩飾，但是敢於像賴清德般，如此赤裸裸地宣稱，「當台灣總統可以走入白宮，我們所追求的政治目標就已經達成了」，還真的是石破天驚，讓人難以置信的。賴清德是選台灣總統，還是選美國州長？是欲爭取外援，還是甘為附庸？「走入白宮」的目的，是去述職，還是去聽取訓示？民進黨不是最強調「主體性」，整天拿「國格」出來唬人嗎？怎麼如今什麼「主體性」、什麼「國格」，全都忘得一乾二淨了？難不成「台獨金孫」，搖身一變，成了「美國奴才」？

據網路的一項調查，在有關「你認為總統參選人在選前需要赴美訪問嗎」的問卷中，是有百分之六十三的人認為不需要的，大概也僅僅百分之廿五點二的深綠民眾贊同，台灣人選總統，又干美國什麼事？難不成美國人有意將台灣當成第五十一州嗎？荒謬的是，賴清德儘管如此赤裸裸地交心了，可美國主子卻唯恐這樣的「輸誠」，勢將造成美國「干涉他國內政」的批判，卻反過頭來「責問」賴清德，希望賴清德給他們一個交代。這不是完全暴露了美國人的狼

賴清德劃錯重點

賴清德為自己提出的私校學費減免政策作辯護，批評柯文哲「無後顧之憂」，是以才不懂得私校學費對一般家庭的龐大壓力，同時還自吹自擂，以自己出身為「礦工之子」，半工半讀才完成學業，這是有多麼的難得且深悉民間隱痛。

非常明顯地，賴清德是以明朝的劍斬清朝的官，顛倒錯亂，是根本搞不清楚五十年前台灣社會的情狀的。五十年前，還是聯考時代，民進黨的陳水扁，以「三級貧戶」之子，於一九六九年考上台灣大學；柯文哲的父親，雖是小學校長，但柯文哲於一九七九年重考上台大醫學系；賴清德生於一九五九年，也應該在相近的時間考上台大復健系。

無論柯文哲與賴清德的出身背景如何，都是國內首屈一指的台灣大學學生，當時公立大學學費較現今低得甚多，但因台灣社會正處於逐步起飛的階段，貧富差距也未如現在之甚，因此，賴清德說他必須「半工半讀」，雖無實證，卻也可信，但是，當年的大學生，哪一個不是必須「半工半讀」才「無後顧之憂」的？當時流行「家教」，坊間一大堆家教班，而台大、師大的學生，最受青睞，哪一個台大學生不去兼幾個家教，以補貼家用與自用的？我在一九七五年進台大，也兼了家教的差使，一個月一千兩百元，還是教作文，待遇已相當優渥，柯文哲有沒有兼家教，我不曉得，但賴清德所謂的「半工半讀」，必也免不了與家教有關，是不是與他想刻意強調的「窮困」有相當大的距離？

一九七〇年代，當時流傳一個順口溜，「來來來，來台大；去去去，去美國」，大抵真正富裕的家庭，都一窩蜂將孩子送往美國。賴清德在二〇〇〇年，還可以到學費高昂的美國哈佛大學讀碩士，其實受惠的是當時台灣還算強勁的經濟實力，與他的「半工半讀」一點關係都沒有。換句話說，套句柯林頓的名言，「笨蛋，問題在經濟」！學費不是大問題，如何加速台灣經濟的發展，才是當務之急。賴清德明顯是劃錯重點了。

但這些都未必是重點，重要的是，賴清德完全抄襲了共產黨的「出身論」，這擺明就是以「階級鬥爭」的手段，貶低政敵。柯文哲幼年的家境，或許會比賴清德佳，但他還是憑藉自己的實力，一路上進了台大、當了醫生，醫者父母心，賴、柯兩位都是醫師，誰能說誰比較懂得民間疾苦？難道在台灣的民主社會，還要搞個「老子英雄兒好漢、老子反動兒混蛋」的把戲嗎？

嚴肅看待賴清德「專案辦公室」的「包藏禍心」

賴清德的「專案辦公室」之議，引發各界撻伐，這是怎樣的一個「草包」，才會提出這樣莫名其妙的主張的。但是，如果真以為賴清德是「草包」，而不知其主張的「包藏禍心」，恐怕才是真的連「草包」都不如了。

賴清德身為民進黨的要角，當然不可能不知道民進黨執政以來，成立了多少有名無實的「辦公室」，但是，他仍然不顧眾議地宣稱，未來「行政院設立專案辦公室，建立區域聯合治理」，顯然此一「專案辦公室」肯定是別具用心的，而此一用心，則在於「區域聯合治理」。

賴清德是深謀遠慮的人，如果將他的主張僅僅視作疊床架屋的口號，恐怕就低估了他。目前台灣的政治形勢，姑不論賴清德能否當選總統，抑或是立法院能否過半，地方縣市長仍然掌握在國民黨的手裡，這種「地方包圍中央」的形勢，還是不可能改變的。因此，賴清德的布局，是饒有深意的。所謂「區域聯合治理」，無非就是由中央另外選派一個由親信所組織的「辦公室」，用以分地方政府的權限，未來中央有若何的政策，地方政府未必能直接與中央溝通，而必須轉由「專案辦公室」協調，甚至暗操審核之權，架空地方政府的實權。

此舉顯然是有兩種好處的，一是可以酬傭大量的親信或輔選功臣，也就是無非在收攬人心，為其助選，擺明了只要我賴清德當選，你們這些從龍之士，就不愁將來沒有位子；二來可以借由各「專案辦公室」的負責人，實際操掌地方財政，尤其是中央經費補助的大權，攬功於己，而培養出下一屆足以與藍營縣市長抗衡的種子隊伍。一舉兼有數得，大家千萬不要被騙了。

賴清德的第一個後援會，選擇了基隆市，絕對不是沒有原因的。前基隆市長林右昌，目前正升任內政部長，而基隆市的護海公投，正是被林右昌所撤銷的，基隆地方政府卻是絲毫無法阻擋。在地方猶未有「專案辦公室」設置之時，就可以如此違眾議而橫行霸道，試想，未來正式成立後，將會如何驕縱跋扈？可想而知的，基隆市也一定將是第一個「專案辦公室」成立的地區。

民進黨基本上是越來越走向專制極權的路了，而「區域聯合治理」，不僅僅可以作為助選的口號，用以大量收攬人心，更已未雨綢繆，思考到下一屆的縣市長之爭了，而這也將是中央逐步集權的第一步。非綠陣營的人，恐怕是得戒慎恐懼，萬萬不能輕忽的。

揭穿民進黨「國格」的底牌

台東縣長饒慶齡成功突破種種難關，將鳳梨釋迦銷往大陸，為兩岸民間的農產品貿易，樹立了相當可貴的典範，受惠的農民，恐怕不會僅僅限於台東而已，這當然是必須加以肯定的。未料，此舉竟遭到農委會主委陳吉仲的大力批判，甚至還扣上了「自貶國格」的大帽子。

所謂「國格」，指的是國家的尊嚴與品格，這是萬萬不能受到侵犯或侮辱的。但是，就整個台東與對岸的協議看來，究竟有何處、何條犯上了「自貶國格」的問題？難道一個地方政府，為縣民造就福利，解決農委會所無能、無力、無法解決的農產品滯銷問題，這也能扣上「自貶國格」的紅帽子？

一個政府，甚至一個國家，存在的意義與價值，唯在保障居民、國民的生存權利，如果連這點都做不到，光會拿出冠冕堂皇、似是而非的名目，用以強辯硬拗、羅織罪名，這種政府、國家，真的還有存在的必要嗎？

民進黨動不動就對反對者祭出「矮化」、「國格」的指控，揆其因由，就是自認台灣（中華民國）是「獨立」（不止主權）的國家，凡是將台灣視為「地方政府」的，一律不予承認，認為這是一種「矮化」，有失台灣的主體性。尤其是針對大陸，更是絲毫都不會退讓。民進黨堅持這樣的理念，我們是給予尊重的。但是，「國格」的維護，是應該放諸天下而皆準的，對大陸如此，對其他國家也都該當如此，這才不失一個國家的尊嚴。

但是，我們也不免懷疑，民進黨所謂的「國格」，其實是具有極大的針對性以及彈性的。試問，當日本宣稱釣魚台是屬於日本的領土時、當日本於外海排放核污水時、當日本壓逼台灣人進口核食時；當美國拋售遠比其他國家高昂的武器時、當美國壓迫台灣必須進口萊牛時；當加拿大非得進口帶有狂牛症威脅的全牛時，民進黨可有堅持「國格」，予以峻拒呢？難道讓外國予取予求，連一聲都不敢吭，這就是「國格」了嗎？怎麼一遇上大陸，國格就一股腦全冒出來了？

事實上，民進黨雖只針對大陸講「國格」，也未必沒有彈性的。想當初，馬英九時代，台灣可以用「中華台北」的名義，成為WHO的觀察員時，民進黨是如何以「矮化」、「有辱國格」，甚至組織人馬，到日內瓦舉牌抗議；可蔡英文執政後，卻一心一意想爭取能夠以「中華台北」的名義參加，即便一連七年被拒之於門外，也非得率眾到日內瓦開「會外會」，請問，這就是民進黨堅持萬萬不能退讓的「國格」嗎？

更普遍、且台灣人早已習用了的「台胞證」，更是一樁「國格」的笑話，大陸聲稱「台胞」，分明就是將台灣當成從屬於他們的地方政府，這是道道地地的「矮化」了，民進黨為何不加以抗議？為何不堅持「國格」，索性禁止台灣人民用「台胞證」進入大陸？民進黨的「國格」，彈性可以如此之大嗎？

民進黨宣稱，只有他們才有資格代表台灣與大陸協商，又強調如果兩岸不得不協商談判時，必須是完全對等、開放，不設任何前提的；其實，他們有個絕對的預設前提，那就是台灣是主權獨立的國家，如須談判，必須是中央對中央、國家對國家的談判，否則一切免談。這是很堅持「國格」了，但是，卻完全阻礙了兩岸可以和平共處、互濟互利的前景，雙方絕對僵持難下。民進黨的「國格」，既非如此缺乏彈性，難道不能對既沒有「矮化」條文，又可以對台灣農民大有裨益的事，樂觀其成嗎？

說穿了，這些都不過是民進黨狹隘的意識形態在作祟，饒慶齡居然自作主張，搶佔了民進黨的功勞，是可忍，孰不可忍？很多事情，是「綠能，其他萬萬不能」的，揭穿民進黨的「國格」底牌，不過如是而已，他們豈是真正在關心台灣人民未來的發展與出路？

民進黨抄襲、槍手頻傳，該給怎樣的一個交代？

台灣的高等教育，無論是學士、碩士或博士，共通的特色，就是入學門檻既低，要求又非常寬鬆，尤其是所謂的「在職專班」，幾乎是只要有那麼一丁點兒的政治門路，就可以堂而皇之、風風光光的入學，然後在教授的包庇、護航、放水之下，就輕輕易易地畢業，以此作為敲門磚，既可以驕其鄉人，又能夠飛黃騰達，早已成為一顆毒瘤，為台灣的高等教育深埋下腐爛的種籽。前此引起全國轟動的林智堅論文抄襲案，其實不過就是冰山的一角，潛藏於水面之下的更是不知道還有多少。

可台灣的教育部，以及各大學，對此仍然保持姑息隱忍的態度，非但沒有想方設法根除弊端，有時更是默默縱容，陳明通犯下如此重大的學倫弊端，在外頭大力宣稱為「冤獄」，對台灣大學聲譽的損害，已是重大無比的了，可台大竟對其毫無懲處，讓他可以爽領豐厚的退休金；而民進黨更加離譜，已經被判定抄襲、撤銷學位的鄭文燦，居然還可以高升為行政院副院長，而蔡適應也穩穩妥妥、忝不知恥地繼續幹他的立法委員。賴清德欲選總統，再三強調「學倫問題」，還要求立委參選人簽切結書，卻對鄭文燦、蔡適應的問題，不發一言一語，「打假球」的姿態作得十足，事實上早已是信用破產。在民進黨人的眼中，學倫問題根本是個「假議題」，如何忽悠群眾、掌握權勢，才是重中之重，這對台灣高等教育的傷害，更是無與倫比的。

台灣高等教育中抄襲的事件頻傳，而政府無能處理，已讓學術界痛心疾首，而今，在抄襲之外，更爆出了「槍手」事件，而且又是民進黨的要員，兼今次立委的候選人蔣絜安，民進黨應該如何處理？勢必非給選民一個清楚的交代不可。

據桃園市立委參選人游智彬的爆料，曾任桃園市客家事務局局長之職，又受賴清德延攬為民進黨中央黨部客家事務部主任，且被提名為本屆立法委員候選人的蔣絜安，號稱為「客家一姐」、「客家女神」，可她不但在台灣大學國發所的論文，被舉發「抄襲」，而中央大學客家研究所的論文，更等而下之的是找「槍手」代寫的。

有關「抄襲」的部分，台大拖遲兩個月未有回應，而蔣絜安僅僅用「尊重學倫會審議」，輕描淡寫帶過，似有意拖過立委選舉；但「槍手」之事，不但游智檳舉證歷歷，蔣絜安無所遁形，連當初代筆的槍手，都已經出面坦承，且有證據確鑿的往來email為證，想來已是辯無可辯的了。

蔣絜安原本是因備受民進黨尊重的客家大佬鍾肇政推薦入政壇的，姑不論其風評如何，但竟能以抄襲、槍手的手法，獲得人人羨慕的國立大學「雙學位」，究竟其是如何通過學位考試的？台灣大學、中央大學這兩所鼎鼎有名的大學，可以寬鬆到如此的地步，豈不令人駭異莫名？我們的高等教育，在對學生的考核上，究竟出了什麼問題？指導教授、口試委員，應該負起怎樣的責任？以取巧、舞弊的手段竊取到的碩、博士，到底還有多少？教育部還能惦惦默默，裝作不聞不知嗎？屢屢不次拔擢蔣絜安的民進黨、鄭文燦、賴清德，該不該給學術界做個交代？該不該對全台灣的民眾給個交代？

2 國民黨與侯友宜、韓國瑜

國民黨氣數將盡了嗎？

國民黨真是「多事之秋」，從徵召開始，就是一片雜音，人人各擁其主，攻詰不休。及至侯友宜出線，挺郭者還是不甘心，郭也故意神隱；到如今侯友宜從老大變成老三，「換侯」之說，不絕於耳，郭台銘蠢蠢欲動，希望能取而代之，而已明示要當「啦啦隊」的韓國瑜，也被如鄭麗文等挺韓者硬是想讓他披掛上陣。連帶著，連國民黨的朱立倫也感受到龐大的「換朱」壓力。

大敵當前，開戰在即，整軍經武猶嫌慢人幾拍，而自家陣腳不但未定，連推出的主帥都遭到懷疑，這種部隊，還能期望可凝聚士氣、旗開得勝嗎？金溥聰揚言要擠出國民黨的「膿包」，可如今遍體膿瘡，擠哪個是好？

侯友宜的表現，到目前為止，是被「看衰」的，此所以「換侯」之議，暗潮洶湧。反正國民黨又不是沒有陣前換將的前例，而且正是在朱立倫掌黨任內，當時既可「換柱」，如今難道「換侯」就萬萬不可嗎？但是，「換柱」之後，朱立倫出馬，結局又是如何？

當初「換柱」，洪秀柱雖也是不情不願，但洪秀柱是國民黨內孤鳥，內無奧援，也只能飲恨吞聲。但是，侯友宜擁有新北市破百萬選票的輝煌記錄，手底下團隊雖弱，卻仍有一票支持者，能甘心被「換侯」嗎？防磚條款訂在百分之十五，「換侯」之後，這百分之十五肯緘默無聲嗎？人人都說侯友宜是「阿斗」，你真的相信一個「阿斗」能連任新北市長，並以懸殊的比數大勝對手嗎？

如果真的「換侯」成功，大概就只有郭台銘與韓國瑜兩個備位人選了。郭台銘的躍躍欲試，當然是不難看出的，其豐厚的財力資源、企業經營的聲望，也讓人頗有期待，但是，挺郭的聲浪雖然不小，反郭的聲音，難道就會小於此嗎？

韓國瑜雖歷經兩次挫敗，竟還能在政壇上維持其不衰的聲望，可以說是魅力無窮，至今無人能出其右的，是以也擁有一票堅定的支持者。但是，欲將黃袍加諸於人身，也得看此人願不願意穿戴上去。韓國瑜其實已明白表態，以他的性格，會出爾反爾，做東山再起之想嗎？

國民黨目前面臨兩大難題，一是要不要「換侯」，一是「換侯」之後，誰來接手？「換侯」恐怕是很難成功的，七月十九、廿三的中常會，一拍兩瞪眼，可以見出真章。但如果成功了呢？由郭台銘，還是韓國瑜接手？恐怕還是會有更劇烈的爭議吧？

金溥聰於國民黨多事之秋，銜命出馬，許多人期待他能成為國民黨的諸葛亮，但他真的有這樣的能耐嗎？諸葛亮出師之前，謹慎叮嚀阿斗，「宮中府中，俱為一體」，攘外必須先能安內，金溥聰如果連「宮中府中」都搞不定，還有資格說是諸葛亮嗎？

國民黨的問題，千絲萬縷，其亂如麻，會不會是「氣數將盡」的徵兆？金溥聰號稱「小刀」，其鋒銳的刀鋒，能否斬斷這一團亂麻、針挑出這幾處「膿包」？

在目前總統大選「三腳督」的情況下，其實國民黨再如何整合，由誰出馬，也將是竹籃子打水一場空的，即便能勝過柯文哲，躍居第二，那又如何？「文無第一，武無第二」，勝者全碗捧去，敗者連湯汁都沒得喝，賴清德的百分之三十五，穩穩在握，樂得坐山觀虎鬥，這一局，他就是可以便便宜宜作獲利的漁翁了。

政治像是一塊大餅，人人皆想分而食之，最怕的是有一個強橫霸道的人，先劃出一大塊當禁臠，不容他人染指，剩餘的部分，就讓別人去爭去搶，最好是爭搶得頭破血流，反正再如何爭搶，也動不到自己這塊，搞不好還能從中漁利。最可怪的是這些爭搶的人，只盯住眼前這一小塊，拚死拚活，厭少嫌小，殊不知跨出一步，那一大塊才是最值得爭搶的。即便爭搶不到賴清德的百分之三十五，但兩弱相加乘，也還有百分之六十五，鷸與蚌各退一步，各鬆其口，鷸飛青天，蚌歸大海，不僅足以自保，而漁翁想得利，恐怕就是戛戛乎其難哉了。

金溥聰會不會是諸葛亮

侯友宜的選情一直處於低迷情狀，從一開始挾持著新北市長選舉大勝餘威，高居第一位，到如今屈居於「老三」，不但連柯文哲都後來居上，甚至其民調的差距，更被遠遠拉開到一成的地步。

何昔日之芳草兮，今直為此蕭艾也？侯友宜過去對國民黨、韓國瑜，及國民黨許多重要議題若即若離，乃至不屑一顧的態度，當然是有以致之的；而國民黨內「徵召」時的紛紛擾擾，更是一個轉捩的關鍵。國民黨原先所樂觀期待的「慶祝行情」，不但未曾出現，反而成為其民調每況愈下的致命傷。這不但造成國民黨中的離心離德，更使許多深藍的選民，作了移情別戀的盤算，情勢不能不說是危殆到了極點了。

侯友宜出身基層，歷練豐富，本土色彩又濃，原本是被許多人相當看好並期待的，此所以才能在「徵召」時脫穎而出，擊敗強敵郭台銘，獲得參與總統大選角逐的門票。但侯友宜過於木訥老實，不擅應對的個性缺點，在這時候卻也逐漸浮現，尤其是政大的那場會談，答非所問、荒腔走板，實在讓人不敢恭維，網路上新近為侯友宜取了個「阿斗」的外號，想來也是其來有自的。

侯友宜既然決定參選，且也信誓旦旦，企圖為國民黨取回政權，當然就應該有周詳的規劃、縝密的組織，創造議題、帶引風潮，尤其是參與一些重要的對話場合，更必須設定提問的可能，多方演練，才能有優異的表現。但是，侯友宜的新北市府團隊及幕僚，顯然對大選的了解還未深入，一路以來，窮於挨打，甚至如老牛破車，錯失了不少可以積極反攻、營造聲勢的機會，新北幼兒園的「餵毒案」，竟慢了三拍以上。侯友宜當然未必就是「阿斗」，但即便是「阿斗」，有個諸葛亮在一旁扶持，也還不至於衰退到如此的地步。可惜的是，侯友宜的團隊，卻很難讓人相信他們能擔當得起諸葛亮的重責大任。

或許侯友宜也發現了自家團隊的不足，近日多方綢繆，除了敦聘黨內大佬馬英九、朱立倫、王金平出馬力挺之外，甚至也三顧茅廬，將息影政壇十年之久的金溥聰羅致了過來。金溥聰向來有「金小刀」的外號，以其處事明快，有如小刀般的銳利，以及乾淨俐落，「狠辣」之風，夙所知名，在選舉上連戰皆捷，未曾有過敗績。侯友宜能請動金溥聰出山，倒是一著令許多專家跌破眼鏡的妙棋，但是，金溥聰會不會就是侯團隊的諸葛亮，具有畫龍點睛的能耐，能將受困已久、氣勢低迷的侯友宜，點醒成一尾活生生、蹦跳跳的大龍？其實還是不免讓人有所疑慮的。

的確，金溥聰是百戰皆捷的操盤能手，但這已是十年前的事了，十年來，台灣的變化迅快而劇烈，選戰的方式，早已突飛猛進到與過去迥然不同的「多元戰」了，金溥聰能否盱衡出當前時勢，設定出良策，恐怕還猶待觀察。金溥聰當年輔佐馬英九，兩人互信互賴，真的就如劉備遇上諸葛亮一樣，可以如魚得水，君臣相得；但是，侯友宜能否授以全權，聽從大計，讓金溥聰得以大展長才，卻也還是個未知數。國民黨的基因裡，內鬥內行、外鬥外行，是人所共知的，金溥聰與侯友宜素無往來，突然之間冒出一個程咬金，侯友宜團隊的人，會不會因嫉才而扯後腿，尚且不敢妄論，但其間的磨合，想來也是須費一段較長時間與精力的，其功效將會如何，還值得拭目以觀。

諸葛亮在三國之際，早已默觀時勢，未出隆中，已定下三分割據的策略。侯友宜或許可將金溥聰視為可以扶顛定傾的諸葛亮，但金溥聰可知道目前類似三國鼎立的「賴柯侯」之爭，問題的關鍵在哪嗎？

諸葛亮伐魏，寫了一道膾炙人口的〈出師表〉，伐魏，是外在的軍事行動，可諸葛亮卻還是特別強調「內政」的重要，故出師之際，猶懇切叮囑，標舉了郭攸之、費禕、董允、向寵等志慮忠純的「良實」，如今的國民黨，「良實」安在呢？侯友宜的聲勢之所以疲弱，其實最大的原因還是在於侯團隊未能真正將郭台銘、韓國瑜等具有影響力的人，拉回國民黨中，委以重任，反而任其自然發酵，成為另一股反對的聲浪。金溥聰據說是侯友宜「三顧茅廬」才願出山的，而郭台銘與韓國瑜，當然更是足以左右國民黨興衰的關鍵人物，如果我是金溥聰，就是五顧、十顧，也非得以誠意將其請回國民黨不可。如果金溥聰連這起碼的認知都沒有，或是拿不出若何有效的方式，恐怕也不過是虛有其名的諸葛亮而已了。

國民黨的「內政」固然重要，但更重要的還是對外的政策。三國時代，是可以三分而立，各據地盤，稱王稱霸的；但二〇二四的總統大選，只能夠選出一個總統，而且勝者全拿，負者退讓，是沒有第二句話可說的。當年吳、蜀兩國，面對魏國的強力威脅，諸葛亮知道大勢所趨，唯有聯吳制魏，才能阻擋曹魏大軍的侵襲，故雖與東吳有嫌隙，還是決定通力合作，以首要的敵手為共同抵抗的目標。如今台灣「三腳督」的情況，柯文哲與侯友宜分居第二、三兩位，照道理，應該暫時擱下爭議，求同存異，以第一敵手為唯一攻堅的目標才對。但侯團隊目前的做法，卻是兩面開刀，甚至單挑柯文哲，尋隙而攻，毫不手軟。即如有關「重啟服貿」的議題，國民黨、民眾黨皆是有共同理念的，柯文哲表態支持，侯友宜是否應該趁勢而進，與柯文哲共通聲息，全力批判當初民進黨力擋服貿，導致台灣經濟落後十年的弊端？不出於此，反而斤斤計較於柯文哲「當初」如何如何的問題，你戳我一刀，我還你一耙，柯文哲又豈肯示弱挨打？於是，老二、老三互挖牆角，老大就涼在一旁看好戲，最終的結果，還不就是便宜了老大嗎？

我不知道金溥聰有沒有察覺到當前民間「下架民進黨」的強烈願望，而「藍白合」是唯一可完成此一願望的機會。民進黨如今的聲勢，即便是「藍白合」都未必能夠獲勝的，更何況藍、白互相競逐，更是「不可能的任務」。諸葛亮的出山，乃是為了漢末紛爭，兵連禍結，故以三分策略，用以安定天下百姓之心，未必就是單純為了劉氏一家而已。台灣民眾，苦於民進黨的倒行逆施已久，大有「時日曷喪，吾與汝偕亡」的憤怒，金溥聰的出山，人人都冀望其能如諸葛亮一般，但金溥聰能否真有諸葛亮的胸襟與大志，以全台灣老百姓的福祉為最優先的考

「非綠聯盟」與「聯合政府」

國民黨主席朱立倫，已多次拋出「非綠聯盟」構想，企圖「藍白合」、「整合民眾黨」，以爭取二〇二四選戰的勝利。會提出這個方向，顯然是已經體認到，儘管有二〇二二地方選舉的勝果，國民黨欲湔雪前恥、重返執政，恐怕還是無法與實力雄厚，又掌控著國家機器的民進黨相抗衡，必也整合其他非綠政黨，才可以具有勝算，相信這也是許多非綠選民的最大公約數。

但是，每次提出，都遭到最主要的民眾黨施予軟硬不一的釘子，顯然不是如他所想望般的可以如此水到渠成。民眾黨與柯文哲內心的盤算如何？柯文哲強調的是「聯合政府」，而這個「聯合政府」，卻是「不排除」民進黨的，以此而論，柯文哲因其具有「左投左勝、右投右勝」的關鍵優勢，當然可以老神在在、待價而沽，坐等欲「整合」民眾黨勢力的其他政黨，提出具體而能夠讓民眾黨站穩未來發展根基的說帖了。

柯文哲近幾年來，雖與民進黨交惡，但他曾言自己是「墨綠」的，而且不可諱言地，當初就是因民進黨刻意的「禮讓」、「扶持」，才能當上台北市長的。政局變化，風雲倏忽、晴雨難定，未來「綠白合」的可能，誰也不敢保證不可能發生，而一旦情勢朝此方向變化，幾乎就可以斷定，未來四年到八年，一定還是民進黨的天下。

國民黨想要整合「非綠」，目前遭逢到許多難題，其中親民黨的宋楚瑜、新黨（無黨）的王建煊都已表態，決定投入總統大選，儘管宋、王的「插花」，明眼人都知道只有陪榜的性質，但是，只要他們合起來能夠拿到百分之五以上的選票，最終得利的還是民進黨，別忘了宋楚瑜當年雖是敬陪末座，卻還是拿到了六十多萬票，而這極可能就影響到整個大選的結果。朱立倫如欲「整合」，恐怕宋、王兩位是必須先加以安撫的。

其次，就國民黨內部而言，目前的侯、郭之爭，已成定局，但是，在泛藍選民中，「非郭不投」、「非侯不投」、「非韓不投」，乃至絕對「不投某」的聲浪，仍然此起彼落，而且意志頗為堅定，如果朱立倫真想「整合」，恐怕要先思考如何「整合」這些各有高見，且相持不下的「異見」吧？眾所皆知，相對於民進黨的萬眾一心、同舟相濟，國民黨即便身在怒海狂濤中，所思所念仍在如何擠落他人、搶先登船，自家人各懷鬼胎，又如何能夠奢望團結致志？

對內姑且不說，情勢顯而易見，單憑國民黨及泛藍的實力，是絕難與民進黨相抗衡的，即便黨內山頭各自擺平、恐怕也未必能勝得過賴清德，唯一勝選的可能，當然就是朱立倫所倡議的「非綠聯盟」了，而「非綠」最重要的成員，無疑也就是民眾黨。我們不曉得柯文哲胸中定見如何，但縱觀近日以來柯文哲的言論，軟釘子、硬釘子齊施，朱立倫想要「整合」，恐怕也沒有那麼容易。

「藍白整合」的不易，原因多端，國民黨過去的包袱，當然會令人疑懼，國民黨如何以堅決的態度、嚴正的宣誓，強調如今的國民黨已經改頭換面，足以讓人耳目一新，當然是重要的關鍵，因為社會上仍充斥著國民黨與貪腐相聯為一的印象。但是，更重要的是，朱立倫三番五次提到的「整合」，究竟有無具體的方案、確切的目標，足以讓民眾黨相信這一「整合」是對柯文哲及民眾黨，也是大有前景的？

黨派整合，必須是互信且互利的，互信方面，新黨、親民黨都是前例，但最終的結果，這兩黨都被國民黨吸收、消化，如今只是名存實亡了，民眾黨已公開明說了他們對「併吞」的疑慮，國民黨如何「說服」民眾黨，這樣大魚吃小魚的現象，絕對不可能發生？至於互利，問題可能更複雜一些。

二〇二四的大選，嚴格說來，對民眾黨也是生死存亡的一戰，但最重要的倒不是總統大位，而在於立委席次的增減。民眾黨目前僅有五席不分區立委，以柯文哲的號召力及民眾黨的民調看來，柯文哲定位在八至十席的不分區，應是符合實情的，但更可能拓展的是目前依舊掛零，且藍綠兩黨極可能囊括的區域立委。

目前的區域立委，多數是綠營的天下，國民黨雖懷挾著二〇二二勝選的餘威，磨拳擦掌、躍躍欲試，但是否足以撼動民進黨的根基，恐怕仍有不少疑慮，而民眾黨在兩黨夾殺之下，更是很難突破重圍。朱立倫欲整合藍白，除了總統大位外，區域立委更是重中之重，如何提出具體的方案，詳細剖析各區域的實力，挑選兩黨的菁英，與民進黨作一對一的對決？但是，這勢必牽涉到國民黨內有欲參選的人馬，以目前國民黨內連自己都擺不平的激烈競爭而言，其難度恐怕將是更高的了。

柯文哲倡議的「聯合政府」，儘管包容性猶待界定，但不失為一個可以慎重思考的方向。通常只有在無任何一個政黨能夠獲得過半數的席次下，才有「聯合政府」的可能，目前民進黨一黨獨大，藍白兩黨加起來都不足以與之抗衡，即便偶爾破格任用他黨人士，基本上也是點綴的瓶花而已，根本是起不了任何作用的。國民黨是第二大黨，對此必須要有回應，擘劃出未來五院各部會，甚至國營事業的董事長之類的可能「聯合」方式，才有可能真正的「整合」，如果只是放出風聲、口頭嘈嚷，那就真的如民眾黨所說的是在吃他們的豆腐了。

當然，如果藍白以這種方式合作，難免會引起「政治分贓」的批評，但眾所周知，「聯合政府」是必須在兩黨都互蒙其利下才有可能完成的，國民黨不能只取不予，「讓利」當是必要的考量，然則，如何在「讓利」之下，兩黨還能互蒙其利，這就有賴於兩黨的主事者智慧的決斷了。

三國分爭，曹魏獨強，吳、蜀唇齒相依，皮若不存，毛將無附，二〇二四就是台灣的「赤壁之戰」，當時吳有周瑜，蜀有孔明，放眼當世，有無其人呢？

「侯韓會」能否「同心同德」?

侯友宜、韓國瑜「同框同台」，無論如何，都可以看成是侯、韓「破冰」、「和解」的起手式，但是從直播中所看到的侯、韓互動及言語，侯、韓二人能否「同心同德」，恐怕還不無疑慮。

從許多網民，尤其是韓粉的眼中看來，「侯韓會」顯然是無法消除他們對侯友宜的嫌隙與不滿的，「誠意」不足，是許多人批評的焦點。儘管所謂的「誠意」，是很難訂出一個標準的，但侯友宜自始至終沒有明白的道歉，一逕在打擦邊球，只說了「身心俱疲」等不著邊際的話，卻絲毫不提及韓國瑜當年之所以「身心俱疲」，侯友宜從中起了什麼樣的作用，這當然就會讓許多韓粉感到不滿與憤慨了。當初侯友宜以「市政」為由，以「侯侯做代誌」作搪塞，對黨提名的韓國瑜若即若離，並未鼎力加以相助，這是眾所周知的事實。儘管韓國瑜當初即便獲得侯友宜的全力支持，其實也未必就一定能勝過蔡英文，這也是事實；但是雪中送炭、千里鵝毛，多少也還是會讓人感到一些溫暖與撫慰的。

平心而論，侯友宜當初的態度，就決定了許多韓粉的觀感，這點，相信侯友宜自己也應該是心知肚明的。如果韓國瑜「侯規韓隨」，以「不在其位，不謀其政」作藉口，「韓韓看好戲」，雖不免也會令人遺憾、失望，但也沒有任何一個人有資格出來說三道四。當然，侯友宜已經「貴為」國民黨提名的候選人，要他拉下身段，坦承自己的不是，的確也是有點為難的。但是，侯友宜必須想到，他這次的選舉，究竟需不需要韓國瑜的鼎力相助，如果真的需要，侯友宜素有「鐵漢」之稱，男子漢大丈夫，敢做敢認，就如廉頗之向藺相如「負荊請罪」一樣，不僅可以消除兩人嫌隙，共同為趙國奮鬥，更因此而傳為美談。道歉、認錯，通常是需要有更大的勇氣的，侯友宜應當鼓起真勇，在適當的時機，不拘形式，但是卻必須明白懇切，說出應該說的話，才是道理。

侯友宜的確有「誠意不足」的疑慮，但「侯韓會」的「誠意」問題，卻不僅僅只關涉於侯友宜而已，頗有許多論者提到，韓國瑜在現場，與侯友宜互動不夠熱情，既不說「凍蒜」，也不明示「支持侯友宜」，是不是因為韓國瑜本身為黃復興的黨員，故在趕鴨子上架下，不得不與侯友宜同框同台，其實只是虛應一下故事而已？

這樣的懷疑，其實也在暗示，不僅侯友宜誠意不足，就是韓國瑜也是假情假意，誠意缺缺的。如此一來，表面上的手拉手、高呼團結，竟自成為了一場各懷鬼胎的詭戲。我不曉得這樣的論斷，是如何禁得起驗證的。的確，韓國瑜沒有脫口說出「支持侯友宜」的話，但他呼籲大家集中選票，支持黨提名的人，難道侯友宜不是「黨提名」的嗎？有此必要畫蛇添足嗎？非得將「侯友宜」與「黨提名」區劃開來，其實還是「換侯」的心態作祟，到現在為止，還是有不少人主張「以韓代侯」的，這點，從慶會現場還有人高呼「韓總統」中可以印證出來。但「換侯」有可能嗎？姑且不說前此「換柱」的風波，使國民黨的信譽毀於一旦，國民黨再怎麼愚蠢、顢頇，恐怕也萬萬不可能重蹈此慘痛不堪的覆轍，而對韓國瑜來說，即便「換侯」，他敢大刺刺就加以接受嗎？

眾所周知，韓國瑜是國民黨中堅定不移的忠貞份子，儘管在政壇上兩次失利，但仍舊在群眾中擁有相當多的好評，人格道德，也向來禁得起考驗，其魅力至今不衰。這些認為韓國瑜是迫於形勢，不得不來應個卯的論點，其實就是直指韓國瑜也是同樣「沒有誠信」，只是會做表面工夫的人。抬愛韓國瑜，這是韓粉的熱情熱心，殊不知卻將韓國瑜難得的道德操守，一舉都給瓦解冰銷了，這是「愛韓」，還是「害韓」？

據我觀察，整個問題的癥結，絕對不是單一的，侯友宜雖難免會有「早知如此，何必當初」的遺憾，但支持韓國瑜、嫌棄侯友宜的人，早有成見在心，就是侯友宜當眾向韓國瑜「肉袒負荊」，恐怕也還是會被目為「誠意不足」的；韓國瑜的「誠意」，其實不必懷疑，但為了國民黨、為了台灣兩千三百萬的民眾未來的福祉，韓國瑜是最擅於創造金句的，如何化解韓粉的疑慮，使其歸隊於國民黨，就看他的政治智慧的高度了。

侯友宜陣營，新近加入了擅長盱衡大勢、快刀斬亂麻的金溥聰，當然不可能不察覺到這個隱憂，小刀鋒銳，如何解開「侯韓」的僵局，讓侯韓不僅僅是「同台同框」，而且是「同心同德」，將是目前最艱鉅的任務。

無論社會如何評價「侯韓會」，侯韓能會，總比王不見王的疏離，強上幾分，而這正是一個良好的契機，侯友宜、韓國瑜、金溥聰，以及最重要的韓粉，能否掌握住這個契機，就是最後的關鍵了。

讓韓國瑜人盡其才

韓國瑜果真不愧是目前台灣政壇上最具「傳奇性」的人物，他的發跡，從北農總經理開始，一段與王世堅尖銳而不失氣魄的對答，至今仍為人所津津樂道；其後競選國民黨主席，提出「溫良恭儉，不讓」的正面應戰態度，更是激蕩了不少頹靡的人心；然後是奉派至高雄出任主委，以「一碗滷肉飯，一瓶礦泉水」，從默默無聞、被目為砲灰的棋子，一路艱苦作戰，聲望逐漸攀升，竟至最後擊敗了來勢洶洶的對手陳其邁，一舉收復了為民進黨盤踞了三十年的高雄市，也為他寫下最光輝燦爛的一頁。幾場「三山造勢」，旗海飄揚、吶喊連天，人心振奮、熱血沸騰，放眼政壇，有誰能出其右？

可惜的是，韓國瑜不能自安其位，在許多韓粉的鼓譟、簇擁下，竟做了錯誤的決定，希圖進取大位，不但在總統大選中挫敗於蔡英文之手，更連帶著遭到罷免，連高雄市長的位置都被取代了。這兩次重大的挫敗，因素繁多，皆能言之成理，但事過境遷，也無須再作無濟於實事的討論。重要的是，當時蒙披「韓總機」、「草包」、「酒鬼」、「色胚」的惡名的韓國瑜，儘管退居林園，卻仍然具有不可思議的魅力，凡所至之處，依舊人潮洶湧、吶喊震天，民眾對他的欣賞與期待，不但不見衰減，反而更形熱切，更成為政壇上的異數。

無可諱言的，韓國瑜至今仍是國民黨中最具有聲望及實力的人物。二〇二四的總統大選，採徵召的方式，但並未將韓國瑜納入人選之一，已可聽聞到不少質疑與反彈的聲音；而侯友宜雖脫穎而出，不但未能如當初所想像般的眾望所歸、凝聚人心士氣，反而聲勢「一盛二衰三竭」，如今竟落成「侯老三」的窘境，而此時的韓國瑜再度浮出檯面，「挺韓」的呼聲，更是來勢洶洶，昔日被羞辱成「草包」的韓國瑜，竟脫胎換骨，被認為是能挽救日薄西山的國民黨的一大希望。政治風雲的變幻，白雲蒼狗，往往就是如此詭譎的。

韓國瑜當然也知道，在目前風雨飄搖的國民黨中，他自己是擁有怎樣的分量的。首先，他有自知之明，鑑於上屆大選的失利，他是早已沒做東山再起的盤算的，故也言明自己是「啦啦隊」的角色，是以「徵召」也未將其納入考量，這當然是非常合理的。「換侯」之議興起，且不說另有一派「挺郭」的人馬在運作，韓國瑜未必就能取而代之，即便國民黨真的不計毀譽，重蹈了當初「換柱」的大錯，韓國瑜恐怕也未必願意接下這個棒子。因為韓國瑜有了前車之鑑，即便韓粉眾多，還是不足以成其大事的，而且，當初「反韓」的聲浪，必然將捲土重來，這一仗，將比上一屆還要艱苦，韓國瑜不是笨蛋，豈肯再淌這個渾水？

基本上，韓國瑜對國民黨的忠誠度，是無庸置疑的，因此，即便郭台銘獨立參選，或是柯文哲有意拉攏，韓國瑜無論如何也不會離開國民黨，另起爐灶，這是百分之百可以確定的。現在的問題在於，韓國瑜「想」扮演怎樣的一種角色，以及要如何扮好這一個角色。

不可諱言的，韓國瑜與國民黨及侯友宜是有心結的，國民黨及侯友宜在韓國瑜競選與罷免兩大戰役中，並未施予太多的援手，甚至有點「冷眼看好戲」的意味，這是眾所周知的事實。韓國瑜儘管再怎麼豁達、寬容，相信芥蒂是一定免不了的，更不必說至今仍一心一意支持韓國瑜的鐵桿韓粉的。侯友宜想要化解此一心結，唯一的途徑，就是誠懇道歉，這幾乎是所有的人都一致認同的。侯友宜其實也有多次向韓國瑜「致歉」的機會，也可能曾經在私底下道過歉，但是，不知為何，侯友宜始終不肯當眾直說明說，一直到日前參加林金結的造勢活動，才千呼萬喚始出來的蹦出「真歹勢」三個字。儘管遲來總是強勝過沒來，但顯然此舉並不能愜服韓粉之心，「不甘不願」、「不乾不脆」的批評聲浪，還是未能歇止。

以韓國瑜對國民黨的忠誠度，以及他素性的豁達、包容來說，連郭台銘他都可以握手言和，當然也是一定能夠接受這略嫌不痛不癢的「歹勢」的。但是，卻未必能讓不依不饒的韓粉滿意。韓國瑜的態度固然重要，但是，更重要的是支持韓國瑜的韓粉的觀感。以韓粉的實力來說，雖說不足以支持侯友宜當選，但是，如果韓粉未能歸心，侯友宜就絕對不可能有任何獲勝的希望，這是鐵錚錚的事實。

侯友宜和韓國瑜的心結，還算是容易化解的，但侯友宜與韓粉的心結，恐怕就不是輕輕鬆鬆的三言兩語即可以冰釋的。侯友宜固然必須更積極表達他的道歉誠意，而韓國瑜如果真的如大家所認定的豁達大度，為了國民黨、為了台灣未來的發展，其實也更應該作出更主動而熱情的回應，以安人心，以定反側，而不是僅僅由王淺秋說什麼「愛與包容」的空話而已。

這就牽涉到韓國瑜對自己角色的定位了。韓國瑜自被罷免之後，退居林園，卻不是一般人所想像般的如閒雲野鶴，儘管我們不能確知韓國瑜這些年來究竟做了些什麼事，但是看他的行程、日表，都是排得滿滿的，可見也還是未能忘情於政治。韓國瑜將自己定位為「啦啦隊」，當然不可能再有取侯友宜而代之的企圖，但「啦啦隊」的職責，在於鼓舞士氣、感動人心，目前國民黨內意見紛紜，幾乎有點分崩離析的勢態，軍心萎靡、士氣不振，如何凝聚人心、團結一致，是當務之急。韓國瑜是「犁牛之子，騂且角，雖欲勿用，山川其捨諸」的，又豈能置身事外？

當然，用與不用，也並非韓國瑜一個人能決定的。國民黨與侯友宜必須先看清時勢，不用的話，韓國瑜大可以樂得清閒，只需要偶爾出來說幾句場面話，就能交待得過去，反正不選的人最大，自己不忮不求，任何人都無法歸罪於他；但如果要用，那就必須審慎斟酌，應於何處用他，又如何用他。韓國瑜是對的人，就必須擺到對的位置上，方是「人盡其才」。金溥聰既執掌兵符，對國民黨內唯一具有人氣魅力的韓國瑜，究竟應該如何用，這就不是我能越俎代庖的了。

3 民眾黨與柯文哲

柯P組黨

柯P終於組黨了，其實這是柯文哲如果想要延續他的政治生涯，必須踏上的一條路，無論他是決定以何種的形式加入二〇二〇年總統大選的戰局，對他來說，都是必要的。儘管未來的可能衝擊，目前三大黨都戰戰兢兢，審慎以對，但就目前藍綠惡鬥的局勢而言，無疑提供了民眾的另一種可能選擇。

柯文哲既仍然想繼續走在政治這條路上，以他已經貴為台北市長之尊的地位，當然不可能無意於此任或下任的總統大位，而既有此意願，當然不能不在立法院，乃至各地方議會，擁有若干的席次，以增加自己一言九鼎的份量，而以組黨的方式，正式收編非藍非綠的從政者，以為後盾，無論如何都是勢在必行的。事實上，以柯文哲的睿智，不可能不觀察到這點。因此，儘管柯文哲屢屢用游移、不置可否的態度，大施其煙霧彈，但最終的決定，恐怕多少也有明眼人早就料定的。

台灣民眾黨的成立，以及其後續可能的動向，當然是藍綠兩陣營都感到頭痛的事，三足鼎立的勢態既已確定，由誰出面競選總統，當然就攸關兩黨的消長，但最重要的意義，恐怕是在幾乎已確定了未來國、民兩黨都不可能在立委席次上過半的局面，未來的立法院，恐怕就一定精采可期，縱橫捭闔，就看三方如何勾心鬥角了。

有趣的是，柯文哲援用蔣渭水在一九二七年的政黨名稱，且在有意無意間標舉蔣渭水為精神領袖，遂引起了蔣氏後代家屬的不滿與抗議，認為柯文哲有「蹭」蔣渭水的嫌疑，甚至還公開發表聲明，以示反對。

蔣渭水的「台灣民眾黨」，壽命不長，在一九三一年就被日本殖民政府取締、解散，儘管後來台灣光復，也未有重新組黨或恢復的動作，從法律的角度來說，是已經不存在的了；既然不存在，則在相隔近八十年之後，柯文哲加以援用，當然是絕對站得住腳的，即便是明顯在「蹭」蔣渭水，但此舉是對歷史人物的尊崇與景仰，不知有何不可？居然引惹許多人的批判與嘲諷。

一九二七年的局勢，與二〇一九年相去懸絕，新的台灣民眾黨，目前的黨章、黨綱都還沒有出爐，但料想除了精神上的延續外，也一定與蔣渭水那個時代有極大的差異。其實，民眾應該關心的，是這樣的一個政黨，未來將帶領台灣民眾走向怎樣的道路，斤斤計較於名稱、精神指標，是完全沒有意義的。自古以來，學詩的莫不宗仰李白、杜甫；寫小說的，莫不引領望向《紅樓夢》，李、杜、曹如有後人，似當為先祖而欣喜驕傲才對的吧？難不成也要禁止這些後人加以攀附？

重要的是，柯文哲既然援用的蔣渭水，就必須實心踏地真的為「台灣民眾」開闢出一條坦蕩的前路，如此，台灣民眾黨可如浴火鳳凰般再生，而蔣渭水更是死而不朽，何不靜觀其行，樂觀其成呢？

柯文哲訪美的意義

民眾黨主席柯文哲預計四月八日起「訪美」三週，據媒體報導，極可能因為與蔡英文的訪美時間重疊，難免有焦點轉移的「失焦」之慮，因而削弱了其效應；同時，也由於柯文哲前此對美國之將台灣視為「馬前卒」的棋子，發過不平之鳴，恐怕不為美國人所喜。因此，總體來說，對柯文哲的出訪，頗帶有點「看把戲」的心態，嘲諷批評之聲多，而樂觀其成、施以鼓勵者少。

在藍、綠兩黨中人的「親美」、「媚美」的政策下，台灣的政治人物，幾乎都將能夠出訪美國，甚至只要能踩上美國的土地，就引以為傲，歸來便能驕其鄉人、累積政治資本的心態下，柯文哲的出訪，在我看來，反而才是真正具有「主體性」的外交策略，而足以別異於藍、綠兩黨所令人不恥的「朝貢」、「述職」，唯美國馬首是瞻、甘作傀儡的作風。殊不解為何台灣社會居然卻會吝於給予一些期待與掌聲。

民眾黨所標舉的「等距外交」主張，不即不離、不偏不倚，唯以台灣的實質利益為優先考量，而展現出不卑不亢、獨立自主的風範，豈非正是所有的外交都應遵行的基本原則嗎？為何一到了台灣，一切都轉成了笑柄？

長久以來，台灣的政治人物都必須先通過美國的「面試」，才能確保其在台的存在價值，而美國也藉用著開放的城市、會面官員的層級，展示其對台灣政治人物「忠誠度」的評分，台灣雖自詡為「民主」，但真正能「作主」的，卻不是本國人民，而是美國政府，這是多荒謬的「民主」？多「矮化」的國格？

民眾黨雖是「未能免俗」地，欲參選二〇二四中華民國總統大選的柯文哲，也必須依慣例前往美國「試水溫」，以爭取美國的認可與支持，但據聞所能接觸到的層級是相當有限的，因此，恐怕未必能真正通過「面試」這一關。但是，先行拋出「等距外交」的主張，雖是不會討喜，無疑卻也彰顯了台灣的「主體性」，同時，更足以令美國明白，台灣還是有另外的一種聲音的，這正是柯文哲出訪美國最重要的意義所在。

台灣人不作「應聲蟲」，更不作「叩頭蟲」，中華民國的總統不是「兒總統」，不是「傀儡戲偶」，「台灣自主」、「台灣優先」，站穩這個立場，台灣才有真正的未來。

柯文哲的「重啟服貿」

柯文哲的「反黑箱，不反服貿」的說法，其實是可以調出錄影帶來加以證實的，所以批判柯文哲對「服貿」的說法前後顛倒，絕對是蓄意的栽贓與扭曲。事實上，當初的「太陽花」一開始時的確是以「反黑箱」為名而聚眾抗議的，儘管民進黨表面上沒有明顯介入，但從後來這些太陽花的要角，許多都成為民進黨新生代的「中堅」，可以看出，背後策動的根本就是民進黨。「反黑箱」當然只是個藉口，但「反服貿」又何嘗不是？我非常懷疑，當初參與「太陽花」的學生，有幾個是真正去看了「服貿」的條文的？網上所流傳的許多對服貿的批判，尤其是一些「懶人包」，哪一個不是親綠的學者炮製出來，而且分明是故意扭曲事實的？「反黑箱」是假，「反服貿」也是假，其真正的目的，其實就是在「奪權」，而「奪權」的手段，就是「逢中必反」，這才是「太陽花」的「真相」。

二〇一四年，是馬英九第二任期已過一半，其聲勢逐漸滑落，民進黨覷準機會，展開對馬英九與國民黨的批判，用意就是在為二〇一六年的大選取得利基，「反黑箱」就成為一個可以突破的缺口，於是，又順勢連「服貿」也一起「反」，後期的「太陽花」甚至連「黑箱」都不提了，直接就用被誤導了的「服貿」，展開攻擊，且更進一步進佔立法院，且連行政院都敢於衝撞，整個矛頭，都是針對國民黨而來的，這不是蓄意「奪權」，還可能有什麼樣的解釋？國民黨在當時的應對能力，真的是差到無與倫比的，顯見一個政黨的日薄西山，「黑箱」其實並不難解說，對「服貿」的說明，也未嘗不能「以理服人」，但放眼當時，國民黨空有一群經濟學者與專家，有哪一個人敢於出面澄清、說明？於是，二〇一四的「太陽花」，就等於為這一個已經麻木昏庸的政黨，敲響了喪鐘。

民進黨在「太陽花」中獲利最大，也因此，他們不敢出爾反爾，認真對待「監督條例」，於是，一躺七年，而兩岸的相關貨貿、服貿協議，也胎死腹中。

柯文哲在二〇一四年，還未踏入政壇，但已經宣布有意參選，民進黨早已將之當作未來台北市長選舉，唯一有機會勝過連勝文的人選，因而頗蓄意栽培，最後以「禮讓」的方式，順利讓柯文哲在十一月選上了台北市長。

柯文哲自詡智商高達一五七，學經歷又如此耀眼，難道會看不出其間的貓膩？他只「反黑箱，不反服貿」的說法，與現在強調應該是到了「重啟服貿」的時候了，豈不是也因七年之間，眼見民進黨倒行逆施後，有了更大的覺悟？在這點上，我反而認為柯文哲才是真正有政治智慧的。

其實，台灣錯過了二〇一四年的「服貿」機會，是相當可惜的，因為服貿協議中大陸「讓利」的跡象十分明顯，台灣是佔了不少便宜的。儘管在十年之後，「重啟服貿」是否仍像十年前般有利，或是應該先談「貨貿」，還有很大的可以討論的空間，但是，柯文哲基本上是認為台灣必須以「談判」來開啟兩岸和平的契機，「重啟服貿」，其實是非常重要的宣示，兩岸之間，該合作的合作，該競爭的競爭，該對抗的對抗，如果不「談判」，何由拿捏其中的分寸？以此看來，柯文哲的「重啟服貿」，不但沒有外界批評的前後顛倒錯亂的問題，反而才是最務實的。

柯文哲的「鯰魚效應」

聽說一個有經驗的老船長發現了一個獨特的秘訣，他以捕撈沙丁魚為業，但沙丁魚的身價，活魚要比冷凍魚高好幾倍，老船長為了讓沙丁魚的鮮活度提高，便將牠的天敵鯰魚置放於沙丁魚群中，沙丁魚為了逃避鯰魚的捕食，就非得拚命閃躲、活動不可，以此，沙丁魚不但肉質可以更甜美，而且存活率更高，就讓老船長賺了不少的錢。

鯰魚是肉食性的淡水魚類，短吻利齒，生性凶猛；但沙丁魚卻是海洋魚類，老船長的奇思妙想，其實是不無可疑之處的；但這種方式，卻被普遍運用於經濟學、管理學中，這就是所謂的「鯰魚效應」：在一群同質性相當高、穩定性相當強的群體中，引入一個足以破壞原有結構的強大因素，將會使此一群體中人產生一種「危機意識」，因而激發出其求生的意志與活力。

台灣政壇，向來藍綠兩黨獨大，雖有政黨輪替，但大抵天下不歸藍，則歸綠，其他黨派形同陪襯，幾乎是無足輕重的。藍綠兩黨各霸地盤，外無對手，進可攻大位，退可作監督，朝三暮四，無論在朝在野，都是獨大。因此，進則攬權納賄、廣布羽翼；退則固守一隅、徐圖後進。看似藍綠惡鬥，其實潛相勾串、朋分利益，再如何因循苟且，基本盤固在，所以不動如山，政壇一潭死水，沙丁魚悠哉游哉、無慮無患。

柯文哲和民眾黨，基本上就像是鯰魚一樣，入得水來，就成為藍、綠兩黨的最大天敵，除非徹底有所更張，重新改造，否則就有被侵吞的危險。儘管沙丁魚群眾多，鯰魚並不具備全部加以吞噬的能力，但是，只需要在藍、綠陣營中略有斬獲，就足以減損不少他們的實力，進而使政壇結構隨之而變化，更遑論如果其發展順遂的話，還可能形成三足鼎立的格局。因此，藍綠兩黨為存活發展起見，勢不得不有所興革因應，而柯文哲也才敢志得意滿地宣稱，他才是整個二〇二四大選最關鍵的因素。原已泥漿凝滯的政壇死水，柯文哲有如一道活泉，魚群竄逐、波瀾時起，未來的一年之內，無論是紛擾或是熱鬧，都是可以預見的了。

老船長的獨到之秘，眾人關注的都只是沙丁魚，卻很少人去思考鯰魚究竟應該具備怎樣的條件，才能夠攪亂一池死水。不過，鯰魚是絕對需要發揮其本能的凶猛習性，才能使沙丁魚群竄逃躲避，這才是重點。柯文哲這條鯰魚，展現出的風格多半是防禦性的、後發性的，未能發揮凶猛的攻擊性。主動出擊，針對各項議題，率先發表其見解，作出強而有力的論述，這恐怕是還可以商榷的。

同時，鯰魚也是需要存活下去的，孤軍奮戰的鯰魚，絕對發揮不了應有的作用，必也號召同類，組成堅強的隊伍，才足以拓展生存空間。招兵買馬的必要，在此就顯豁無遺了。民眾黨目前等如是柯文哲的一人政黨，如何廣納賢良，尤其是具有份量的學界、政界人士，以為臂助，恐怕更是當務之急。無論是合縱，或是連橫，凡是有助於我者，就應廣為吸納。

老船長其實也忘了告訴學者，沙丁魚固然可因此刺激而成生猛海鮮了，那鯰魚最終的下落，又是如何？如果鯰魚存在的意義，只在激活一群死氣沉沉的沙丁魚，任務完成後，就如同過眼雲煙，則亦不過是為人作嫁而已，又何益於己？更別忘了，台灣不過是個小池，外面還更有一片汪汪洋洋的大海，如何發揮更大的能耐，讓魚群，不管是沙丁魚、鯰魚，還是其他什麼種類的魚，都能夠跳離小池，游向更寬廣、更自由的大海，這才是鯰魚最重要的效應。

謠言、柯P、文字獄

「凡走過必留下痕跡」，這是千古不易的名言，尤其是在當今互聯網流行的時代，曾說過的話、曾做過的事，一言一行，只要曾經被記錄下來，都難逃網民的肉搜、挖掘，而且不但是白紙黑字，連具體影片都歷歷在目，無從閃避，更無法辯駁。是以社會人士，只要稍具知名度，就非得謹言慎行不可，而政治人物，尤其是位高權重者、欲角逐上位者，更是動見瞻觀，不說自身的所作所為，就連祖宗十八代的過往，都有可能被蒐羅出來，以特大號的放大鏡加以檢視。

但是，問題也往往出在這裡，人的一言一行，都是有脈絡可循的，言行的情境，在轉述或重述之後，卻會因蒐羅者的刻意造作，去其脈絡、斷章取義，而受到某種程度的扭曲或放大，在有心羅織下，有時竟可能會與事實完全相反，而閱聽者未能細察究竟，就信以為真，寖漸成為人人口耳相傳、顛撲難破的謠言。雖說走過必留痕跡，但是如果掐頭去尾，迷其根由，又豈能說是真相？

俗話說「謠言止於智者」，殊不知，這些謠言其實都是高明，但別有居心的「智者」有心撥弄而成的。中國古代的謠讖，如漢高祖起義時的「赤帝子斬白帝子」、黃巾之亂的「蒼天已死，黃天當立」，乃至梁山泊中的「石碣受天文」，都是不同形式的謠言，而其收效之宏大，竟可以造成朝代的興迭，如不能及早破除，其危害之大，是難以想像的。

台灣的政壇，龍爭虎鬥，各不相讓，空戰尤其吃緊，謠言繁興，防不勝防，雖各有巧妙不同，目的卻非常單純。一在「造神」，利用網路、媒體的渲染，將自家人捧上高天，猶如神般的存在，「賴神」、「陳神」、「林五星」、「蔡一點五博士」，都是這樣塑造成功的；一是「毀人」，將政敵或相關的政策，攻擊到體無完膚的地步，從偽造錄音帶、捏造走路工、播製錄影帶伊始，到「扭曲服貿」、「逼死使節」、「韓草包」、「韓色鬼賭鬼酒鬼」、「餵毒案」，三人成虎、曾參殺人，網軍四出、訛語流傳。這些都是民進黨最拿手的好戲，而且屢試不爽、百戰皆捷。世間智者少，而愚者多，更何況皆是智者精心炮製而成的，有幾人不會受到蠱惑？

過去是靠小道耳語，網路時代則大量利用梗圖。梗圖圖像分明，言簡意賅，指斥明確，本就極易讓人印象深刻，再有人據此梗圖，極力加以渲染，以一傳十，以十傳百，終至氾濫於網路，一發而不可收拾。例證太多，不勝枚舉，就以近日網路流傳的一張梗圖為例，說明其是如何以「斷章取義」的手法變造扭曲的。

「我們台灣，第一流的人才讀醫學院，二流的讀工學院，三流的商學院，讀法和農的，佔第四第五，文學院的差不多第六流的，藝術的就根本無入流了。」

這段話語，相信多數人，尤其文學院和藝術類的人，乍看之下，一定跳腳、破口大罵。何物柯P？竟敢如此藐視學文學、藝術的人？柯文哲向來喜歡誇耀自己一五七的智商，又是台大醫科出身，許多人都覺得他不免自傲自負，甚至有點盛氣凌人。看到這段話的人，第一個直覺的反應，當然是柯文哲完全忽視、輕蔑了人文藝術的價值，是可忍，孰不可忍？因此，梗圖流傳，再加之以蜚語的添油增醋，無形中就將柯文哲「人設」成自傲自大、目空一切的人了。

但是，對柯文哲來說，卻絕對是一樁文字的冤獄，這比宋代蘇東坡的「烏台詩案」，清代「清風不識字」、「異種也稱王」的文字獄還要冤枉。其實，這段話是有其下文的，柯文哲所表述的是「台灣的現狀」，而顯然，這樣的「台灣現狀」，卻正是柯文所深為不滿，想力圖加以挽救的。但是，在被「斷章取義」之下，柯文哲所反對、不滿的，竟迴力到他身上，反而成為他的觀點，這豈非大是冤枉？

「台灣的現狀」，尤其是在升學方面，的確是有柯文哲所指稱的現象的，尤其是讀醫學的，幾乎全是第一流的人才。柯文哲當然也是第一流的人才，但是，他卻曾說過，「讀醫的後果，只會讓聰明人變笨，笨的變更笨」，顯然是對此現象有深刻的感觸，且是相當不以為然的。但是，時潮如此，又能奈何？事實上，許多學子在升大學選擇科系時，的確是充斥著這樣的觀念的，「讀文學院的，通常都是理工不行」，許多家長更屢屢勸戒子弟，「文科出路狹窄，未來很難找工作」，社會觀念豈非正是如此？

社會上的流俗觀點，常是見樹不見林的，其實，文學藝術的功利性太弱，在這個以功利為優先的潮流下，全世界上的國家，文學藝術總是屈居末流的，台灣又何嘗能免於此？但是，柯文哲也感慨道，「世界各國，百年來都以醫學系為第一志願的，只有台灣一個」，醫學系出身的柯文哲，藉這句話深切表達了他的遺憾，而因此遺憾，他發出了「我看台灣不會有莎士比亞的，也不會有米開朗基羅」的感慨，並強調「藝術創作也要很聰明的人才能做得好」，言下之意，無非鼓勵一些優秀的人才，也應該選擇藝術創作這條路。「此中有真意」，但是在掐頭去尾、抽離語境的「斷章取義」下，就完全逆轉，變成了他蔑視文學藝術的「罪證」，卻是百口莫辯了。

社會流俗的觀點，當然是錯的，因為儘管功利主義盛行，卻仍然還是有一些優秀的人才，因其性向、興趣、志業，義無反顧地投入社會上認為最冷門、最沒出息的行列中，為文學、為藝術，承擔起薪火相傳的重責大任，也曾經創締過不少佳績。但是，一個時代的文學盛況，是必須有更多的人願意投入，方是可以期待的，光輝燦爛的唐詩，迄今可考的有兩千八百七十三人，知名詩家，如滿天星斗，熠耀閃亮，蔚為一代之盛，這當然與朝廷的「詩賦取士」是密切相關的。在上位的人，如果極力推揚，則一代文風，將有可期待，此正所謂「風俗之厚薄，繫乎一二人心之所嚮」的道理。柯文哲既然有一五七的智商，又豈會觀察不到這點，而如此的感慨，又豈不是柯文哲已經觀察到了癥結之所在，有心力挽狂瀾？如今政壇，嘈嘈嚷嚷，所論無非是經濟、外交、國防，又有幾人會注意到關乎百年大計的教育、文化之事？柯文哲能有先發之見，其實反而是彌足珍貴的，當然也更值得期待。豈料在斷章取義下，面目全非，謠諑之可怕，由此可見一斑。

「我本將心託明月」，從柯文哲的語言脈絡中，其實真正想表達的是「期望有更多的第一

柯文哲獻唱出奇兵

柯文哲開「募款演唱會」，票價八千八百元，直追一些紅牌大歌星，據聞門票皆已售罄，更有不少人向隅，這是台灣選舉史上的一記「奇兵」，大大打破了傳統的戰法。

柯文哲的歌喉如何？其實是未必重要的，但從他出身於「五育並進」，對音樂一門格外重視的新竹中學來說，儘管未必能說有歌唱的才華，但大概也還不至於嘔啞嘲哳到「難為聽」的地步。這「演唱會」能一舉就引發眾多民眾的正向反應，且佔有極廣大的報導聲量，甚至還有許多人紛紛建議他可邀請韓國瑜、王世堅、高嘉瑜等他黨人士共襄盛舉，完全超越了傳統「募款餐會」的格局，不得不說這是相當高明的策略。

時代不同，情境各異，選戰的打法，也各趨多元，誰能「出奇」，往往就足以「制勝」，這正如《孫子兵法》所說，「凡戰者，以正合，用奇勝」，「演唱會」無疑就是一記「奇兵」。

或許很多人會認為，柯文哲此舉意在吸引年輕人，畢竟，當代的年輕人的確是比老一輩更熱衷於參加各種演唱會的。但是，一來柯文哲雖是政治紅人，卻非樂界明星，二來票價高達八千八百元，恐怕也不是一般年輕人能負擔得起的；因此，我們大抵可以判斷出，屆時到場的聽眾，還是會以中產階級者為多，柯文哲獻唱，也不會唱太時潮的歌曲，〈愛拚才會贏〉、〈憨人〉、〈堅持〉到〈囚鳥〉、〈勇氣〉，都是可以選擇的。一個如政治「囚鳥」的「憨人」，「堅持」「勇氣」，以「愛拚才會贏」的精神，打這場選戰，其實也是「奇而不失其正」的，畢竟，這還是政治意味極濃的「募款演唱會」。

其實，年輕人雖未必買得起門票，透過媒體的轉播、廣傳，還是可以聽得到柯文哲的「獻唱」，但柯文哲不止是「獻唱」而已，透過這個奇與正相生的演唱會，他等於向年輕人「交心」，既展現了柯文哲關注年輕人喜好的用心，與年輕人站在同一陣線上，而且也透過這靈活多變的機智，讓年輕人心中對柯文哲留下了深刻的印象。

政治攻防，往往有若奕棋，你有你的張良計，我有我的過牆梯，柯文哲先行布出奇兵，他人如果再加以模仿，不但會落於下乘，更會受人嗤笑。但是，柯文哲一條大龍已經布好陣勢了，敵手也必須有所因應，我更好奇的是，侯友宜、賴清德會用什麼方法加以突破？

二〇二四選戰，是一局「嘔血譜」，奕棋者絞盡腦汁、嘔心瀝血，無非都想破局獲勝，但究竟會鹿死誰手？目前還不足以論定，但柯文哲展現出他與時俱進、隨時而變化的強大韌性與彈性，卻明顯是木訥質樸的侯友宜、一表正經的賴清德所欠缺的，這倒是實情。柯文哲上台獻唱，以他的個性來說，還算是相當自然的，但是，你們如果看到侯友宜、賴清德也在台上蹦蹦跳跳、載歌載舞，會不會反胃呢？

細數政壇人物，大概唯有韓國瑜能與柯文哲一較高下了。有趣的是，一個已有五萬人參與的網路民調顯示，如果柯文哲想邀請人同台演唱，盼望韓國瑜出場登台的，居然佔百分之三十四，高於眾人，其所代表的意義，其實是很值得深思的。但是，韓國瑜已表明自己不會「夜襲」了，這兩位曾經惺惺相惜的戰將，有沒有可能同台演唱？同台的話，又會激起怎麼樣的發酵變化？真的就非常耐人尋味了。

民眾黨的二〇二四

二〇二二地方選舉揭曉，民進黨大敗虧輸，只剩二都三縣，但縣市議員席次頗有增長，基本盤還算穩固；國民黨頗有斬獲，贏回北基桃，但失去苗栗、澎湖與金門，以小換大，允為合算，但縣市議員席次不增反減，亦未為得計，只能算是小勝。民眾黨黃珊珊在藍綠夾殺下，飲恨台北，但高虹安插旗新竹，一戰成功，算是扯平。唯初次投入地方縣市議員選舉，推派八十六位，拔下十四席，約一成六的當選率，也算小有成果。

二〇二二是二〇二四總統大選的「前哨戰」，而實際操掌國會大權的立委席次，更是重中之重。因此，二〇二二選戰揭曉之日，即是二〇二四大選戰事的起點。國、民兩黨，或是欲趁勝追擊，洗刷羞恥；或是懲其過失，嚴防覆轍，皆早已磨拳擦掌，開始秣馬厲兵、嚴陣以待了。

民眾黨的抉擇

民眾黨因高虹安於新竹紮下營寨，且全台縣市議員亦有十四席之多，故柯文哲頗具信心，認為民眾黨已建立起「灘頭堡」，未來以此為基礎，奮力而進，當可以確立台灣三黨鼎足而立的政黨政治。二〇二四對民眾黨來說，其實是具有「危急存亡」的關鍵意義的，自然不可能掉以輕心，而柯文哲想來也絕對不會缺席。

在此，民眾黨就面臨一個必須作審慎考量的決定，到底是要以角逐總統大位為優先，還是穩固奠定民眾黨未來發展的基礎為首務。如果能兩全其美，這對民眾黨來說，自然是求之而不得的。但事實卻是，魚與熊掌，不能兼得，應該採取怎樣的戰略，才能獲得最大的利益，就成了民眾黨最重要的課題了。

從選前的政黨民調顯示，民眾對各政黨的好感度，儘管是民進黨一黨獨大，遙遙領先外，民眾黨是位居第二的，較諸國民黨為優，這是對民眾黨相當有利的。但是，好感度往往摻和了許多「期望值」，未必能真實反應在選票上。民進黨的崛起，是近三十年間的事，在此期間，儘管有起有落，中間為馬英九阻斷了八年，但陳水扁、蔡英文兩任，已相當穩固地擁有難以撼動的基本盤，尤其是他們透過教育的方式，已成功地強化了「台灣意識」，使其擁有如鐵板般的死忠者，且為數最為龐大。國民黨是百年老黨，儘管風評不佳，但基層實力還是相當雄厚的，尤其他們以「中華民國」的捍衛者自居，還是有部分鐵桿的支持者，不容小覷。

民眾黨的崛起，主要是因為老百姓痛厭了藍、綠兩黨無休無止的惡鬥，亟思能有屬於較「中道」的政黨，來終結此一惡性循環，故在柯文哲異軍突起下，被寄與厚望，這也是民眾黨最大的利基。但是，畢竟資歷仍淺，缺乏穩固的基本盤，雖「期望值」較高，卻缺乏堅厚的實力，平心而論，不必說民進黨，相較於國民黨，還是有相當大差距的。

二〇二二的市長選舉，就可窺出其端倪。黃珊珊雖未掛上民眾黨旗幟出馬，但無疑就是代表民眾黨出征的。黃珊珊個人的資歷豐富、行政經驗亦具足，本是相當具有個人實力的，再加上有柯文哲的鼎力之助，理應具有問鼎的機會，但選舉的結果，儘管也拿下了百分之廿五的選票，但仍不敵蔣萬安的百分之四十二、陳時中的百分之三十二，其原因何在？其實正在於缺乏堅實的基本盤。此次選舉，由於民進黨本身施政的不得人心，以及陳時中的顧人怨，居民深恐陳時中當選，不但泛藍群眾歸隊，想來也有些中間選民選邊而站，因此才能拔得頭籌；而綠色選民，儘管部分因對陳時中的失望，裹足不前，但基本上泛綠也大多歸隊，因此猶有百分之三十二的選票。黃珊珊除了個人魅力外，其實仰賴的還是柯文哲的餘蔭，即便加上中間選民，還是遠遠無法與藍、綠兩黨相抗衡。基本盤不足，在藍、綠選民各為其主的歸隊之下，當然是無法突圍的了。

民眾黨的定位

平心而論，民眾黨自身的定位是曖昧不明的，可以說是「一人政黨」，純粹仰仗著柯文哲的魅力，但柯文哲的魅力，顯然並沒有傳遞到黃珊珊身上。其實柯文哲的「魅力」，說句不客氣的話，也是「精心設計」出來的。二〇一四年的台北市長選舉，民進黨是自知推不出優秀人選與國民黨相抗衡的，而柯文哲此時已漸有知名度，柯P之名，家喻戶曉。因此，民進黨早就打算以「禮讓」的方式，暗中支持柯文哲，防止國民黨再度執政，這在早先幾個月的各大媒體都一窩蜂報導柯文哲新聞的現象中可以看出。最可怪異的是，柯文哲的一位學生因車禍而亡，媒體報導的焦點，居然不是這位優秀的醫師，而是柯文哲。

柯文哲當初祭出的招牌，是「在野大聯盟」，但眾所周知，此一「野」字，其實就是民進黨，連柯文哲都不諱言，他自己是「墨綠」的。換句話說，柯文哲其實是民進黨從民間「借將」，用以與國民黨相抗衡的，仍屬於藍綠之爭。

柯文哲借力使力，登上了台北市長寶座，且於第二任擊敗了國民黨的丁守中，以及為了民進黨面子不得不將就推出的姚文智。姚文智雖是代表民進黨出馬，但其實民進黨多數人還是害怕讓國民黨贏回台北市長寶座，因此有非常明顯的「棄保」效應，最終姚文智以破天荒的百分之十七點二八的低得票率，黯然退出政壇，而柯文哲僅以三千多票之差，險勝丁守中。

但是，柯文哲畢竟不是池中之龍，絕不願意如時力、基進般甘作民進黨的側翼，遂與民進黨漸行漸遠，屢屢針對民進黨發表異議，因此被民進黨視為眼中釘，網軍的攻擊，無日無之。於是，柯文哲在忍無可忍之下，遂決意與民進黨正式分道揚鑣，二〇一九年，組建了民眾黨，並推派人選，參與二〇二〇年的不分區立法委員選舉，頗有斬獲，政黨票奪得百分之十一，獲取五席，正式成為第三大政黨。

民眾黨如何擴充勢力

民眾黨是個柔性政黨，用人唯才，但因草創未久，基本上都是以「借將」方式充填實力，而各黨派兼收並用，甚至允許「雙重黨籍」。這固然頗有廓然大公的氣度，卻也隱伏了民眾黨發展的隱憂，尚未培植出自己的班底，這些人都是因與柯文哲交好，或是慕其名而來投效的，是否未來會不會因政治情勢的變化而歸其本隊，甚至反過來緊咬民眾黨，是不無疑慮的。

國內的政治人才，不諱言地，具有一定實力的，大抵都分別歸附國、民兩黨旗下，豈肯輕易移轉陣地？此所以在二〇二〇年區域立委選舉中，儘管也推派了人選，但全軍盡沒，且票數都相當低，根本無法與藍、綠兩黨抗衡。

柯文哲絕對是具有個人魅力的，但其魅力的根源，在於其擔任台北市長，而自卸下重擔後，已無局處首長可以分潤，如何延續其魅力而不墜，就是最嚴峻的挑戰。台灣政黨，原亦不乏以個人聲望及魅力組織過頗具實力政黨的顯例，如李登輝扶持的台聯黨、宋楚瑜領導的親民黨，以及在太陽花時崛起的黃國昌的時代力量，但都不過短短數年，人亡政息，遂無以為繼。二〇二二年的縣市議員選舉，民眾黨共獲十四席，雖則遠勝其他小黨，可相較於國民黨的三六七席、民進黨的二七七席，簡直連尾數都比不上。雖說「灘頭堡」已建立，但是卻更須戰戰兢兢，前車可鑑，即以時代力量而言，上一屆還有十六席，自黃國昌出走後，急遽滑落到只剩四席。柯文哲回歸醫師本業後，會不會也重蹈此一覆轍？這是必須嚴加防範的。相對來說，無黨籍居然有二二七席，未來民眾黨欲擴張影響力，似乎應該在這些具有地方實力的無黨籍議員中精挑細選，援引入黨。

換句話說，民眾黨目前所迫切需要的，就是建立自己的班底，類似「國家治理學院」的人才養成機構，務必於選後加強實施；同時，必須拒絕雙重黨籍者的參與，才能厚植實力。

欲構築堅厚有力的班底，民眾黨必須重新檢討黨綱及發展宗旨，目前所提出的種種信念和原則，都是身為一個政治人物最基本的守則，並未凸顯出民眾黨在「推倒藍綠高牆」的信念下，如何別異於國、民兩黨。其中兩岸政策，尤其最為攸關，光是提出「遵從中華民國的憲政體制」一語，恐怕是無法說服民眾的。建議民眾黨可以用「兩岸和平、經濟發展、鞏固民生」之類的口號，展現出民眾黨的特色。

在野大聯盟

為了維繫柯文哲的魅力及影響力，投入二〇二四總統大選，乃為必然的舉措，因為也唯有參選，才能帶動立委選舉的氣勢。但是，總統大選與立委席次，正如魚與熊掌，是不可能兼得的。

目前二〇二四的趨勢，民進黨之推派賴清德，應是沒有疑議的，以民進黨的黨性，即便有人想出馬挑戰，也必然不可能分裂，還是會拱出賴清德的。國民黨的情況比較複雜，太陽眾多，最後會推派出哪一個人選，目前還在未定之天，但相信有了二〇二〇年的慘痛教訓，相信應該不會再自亂陣腳。

柯文哲欲出馬角逐總統大位，宜以副總統為首要目標，總統之位，恐怕先得忍痛割捨，以觀後變。如果形成「三腳督」的局面，恐怕最終就是便宜了民進黨，再讓其霸道八年，而陷台灣於兵凶戰危的苦境。目前國、民兩黨的勢態，仍以民進黨較強，甚至結合國民黨與民眾黨的力量，也未必饒有勝算。因此，民眾黨就具有了「左投則左勝，右投則右勝」的關鍵地位。如果柯文哲自成一軍，即便援引郭台銘，姑不論誰正誰副，都必會有所齟齬，而一旦形成「三腳督」，柯文哲是必敗無疑。

柯文哲前此已倡議過「在野大聯盟」，此際正是派得上用場的時候，柯文哲不妨以屈居副總統的方式，換取與國民黨立委席次的相互合作，在綠色勢力堅強的地區，協商出適合的人選，以爭取到區域立委，而政黨票仍在，相信亦可以分得較目前更多的不分區。這可能會委屈了柯文哲，卻是最符合民眾黨未來發展的路徑。目前「下架民進黨」的呼聲越來越強烈，這也是最符合全民期望的抉擇。

這不僅僅是「藍白合」，而是「在野黨」勢力的結合，未來如能成功，則兩黨共治的政府，也得以實現，民眾黨也可以取得較有利的發展空間。其實，在二〇二二年的選舉中，民眾黨在基隆市決定不派出人選，使得國民黨的謝國樑得以擊敗來勢洶洶的蔡適應，就是非常明智的決定。新竹市高虹安的選情，更足以證明這點。高虹安空降新竹，雖有民眾黨及郭台銘的加持，但顯然還是不足以跟民進黨的沈慧虹相抗衡，民進黨以柯建銘為首，極盡其抹黑之能事，使得高虹安岌岌可危，如果不是國民黨暗中放水，將林耕仁的選票大量「棄保」，高虹安是絕不可能勝選的，以此可見「藍白合」的確是有實力對抗民進黨的。

新竹市是民眾黨唯一可以大展鴻圖的城市，高虹安務必得做出一番成績才行。高虹安不妨仿效柯文哲用人唯才的方法，廣泛徵詢各黨派的人才，卻千萬不能再用舊朝或是民進黨的人馬，前此韓國瑜的副市長、台北市的某局長，都等如是臥底的內奸，反而成了養虎貽患。

在選前，柯建銘極力攻擊高虹安，抵死不肯讓新竹易手，其中必然有弊案存在，高虹安不但要警惕民進黨在高雄罷免韓國瑜的故技，更要仿效柯文哲治理台北市的方式，先查弊案，將前朝諸多為民眾所詬病的弊案，一一徹查清楚，既展現其施政魄力，更等如還市民一個公道。事實上，「除弊」與「興利」是完全不相妨礙的，而「興利」成效需一段時日後才能展現出來，而「除弊」，則可以劍及履及、立竿見影，更是為所當為的要務。

二〇二四，可以說是民眾黨發展的契機，掌握到此一契機，民眾黨的未來發展，自應是可以期待的。

第三種選擇

台灣的政治氛圍，隨著總統、立委大選的迫近，波詭雲譎的現象是越來越明顯了。民進黨獨霸政壇的囂張氣燄，在其窳敗的施政下，儘管為多數民眾所痛厭，已漸有滑落的跡象，但盤根錯節的羽翼，密布全台，還是擁有其可觀的實力；國民黨屈居第二大黨，但顯然並未謹記當年痛失政權的教訓，黨內依舊山頭各立，明爭暗鬥，無休無已，僅僅只能苟延殘喘，算是屍居餘氣。民眾既是痛恨民進黨，恨不得將其下架；卻又苦於國民黨的不爭氣，難免心灰意冷。兩黨雖云「惡鬥」，但勝負之勢明顯，國民黨簡直就等於公雞利喙之下的草螟仔，再怎麼跳踉掙扎，也只有被玩弄於股掌中的份。看膩、看厭了這齣拖棚歹戲的民眾，除了藍、綠兩黨之外，到底還有沒有第三種選擇？

民眾黨有條件成為「第三種選擇」

台灣的政黨，其實也並非如現在一般「天下不歸藍，則歸綠」的，其間新黨、台聯黨、親民黨，都曾經有過短暫但輝煌的歲月，唯暴雨暴風，不可能終朝終日，因此很快就被時代的浪濤淘盡，幾乎快銷聲匿跡了。現今台灣雖仍不乏林立的小黨，但無足輕重者為多，唯一可以說是異軍突起，且目前看來穩步成長的，恐怕非由柯文哲領軍的民眾黨莫屬了。民眾黨可不可能如他當初所標榜的「突破藍綠的高牆」，帶給台灣人民「第三種選擇」的路？

台灣的政黨，目前雖說是藍與綠壁壘分明，但是，仔細析分，其實不是國民黨的嫡系，就是他的分支。民進黨在台灣的興起，原是由一群反對國民黨的「黨外」的人士，團結一致所建立的，創黨元老在意的是台灣政治發展的民主與自由，其後由美麗島辯護律師取而代之，而為李登輝所暗中扶持，因而成長坐大，而台獨勢力逐漸滲透，創黨元老紛紛脫離，而由李登輝一手栽培的蔡英文主政，其中許多要角，其實都是原先國民黨的人馬，雖說立場有別於國民黨，但可以說是系出同門，只是掛上不同的招牌，將政黨作為奪權、攬財的工具而已，自此民進黨與國民黨分道揚鑣。

其實台灣的藍、綠之爭，頗類於當初國民黨與共產黨之爭，無論是初起時的「以鄉村包圍城市」，或是掌權後對國民黨的無盡追殺，民進黨從共產黨學來的那一套，十足讓國民黨吃盡了苦頭。唯一的不同是，民進黨承繼了國民黨「反共」的政策，而在台灣意識的鼓吹下，甚至比原先的國民黨還激烈。國民黨是有點孤臣孽子心態的，但在兩次大挫敗後，卻不能痛定思痛，團結一致，其景況正有如南明朝政一樣，外有清兵的大軍壓境、侵奪江山，可南方小朝廷，福王、唐王、魯王、桂王，數王相爭，兵戎互見，縱有史可法、張煌言、鄭成功等有識之士，勉圖振作，還是有力難迴天之嘆。

這是一個大欺小、強壓弱的格局，一般人既痛恨民進黨的專制霸道，又歸怨於國民黨的分崩離析，徬徨猶疑，計無所出，終是渴盼著能有新興勢力的崛起，得以終結此一亂象。

如果用「如大旱之望雲霓」來形容對藍、綠兩黨都深為不滿的群眾，可以說是再貼切也不過的了。望雲霓佈雨而解旱渴，雖僅僅是一小片油然的水雲，也是足以期待的，卻無奈有時偏偏就是密雲而不雨，或是細雨陣雨，既小又急，不能副其所望，過去曾一度震驚人耳目的新黨、台聯黨、親民黨，豈非都是如此？

前此的幾個暴起暴落的政黨，其之所以未能讓民眾作出「第三種選擇」，原因非常簡單，因為基本上都可以視為藍、綠兩黨的分支，新黨、親民黨，原就是從國民黨中分裂出來的，而台聯黨則無異於民進黨的側翼，因此最終還是被消納或回歸了。

「白色力量」的重要性

民眾黨的情況，似稍有不同。首先，民眾黨的主導者柯文哲，原先屬於「墨綠」，甚至可以說是由民進黨以「禮讓」方式，一舉扶植起來的，但上任未久，就與民進黨漸行漸遠，一方面是柯文哲相當自負，自己也對政治有其理想的規劃，雅不願成為民進黨的「傀儡」；一方面也因他在後來越來越發現到民進黨的「惡」，套句他自己的話，「比國民黨還糟糕」，以此，不但逐漸擺脫民進黨的牢籠，更寖漸成為民進黨的眼中釘、肉中刺，對他的攻擊，既強而猛，且幾乎是無日無休的。而由於柯文哲個人獨特的魅力，他的成員，也來路多端，藍、綠兼收，台北市政府的小內閣，就頗似「聯合政府」的雛形。儘管柯文哲八年的台北市政建設，評價不一，但也因其廓然無私的態度，贏得了政治光譜上淺藍、淺綠及更多中間選民的信賴，這也是他藉以成立民眾黨，並在藍、綠光譜之外，別出一格，以「白色力量」作號召，而得以與民進黨、國民黨鼎足而三的最大原因。

「白色」的寓意，是相當深遠的，從字義上說，代表著純潔、清白、光明與希望，柯文哲沒有太多藍、綠政黨的包袱，從政八年，清清白白，也沒有若何可議的把柄，這正是許多藍、綠的政治人物所缺乏的特點。從色彩學的角度來說，白色本來就是被定義成「能包含所有光譜中顏色」的一種基本顏色，也正與柯文哲藍、綠兼收，唯才是用，廣開方便門，大展包容量的作風吻合。再從光學的角度來說，彩虹的七種顏色，如果混淆在一塊，就成了黑色；但如果是光線，則就是充滿光明與希望的「白色」，對諍於目前政壇泛濫的「黑金」，更是對症的良藥。這對痛厭了民進黨與國民黨的選民來說，自然也就成了「唯一不二」的「第三種選擇」。

當然，這只是從目前台灣的政局上說的，民眾黨能不能獲得選民青睞，以及能不能真正成為「第三勢力」，仍有待於二〇二四這一關的考驗，考驗過了，民眾黨基本上就真的可以屹立不搖，從而改變了台灣的政治生態，實踐柯文哲「聯合政府」的理想；但如果考驗無法通過，則民眾黨恐怕將不免也泡沫化，或是最多成為無足輕重的小黨。因此，二〇二四可以說是民眾黨「生死存亡」的關鍵，柯文哲恐怕也必須覺悟，應當採取怎樣的選舉策略，才能通過這一關的嚴峻考驗。

4 郭台銘

郭台銘加入戰局的意義

郭台銘「終於」按捺不住，宣告將參加國民黨內總統候選人的徵召初選了。郭台銘自前幾年宣告退出國民黨後，已經不是國民黨人了，能否參加國民黨的黨內初選，儘管有朱立倫和連勝文背書，是否合於黨章，恐怕是不無疑問的。但是，這是國民黨內的家務事，他們自有一套說詞，我輩外人，就是質疑，也是無濟於事的。

郭台銘的宣示，主要有三點，一是強調不能再讓民進黨執政，這是許多非綠選民的共同心聲，自然是立論鏗鏘的；二是對他過去「負氣」出走，且惡言批判國民黨為「迂腐政黨」，公開鞠躬道歉，這也不能不說是「知錯能改」；三是強調如果初選未能過關，一定全心全力支持出線的人（侯友宜），這點非常重要，因為當年就是他不甘心失敗，因此憤而撒賴使潑，遂使得韓國瑜大敗虧輸，企業人誠信第一，自然也是合宜的。

國民黨目前的局勢，是顯然落後於民進黨的，郭台銘此時的表態，對大局的影響猶未可知，但肯定會在國民黨內、非綠選民中掀起大風大浪，這是可預想而知的。二〇二〇的大敗，其實有個非常關鍵的時間點，那就是韓國瑜訪美之行。此時的郭台銘，雖已開始有所布局，但始終未作鮮明的表態；而韓國瑜挾持著高雄市長勝選的餘威，在訪美過程中造成轟動，遂使其飄飄然忘其所以，回台後就力排眾議，徑直宣布參選。平心而論，如果郭台銘早幾日宣布參選決心，就未必會出現兩雄相爭的尷尬局面。如今的局勢，竟然有點類似於二〇二〇年，眾望所歸的侯友宜，一直盤旋在「侯侯做代誌」的宣言中，從沒有正式的表態，這使得許多支持者眼見賴清德聲勢扶搖直上，從憂心憂得，逆轉為離心離德，擁侯聲勢，減弱不少。而郭台銘此次「先下手為強」，率先表態，竟又是重蹈了二〇二〇年的覆轍，接下來的紛爭，恐怕是未必會比二〇二〇年失色的，國民黨是否來得及化解？

國民黨的徵召，想來決勝者就在郭、侯兩位之間，其他如張亞中等人，最多只是備員而已，但兩人鹿死誰手，恐怕還很難斷定。平心而論，郭台銘的「道歉」，是頗嫌其姍姍來遲的，而且，他所道歉的對象，除了國民黨、選民之外，似乎更應對韓國瑜鄭重而發，並尋求體諒及認可。韓國瑜應該是不至於再度出馬了，但是，其影響力之大，仍是不容小覷的，至今猶有不少鐵桿韓粉是「非韓不投」的。韓國瑜如果能出面公開認可郭台銘，郭台銘的初選才有勝算，而一旦勝出，也才有團結的可能。

對財務已然山窮水盡的國民黨來說，撇開郭台銘自身的爭議，如其至今仍為政治素人、未有國民黨籍，以及當年韓國瑜之爭的陰影等，國民黨的最大考量，恐怕還是基於以下幾點：

首先，郭台銘直截的宣示要「下架民進黨」，這是完全符合非綠陣營的理想的。其次，以郭台銘雄厚的財力來說，無論未來他能不能代表國民黨出線，都會對總統大選、立委選舉的龐大經費有所掣注，也極可能帶動許多郭粉的加入，也是有助於非綠陣營的團結的。

更為有一線生機的是，由於郭台銘與柯文哲的交情與默契，如果是郭台銘出線，則「藍白合」的機會應可水到渠成；而即便是侯友宜眾望所歸，郭台銘也應該可以履行諾言，以「藍白合」的方向，助成侯友宜的總統之路。

儘管如此，這幾點考量，雖可略有助於國民黨的二〇二四，但郭台銘當初做得太狠、太絕，整個「霸道總裁」的風格，完全凸顯無遺，而且得罪的人既多又廣，「民主」二字，對他來說，恐怕也未必就如他所宣示的一般，尤其是他是否會履行信諾，以他的行事風格來說，如果僅僅是虛晃一招，那國民黨的下場，就將比「賠了夫人又折兵」更淒慘了。

有關這點，未來國民黨的後續處理將會如何，恐怕就是最重要的關鍵了。侯與郭，究竟誰將勝出，不但考驗著國民黨高層的智慧，也考驗著非綠選民的智慧。

郭台銘可以做得更多、更偉大

「龍困淺灘，英雄不遇」，應該是目前郭台銘最深切的感受了。這四年來，滿懷的雄心壯志，頻遭困頓，先是韓國瑜，後又是侯友宜，論實力、論財力、論能力，郭台銘其實何嘗會遜色於他們？風雲際會之期，龍蛇起陸，誰能為龍，孰者為蛇，往往繫乎「時機」二字，「時乎時，不再來」，錯過了這個「時機」，就是耗費再多的人力、投注再多的財力，恐怕也是難以挽回的。

如果當年郭台銘能「及早」宣布參選，如果在捐贈疫苗之際，就明白表態，再繼之以積極的努力，整個情勢恐怕就將會有所改觀了。可惜的是，郭台銘顧慮太多，不能當機立斷，平白錯失了這個能登高而呼、四方響應的良機。秦末楚漢相爭，韓信是左右勝局的關鍵，但是，雖有武涉、蒯通等謀士，勸他掌握住「左投則左勝，右投則右勝」的時機，但韓信遷延遲疑，終是不肯下決斷，直到劉邦漢業既成，反被兔死狗烹，慘死於長樂鐘室。郭台銘的處境，與韓信何等相像！

郭台銘在企業經營上的赫赫成果，是為台灣人所津津樂道的，台灣政壇，其實正稀缺的就是像郭台銘這般有遠見、有效率、有魄力的人；再加上在民進黨刻意阻擋疫苗，老百姓焦心惶惑之際，郭台銘捐贈疫苗的倡議，不啻如大旱中的雲霓，滋潤、存活、慰撫了多少人心。既有其能，兼之以有德，郭台銘豈不正可名正言順地率領全台民眾，推翻貪腐污穢，且將陷台灣於兵凶戰危險境的民進黨？

「時機」二字，與時也、運也，命也相關，人力微弱，真的很難與此相抗衡、相違逆。此所以虬髯客儘管雄才大略，費心經營三十年之久，但一見李世民，就知道大勢已去，「此世界非公世界」，他終究是與帝王無緣的了。郭台銘既錯過時機，距離總統大位，為台灣掌舵的機會，也是越來越遠了。唐末的虬髯客，當機立斷，索性將一切的貲財、一切的準備，全部無償捐贈給李靖，輔佐李世民登上大位。此非但其氣度與胸襟，非常人之所能及，更顯得英雄本色，雖是小說家之言，卻傳為後世美談。李靖雖為唐初凌煙閣功臣之一，但無論眼界、氣勢、能力，皆明顯遜色於虬髯客，「衛公兵法，皆虬髯客所授也」，侯友宜（或是其他人）可能是略遜郭台銘一籌，但如有郭台銘之助，必將如虎添飛翼，將足以頓改局勢。大業之成，初不必為己，為國為民，才是俠之大者，英雄所當做當為。

郭台銘如今還是擁有許多追隨者，這是股不容小覷的實力，但他的關鍵性，並非爭奪大位，而在左投或右投。如今郭台銘身邊有許多人依舊其心不死，慫恿者有之、鼓吹者有之，莫不是想藉此激烈的競爭，為一己謀求私利。郭台銘富厚的身家，誰不冀望能於其間掙撈得些許好處？郭台銘應當記取「城北徐公」的警示，其妻、其妾、其友之所以對其阿諛奉承，無非是私他、畏他、有求於他的呀！

高明的企業家從事任何投資，都必須精打細算，除了計本求利外，更得以商譽為優先考量，這點，相信郭台銘已是優為之的了，方才有如今的事業成就。遇到時不可恃的低潮時期，孤注一擲，反不若改換思路。總統大位，以現今的形勢評估，郭台銘成功的機率是相當低的，世間事，有時是有捨才會有得的，捨下競逐總統大位的念頭，以郭台銘的實力，不但是大有可為，而且肯定會做得更好。

假如郭台銘必欲從政，行政院長的位置，相信如果他有意為之，大概絕對是不作第二人想的。即或不然，以郭台銘豐厚的財力、精準的眼光、愛國的熱忱，在如今百廢亟待重新、社會方待重整的窘境下，可以做的事情實在是太多太多了。郭台銘曾發願提振台灣的電影事業，功未竟成，這也不失為一條明路，其他如創立一個公正客觀的媒體，廓清目前沆瀣一氣、沉淪莫返的新聞事業，或者成立一所能與歐美並駕齊驅的私立大學，以掃蕩目前奄奄一息的大學教育，對郭台銘來說，其所得絕對比所失來得多。郭台銘對台灣的熱愛，是無庸置疑的，只要郭台銘願意，這些途徑，不僅大大對台灣有利，而且對郭台銘的聲譽，更無疑是可以搏得身前身後萬世之名的。

郭台銘或許可以效法范蠡，既可以輔佐越王勾踐，扶危存亡，再造越國，也可以泛舟五湖，通商利貨，有益於民生經濟，而且創文化、新媒體、設學校，較諸范蠡，有更廣大的發揮空間，又何須斤斤一念於總統之位呢？

這世界還有比當總統更有意義的事

郭台銘以異軍突起之姿，抱持著崇高的理想，以及絕大的信心與毅力，參與國民黨的總統初選，儘管飲恨敗北，卻也不失為一個政治素人參政的典範，可以說是雖敗猶榮，尤其是他在敗選後臉書中始終強調「熱愛中華民國」，更是令人十分動容。

長久以來，在民進黨蓄意污蔑、漠視，甚至如操偶師般撥弄「中華民國」這四個字之下，郭台銘是最早以國旗為念，繡刺在帽首的一個先驅者，應該也是再也無法忍受他所鍾愛的國家橫遭如此羞辱、蹂躪，因此才決心以世界著名企業家之尊貴身分，毅然決然地投入區區一個中華民國的總統競逐行列，放下身家，捨棄名位，欲將畢生經營企業的成果與績效，為中華民國的重建、改造，略盡一番心力，「知我者謂我心憂，不知者謂我何求」，這非有大智大勇，是絕對辦不到的事。

可惜的是，在擁護者翹首期盼之下，由於對政治的隔膜，還是無法圓其宿夢。我始終認為，郭台銘此役的失利，是非戰之罪，楚霸王喑惡叱吒，空有萬人敵的威勢，但政治的波詭雲譎，豈是他這樣一個率真任性的人所能料想得到的？蘇東坡曾論項羽之敗，敗在有一范增而不能用，平心而論，傳說中趙唐董鄭之流的幕僚團，如有一范增之明與智，恐怕也不會在選戰的過程中如此荒腔走板。不過，蘇東坡其實也忽略了一點，就是時機問題，如果郭台銘能在韓國瑜未訪美之前，就直接表態，恐怕局勢的發展，就可能迥然不同了。

雖然說，敗軍之將，未可言勇，但郭台銘也應該牢牢記住，江東子弟還有八千，以他擁有的雄厚資財、舉足輕重的地位，以及深固的憂國愛民之心，也還是大有可為的。英雄一世的虬髯客，在深知無法與李世民抗衡後，毅然將準備了三十年的雄富資產，全數轉贈給輔佐李世民的李靖，雖退出中原戰局，卻能在海外扶餘，重建事功，後世引為美談。楚霸王、虬髯客，都是豪俠類的人物，郭台銘亦不失有豪俠風格，仗義捐輸，誰人能比？當總統，固然可以一酬壯志，但這世界還有比當總統更有意義的事，郭台銘或許可以轉移陣地，江東八千子弟，絕對足以為郭台銘創建出一個「海外扶餘」。

明眼人都非常清楚，台灣目前的發展已著實碰到了瓶頸，尤其是在民進黨當家的時日，連中華民國的存在，都顯得岌岌可危了。窺其原由，乃因民進黨幾乎完全掌控住多數的媒體，再荒謬的施政、再腐敗的官員，都可以藉附庸的媒體蓄意加以掩蓋或美化。高雄市如果沒有開挖出積澱三十年之久的下水道，恐怕多數的人還是會為陳菊等前朝粉飾的假象所惑；而這次選戰，顯然也與綠營網軍之灌票不無關聯，而綠媒竟還能理直氣壯、大肆宣揚。郭台銘的確是在媒體上著著實實地吃了媒體的大虧，這不僅是郭台銘所痛斥的紅媒，綠媒無孔不入的分化、挑撥，更是罪魁禍首。

台灣媒體的亂象，記者、主編、名嘴的墮落，早已是台灣最大的亂源。郭台銘既然深受其害，怎能夠不設法加以正本清源呢？郭台銘擁有足夠的能力，建構一個真的公正客觀的新媒體，秉持著他一貫有話直說，追求公理、公道的信念，想來也是絕對可以在當前淆亂的媒體中，獨樹一幟，引導全中華民國的國民，步上理性、公道的正途。總統兩任，最多不過八年，而真正具有聲譽的媒體，則是可長可久可大，也許，這就是郭台銘的海外扶餘之所在，而沾溉於台灣子民之處，更將是居功厥偉。

再者，自民進黨上台之後，極力以去中國化為要務，有意斷絕台灣自中國傳來的文化傳統，而尤其透過教育的洗腦，斲喪了台灣幾百年來優秀的中華文化傳統。郭台銘是深愛中華傳統文化的，教育可以百年樹人，台灣目前夸夸其辭的以世界大學排名為傲，但左看右算，皆無一能與外國的名校比肩而論。郭台銘如果願意投身於此，也自有其能耐創建一所與美國哈佛、普林斯頓、史丹福，乃至英國劍橋大學等量齊觀的大學，吸攬優秀人才，造福全台灣的學子。這何嘗不是另一個海外扶餘，足以讓郭台銘聲名永傳於後世？

戰國時期，惠子當梁相，莊子去拜望他。有人警告惠子說，當心他會來取代你的位置。因此，惠子在驚恐之下，大搜莊子三日三夜。莊子索性親自去找惠子，跟他說了一段寓言：

南方有一種鳥，名字叫鵷鶵，你聽過嗎？鵷鶵這種鳥，早上從南海出發，欲飛往南海，在路途中，「非梧桐不止，非練實不食，非醴泉不飲」。此時卻有一隻貓頭鷹銜著一隻腐爛的老鼠，深怕鵷鶵搶了牠的糧食，就抬起頭，大聲「哧」的想嚇跑牠。惠子你難道也要用區區的梁國宰相來嚇唬我嗎？

在莊子眼中，政治無異是一隻腐鼠，污穢惡臭，郭台銘不是逐臭之夫，當看盡政治眾生相後，老實說，還一個清清白白、自自在在的我多好，又何必再去淌這個渾水呢？

5 藍白合

藍白不合，坐待宰割

目前台灣的政壇，民進黨聲勢薰天，更有附翼的小黨助虐，再加上掌控了國營企業及大多數的媒體，已然成為政治怪獸，相形之下，以國民黨為主的藍營，以及柯文哲所屬的白營，勢窮力絀，即便展開合作，都未必能夠與之抗衡；而如果藍白不合，民進黨可以各個擊破，大概就只有坐等宰割的份了。

「藍白合作」的提議，早已是擔心民進黨這隻怪獸倒行逆施的人共同的期盼，趙少康不過是因勢利導，正式發聲而已。事實上，這也是目前國民黨、民眾黨唯一可以「救亡圖存」的路徑。

「救亡」，是針對著國民黨而言的，一連六次的選戰失利，已經讓原本欲振乏力的國民黨面臨萎縮、消亡的危機，如果還以老大心態自居，不肯承認過去的風光已成過去，不放下身段，尋求他黨的支援，依目前情勢來看，肯定是會被打得潰不成軍的，不但二〇二四總統大選無望、立法院席次無法增加，恐怕連僅有的多數縣市長席位，都將在二〇二二年一敗塗地。此時不思重整旗鼓，廣結善緣，大概就只能永遠屈居為第二大黨，甚至會倒退成第三，無足輕重了。

民眾黨為新興政黨，在柯文哲個人的獨特魅力下，大有駸駸發展的趨勢，但如果只是一意孤行、單打獨鬥，在目前情況下也必然是無法順利拓展的。在民進黨、國民黨兩黨夾殺之下，縱可能有若干斬獲，但也還是不成氣候。當此之際，應該高明柔克、放穩腳步，集結反民進黨的勢力，站穩腳跟，如此才不枉費民眾的託付，才能「圖存」。

眼見二〇二二的選戰，在農曆年後即將正式啟動，藍白兩黨，真的應該捨棄成見、放下嫌隙，通力合作，才能與民進黨作勢鈞力敵的抗衡。這不但是兩黨「救亡圖存」的唯一希望，更是全台老百姓未來民生樂利的唯一寄託。

「藍白合作」，不但指台北市長而已，而是全面的合作，在未來的縣市長、地方議員的選舉中，兩黨協調出一個最適合的人選，當禮讓的就禮讓，當支持的就全力支持，只有「藍白合作」，才能免於為怪獸所吞噬。

台灣目前的政治形勢，與戰國末期是非常相類的，秦國一支獨秀，六國疲於奔命，隨時有被吞併的危機，六國雖明知岌岌可危，但因各懷私心、互扯後腿，雖有蘇秦倡導「合縱」之議，卻功敗垂成，終於一舉為秦國所滅。藍白兩黨，目前最缺乏的就是蘇秦般見識高遠的人才，但須知民進黨類似張儀般的人才，可是為數不少的，「合縱」不成，必然為「連橫」之計所各個擊破。

我相信藍、白兩黨的主事者，絕對不至於像六國君主一般闇昧無知，但更盼望主其事者能

民眾黨的最佳戰略——藍白合

二〇二四的大選，分別有總統職位及立法委員席次，以柯文哲目前的動向看來，已是決定兩者都積極參與，並也展開了相關的部署。從台灣政黨的選民分佈而言，游離票不計的話，民進黨一黨獨大，擁有百分之三十五至四十的支持者，國民黨是百分之廿五至三十，民眾黨則是百分之二十至廿五，由於受限於單一的席位，國民黨與民眾黨如果分途而競，顯然都不是民進黨的對手，而相衡實力，民眾黨卻又略遜於國民黨，尤其是在立委席次上，以目前情勢來看，總共一一三席，小黨不計，民進黨六十二席（不分區十三）、國民黨卅八席（不分區十三）、民眾黨五席（不分區五），由於當初設定的制度，非常不利於藍、綠之外的小黨，因此民眾黨的區域立委是完全掛零的，僅僅依靠政黨票才有了不分區的五席。

以民眾黨目前的實力，不分區的席次應會增多，但也不過八至十席，多出來的三至五席，事實上很難起到若何決定性的作用的。因此，民眾黨如果真的想要茁長成第三大黨，無論如何都必須將區域立委視為重中之重，才有可能突破藍、綠的挾制。民眾黨在上次的區域立委選舉中，全軍盡墨，原因有三，一是提名人數過多，以致心分力散；二是人選不夠優秀，實力相遜；但最大原因還是第三，單一小選區本就不利於小黨的競爭。為今之計，最好是作重點的突破，挑選最具有實力的候選人，檢視最有厚望的選區，集中全黨之力，作定點攻略。所謂的「最有厚望」，指的是在藍、綠兩黨勝負之局混沌的選區，與較顯弱勢的黨派合作。以目前民進黨一黨獨大且過半的情勢而言，為了達成「三足鼎立」、「聯合政府」的理想，恐怕也唯有選擇與國民黨合作，共同推派單一的人選，才是最佳的策略。這也正是目前社會呼聲極高的「藍白合」。

「藍白合」絕不是「政治分贓」，因為民眾黨猶能維持其自主性，在不分區立委的政黨票上持續努力，目前民眾黨是「五+〇」，未來可能是「八+〇、十+〇」，這個「〇」，只要增添三至五，民眾黨的基礎，就可以說是穩固下來了。至於如何「藍白合」，就看能否有魯連、蘇秦之類的策士，居間說合，使藍、白兩黨「既競又合」的了。

藍白可以如何「合」?

二〇二四總統及立委選舉的局勢，其實是非常明朗的了，在侯友宜已確定被提名後，無論郭台銘未來做若何的決定，都已無足輕重，必然是綠、藍、白三強鼎立的局面，而且以綠營擁有百分之三十五以上的堅定支持者而言，勝負之數，已經毫無懸念，必然是賴清德將先馳得點，而在立委席次上，恐怕也將是單獨過半，未來還是民進黨一黨獨大、全面執政。

但是，由於民進黨近八年的執政，貪污腐敗、任人唯親，公器私用、獨裁專制，經濟萎靡不振、學術風氣敗壞、五缺未能改善，更且挑弄仇恨、撕裂社會，尤其是兩岸關係，劍拔弩張，兵凶戰危，隨時有可能爆發戰爭，台灣民眾惶懼不安，痛厭非常，有六成以上的民眾，都希望「下架民進黨」，再度「政黨輪替」。

在此情況下，唯有「藍白合」，才有可能擊敗民進黨，也是確然無疑的了。國民黨的「執政大聯盟」、民眾黨的「聯合政府」，其實也只有在藍白競合，下架民進黨後，才有可能實現。

藍、白兩黨必須認清，「藍白合」不但是多數民意所歸趨，更是其政治理想能否實現的關鍵。但是，「藍白合」的呼聲，雖是醞釀、倡議已久，卻僅止於口頭宣說，從未見藍白兩黨有若何具體的行動，且雙方的意見不一，該如何「合」的問題，始終懸而未決。

藍、白兩黨雖有其各自不同的理念及政策，但雙方還是有共同的認知，「戰爭與和平的選擇」、「清廉與貪腐的選擇」，是兩黨共同的信念，而「兩岸和平」又是全台民眾最迫切的期待，「藍白合」其實是有共同的基礎的。「合則兩利」，「分則兩害」，既競而能合，國民黨、民眾黨以及全台灣的民眾，才能「三贏」。

這可分「競」與「合」兩方面來說。「競」是必須的，因為藍白兩黨都必須紮穩根基，相互競爭，而這主要是在政黨票的各自努力上，從現有綠、藍、白三黨的政黨喜好度來看，在不分區立委席次上，極可能是三分天下，各自有十席左右，這是藍白兩黨可以兄弟登山、各自努力的部分。

在「合」的方面，當然是指居域立委及總統職位。區域立委席次，目前是民進黨單獨過半，國民黨次之，民眾黨則掛零。民眾黨是新興政黨，基層實力稍弱，在小選區制下，是非常不利的。民眾黨如欲壯大自己，必須在區域立委上有所建樹，這就必須藍白兩黨通力合作，才足以打破民進黨一黨獨大的局面。藍白兩黨，必須在區域立委中，通力合作，協調出單一的人選，以與民進黨抗衡。藍白兩黨可以詳細剖析地方的實力，在國民黨佔優勢的區域，民眾黨不派出人選，全力支持國民黨；在雙方勢均力敵的區域，由兩黨的人選比較民調，挑選出最有希望的人選，在此，國民黨應當禮讓數席，仿依蔡壁如之例，由民眾黨披掛上陣。而如若是民進黨佔絕對優勢的區域，則以協調為主，最好是也僅推派單一人選。如果能夠在區域立委的合作下，拉下民進黨八到十席，未來立法院民進黨為所欲為的局面，就將可以改觀。

當然，最重要的還是總統的職位。以目前三黨候選人的民調上看，賴清德一枝獨秀，牢不可破，在「三腳督」情況下，必然還是能掌握到政權，而一旦民進黨再度執政，則舊事重演，藍白兩黨的「執政聯盟」、「聯合政府」將一切落空，台灣民眾更還是得痛苦四到八年。因此，藍白必須，也只能合作，推派出一組人選，才有厚望。

總統職位，有正、副之分，究竟應該是「柯侯配」還是「侯柯配」，是可以據未來柯文哲與侯友宜的民調來決定的。台灣的政治制度，有五院之分，而總統實際上是獨攬大權，而不必接受監督的，其下五院的院長，地位相當重要。藍白兩黨，其實在達成總統職銜的共識之前，就可以規劃「影子內閣」。柯文哲、侯友宜，乃至黃珊珊、朱立倫、韓國瑜，甚至是郭台銘，都可以適才適所，納入未來的考量之中。

在此，民眾黨不宜過於躁進，而國民黨亦不該以老大自居，雙方各退一步，既競又合，才能在二〇二四選戰中獲得光彩的戰果。

「藍白合」是最理想的組合，但也正因理想化過高，在現實面上也困難重重。但是，也正因其困難重重，也才真的是需要群策群力加以完成的。目前藍白兩黨彼此的隔膜猶深，迫切需要民間的力量加以推動。「政黨輪替」，既是多數民意的歸趨，則民間也應該有具有聲望的學者、團體，站出來呼籲藍白兩黨，務必以民意為依歸，更迫切需要的是，能出現像戰國時期折衝樽俎，合六國以對抗強秦的蘇秦。

變化詭譎選情中的「競」與「合」

儘管向來有人說道，選舉就像球賽一樣，球是圓的，沒有到最後一刻，誰勝誰負，都還很難斷言。

二〇二四的選舉已經只剩下七個多月了，雖說其間民調的起伏變化，相當詭譎，更增添了許多複雜難言的因素，不過，就大勢所趨，恐怕也不難推估出個大概。

藍白綠三黨的現況

無論各家民調是否具有「機構效應」，甚或有可能是刻意放送的「假民調」，但民進黨的賴清德，始終高居第一位，甚至遠遠將侯友宜、柯文哲拋閃在後，卻是非常一致的。事實上，這也足以說明，儘管社會多對民進黨深致不滿，但其基本盤仍是牢不可破，就是有一連串「黑金」、「性騷擾」的事件發生，但其死忠者仍然不離不棄，可以說是穩穩站於有利的地位，如果沒有太過驚人的意外，立委席次或許會略有減損，但總統大位，定當還是賴清德莫屬，且也極可能立委過半，還是台灣第一政黨。

比較令人驚訝的變化，在於國民黨與民眾黨第二、第三位序的變化，民眾黨後來居上，不僅政黨喜愛度已超過了國民黨，而且連柯文哲的聲勢，也扶搖直上，將侯友宜甩開了一段不小的距離。

國民黨及侯友宜聲望的下墜，其實並不令人意外，原先國民黨及眾多名嘴信誓旦旦的「慶祝行情」不但未曾出現，甚至大幅滑落，卻是大大跌破了許多專家的眼鏡。其實，當侯友宜以四十五萬票之多，大勝林佳龍的時候，基本上已有泛藍共主的架勢，且民調也遠遠超過賴清德，當為二〇二四國民黨總統參選人不二的人選。但侯友宜扭扭捏捏，一貫以不著邊際的「侯侯做代誌」不置可否，一副坐等旁人「勸進」而「黃袍加身」的姿態，不免令人厭煩。其實，如果侯友宜早就有意參選，從新北市長選舉結束後長達五個月的時間，就應開始積極佈局了。侯友宜在政壇中打滾多年，又豈會不知社會大眾，尤其是深藍的群眾對他的諸多質疑？「藍皮綠骨」、「反對核能」、「未支持四大公投」、「不積極參與黨內事務」……，種種未必一心歸向國民黨的「自保」作為，都是早已喧騰網路了，卻一無因應的策略，就是直到如今，也無法提出一個讓人信服的說詞，貽誤戎機，莫此為甚。

國民黨的窘境

不過，最大的轉捩點卻是國民黨的「初選」（徵召）。國民黨的初選，遭受到相當多的「黑箱」的質疑，尤其是並沒有訂出一個明確的遊戲規則，故朱立倫主席的公正性始終不為人所認可。尤其是突然殺出來的「黑馬」郭台銘，本身就有極大的爭議，在未定案之前，就雨雨風風、訛言不斷。結果揭曉，侯友宜雖然勝出，但仍有廣大的郭迷、深藍群眾，對此結果非常不滿意，「不投」、「改投」的聲浪，迄今未能消歇，甚至還有不少「換侯」的呼聲出現，嘈嘈嚷嚷，泛藍陣營一片混戰。這本來是國民黨「內鬥基因」的常態，其實就是最終為郭台銘出現，恐怕也還是一樣無法避免。經此鬧吵，泛藍內部離心離德，整個聲勢遂急遽下降，反而轉向支持柯文哲。

朱立倫顯然低估了初選後遺症的嚴重性，一個月以來，幾乎束手無策，任由反侯的聲浪持續發酵、擴大。而侯友宜的幕僚團隊，似乎也完全視若無睹，連最重要的，尋求郭台銘與韓國瑜兩大勢力的整合，都未見其積極努力。

國民黨目前有如一盤散沙，不但無法凝聚士氣，甚且互扯後腿，當初信誓旦旦表示如果初選失敗，一定鼎力支持侯友宜的郭台銘，不但消失無蹤，甚至有夜奔敵營的嫌疑，而韓國瑜則彷彿事不關己、置身事外，漠不關心。軍心渙散的國民黨，能否在未來七個月間徹底改頭換面，實在令人不抱信心。

民眾黨聲勢看漲

柯文哲顯然是國民黨內亂下漁翁得利的一位。儘管柯文哲台北市長八年任內的作為，毀譽參半，但其清廉勤政，卻也是有目共睹的；更重要的是，民眾黨為新興政黨，未有如民進黨、國民黨的沉重包袱，再加上柯文哲自身的魅力，以及這段期間訪美、訪日的卓著成效，以及全省走透透的積極運作，儼然已成為超越藍綠高牆的「第三種選擇」，在一個爛黨、一個亂黨之外，異軍突起，來勢洶洶，目前已取代了國民黨，成為「第二大黨」了。

柯文哲「聯合政府」的倡議，其實對許多民眾來說，是頗具吸引力的，因為在國民黨、民進黨一黨獨大的類威權統治下，台灣政壇光怪陸離的現象層出不窮，民眾亟思能有另外的政黨出現，以鼎足而三的平衡姿態，相互制衡、折衝、合作，以導正目前的亂象。

但是，柯文哲「聯合政府」的倡議，雖是理想性十足，卻是不容易達成的。原因非常簡單，以民進黨目前的聲勢來說，不但總統大位能夠手到擒來，就是立委的席次，雖可能有所減損，但一定還是可以過半的，臥榻之畔，豈容他人酣睡，到頭來還是民進黨一黨獨大，誰還去跟你「聯合」？

柯文哲的聲勢雖日漸起色，但其實有非常大的隱憂。民眾黨是新興政黨，基層實力不足，至今猶難在單一席次的區域立委選舉中，推派出足以與民進黨、國民黨競爭的人選，恐怕最終雖在政黨票上有所斬獲，最多也不過八至十席，名義上是「第二大黨」，其實還是不足以起到若何的作用。

民進黨穩若泰山

更重要的是，以目前三大政黨「三腳督」的勢態看來，民進黨雖聲望略有下降，但基本盤穩固，還是穩穩佔據有利的地位，第一名是穩如泰山的，民眾黨與國民黨的位序無論如何變化，都不過是兩黨之間選民的流動，雖互有消長，卻無關於大局，除非有重大的變化，足以產生「棄保效應」，才有可能一拚。但是，國民黨畢竟是百年大黨，百足之蟲，死而不殭，無論如何還是可以拿到百分之二十以上的選票，「棄保」是不可能發生的。

二〇二四的選局，非常類似於當年陳水扁、宋楚瑜、連戰三人的競逐，賴清德只要好整以暇，不犯大錯，就可以眼睜睜地看著侯友宜與柯文哲鷸蚌相爭，然後輕輕易易地就坐收漁翁之利。

現在距大選只剩七個月，說長不長，說短也不短，目前民進黨等於是以逸代勞，只要步調穩健，料想還是具有八九成以上的勝算；國民黨內亂方殷，至今未能有效整合，選民多有「擺爛」心理，反正國民黨就是阿斗一個，怎麼樣也扶不起來，索性棄而不顧；民眾黨倒是氣勢如虹，預估在政黨票上應該會大有斬獲。

當然，這只是目前的態勢，未來會不會有重要的變化，才是決定的關鍵。但是，與其坐等外在不可倚仗的變化，現在位居二、三等次的民眾黨與國民黨，只能努力自求變化，否則依目前的節奏走下去，兩黨都勢必無法與民進黨抗衡。民眾黨與國民黨，必須有破釜沉舟的決心，置之死地而後生，才有可能逆轉這一眼看已勢所難挽的結局。

選情須創造變化

變化，首先必須細察民意的動向。據不少的網路民調顯示，台灣民眾是最不希望賴清德當選，且有六成以上的人，是希望能夠政黨輪替，將民進黨下架的。這個大趨勢非常重要，因為已經完全曝顯了民進黨施政的不得人心。但是，由於三足鼎立，故這些厭惡民進黨的選票，在柯文哲、侯友宜兩人均分下，還是無法與賴清德相提並論。換句話說，如果真的想依從民意，民眾黨、國民黨都必須有此覺悟，唯有兩黨齊心協力，方能完成這樣的一個艱鉅任務。

事實上，「藍白合」、「非綠聯盟」的呼籲，早在民間醞釀已久，大家也都體認到，這是唯一有可能拉下民進黨的機會。但是，其高難度也是可想而知的，畢竟，民眾黨與國民黨也都各有其盤算，唯恐稍有不慎，就會落了個賠了夫人又折兵的結局。但更關鍵的是，兩黨都不願意先放下身段。國民黨向來自尊自大，雖是屢經挫敗，還是不改散漫、傲驕之心，殊不知其早已今非昔比，此役若再失敗，恐怕就有一蹶不振的滅黨危機；民眾黨則是如初生之犢、勇猛無畏，而近日以來日逐攀升的民調，又使其信心十足，卻未曾考慮到其基層實力猶有不足的困境。因此，「藍白合作」雖是倡議已久，至今猶是原地踏步，未能邁出第一步，果真是戛戛乎其難哉的了。

藍白的競與合

二〇二四選戰，三大政黨其實都有個共同的主張，那就是「兩岸必須和平」，但是，很明顯地，民進黨是說一套做一套、口不應心的，明裡暗裡，都朝向將台灣拉進戰爭的邊緣上走；國民黨將此次選戰，定調為「戰爭與和平」的選擇，而民眾黨的「台灣自主，兩岸和平」、

「兩岸一家親」的主張，恐怕才是真正有心為全台灣百姓福祉的考量。因此，兩岸未來是戰是和，是混亂是安定，全有賴於這次選舉的結果而定。民眾、國民兩黨，「計利當計天下利」，如不能和衷共濟，台灣的未來恐怕就岌岌可危了。

無論是「藍白合」、「非綠聯盟」，或是其他什麼名目都好，顯然都不是簡簡單單就可以一蹴而成的；但是，如果真的如此簡單，早就一群人爭搶著去做，也輪不到志士菁英去傷腦筋了。當初李遠哲為陳水扁登高一呼，保住了民進黨的一面江山，難道非綠陣營中，就無論如何都找不出另一個李遠哲嗎？在此，本人大聲疾呼，盼望有一個真正以生民為念、以台灣前途為憂的德高望眾的學者出面，引領此一風潮。

藍、白兩黨合作，必須有縝密且周詳的折衝，於今只剩七個月的時間，已經略顯急迫了，空話放得再多，都不如實事來得深切著名。本人還是要提出個人「競合」的觀點，無論如何，總統大位是最為重要的，民眾黨與國民黨，必須也只能共同推派一組人馬，集兩黨之力，與賴清德相抗衡，這是「合則兩利，分則兩傷」的唯一選擇；而在區域立委上，兩黨可於民進黨佔優勢的地區，共同商議推出單一人選，這可以用公平民調的方式加以解決。民眾黨目前在區域立委上略顯窘態，必須集中在幾個選區，派出夙有聲望的人選競逐，國民黨也必須稍有退讓，勻分出幾個區域，讓民眾黨的人選得以大展長才——這是「合」。至於不分區的立委，則兄弟爬山，各自努力，但無論如何，不分區立委名單一定要精挑細選，令人耳目一新——這就是「競」。

「有競有合」，「競而能合」、「合而又競」，這是台灣未來理想政治的一個轉捩點。為台灣計、為生民計，為「選擇和平、避免戰爭」計，國民、民眾兩黨，應該是動起來的時候了。

以民意為依歸，下架民進黨

在國民黨全代會完成推舉侯友宜為總統候選人之後，郭台銘於臉書發文，仍然以「民意大於黨意」為藉口，並以孟子所說的「雖千萬人吾往矣」，展示其勇氣與決心。顯然郭台銘仍然未忘情於總統職位，企圖以魯陽之戈，迴天返日。

郭台銘將會在最後做出怎樣的決定，目前恐怕沒有任何人能夠臆測得出來，但是，他所依據的「民意」，究竟是以什麼來判斷的，卻是一大問題。「民意如流水」，是變動不居，隨著時潮的變化，高低起伏、一月數變，沒有人能說出個確準。姑不論郭台銘當初自信滿滿的參與國民黨的徵召，是擁有多少他自認能超越黨意的民意，但全代會中出席支持侯友宜的縣市長、民意代表、立委參選人，如果還說這只是「黨意」，而非「民意」，恐怕就是故意在掩耳盜鈴的了；更遑論相關的民意調查，在郭台銘加入戰局的「四腳督」之下，郭台銘也是只能敬陪末座的，究竟郭台銘所認知的「民意」在哪裡？恐怕也應該是心裡有數的吧？

據民意機構的調查，全台灣有百分之六十的民眾，是希望能「下架民進黨」的，這豈非才是最大的「民意」？但是，這些「民意」紛歧複雜，柯文哲、侯友宜、郭台銘，甚至韓國瑜，都不乏支持者，郭台銘又是從哪來的自信，認為這些「民意」是專屬於他一個人的？

郭台銘引用孟子的話，「雖千萬人吾往矣」，倒真的是具有十足的勇氣與決心。可惜的是，郭台銘真的不懂孟子，只知道有一己匹夫之勇，正如孟子所批判的北宮黝、孟施捨一樣，自以為是，發憤而怒。殊不知這「千萬人吾往矣」的勇氣，是有「自反而縮」的前提的。「自反而縮」，「縮」者，正也、直也，必須「配義與道」，才能至大至剛，郭台銘自不妨捫心而問，你的所作所為，果真能「配義與道」嗎？

什麼是「義」？什麼是「道」？簡單來說，在民主時代，多數的民意就是「義」、就是「道」。在郭台銘的發文中，對民進黨貪腐無能、將可能為台灣帶來戰爭危機的批判，當然是人所共知，且已經迫不及待地希望政黨能夠輪替，將民進黨拉下台來的了。這正是民心所嚮的「正義」，也是從政人士必須依從的「正道」，捨此而不由，又豈能真正符合「民意」？

「民意」歸趨如此，其實不止是郭台銘應該有所體認，更是所有非綠的候選人必須認清的。民進黨的基本盤有百分之三十五，其餘的百分之六十五，一旦被其他人所瓜分，不僅沒有任何一個人可以得票率超過賴清德，甚且其邊際效應，會連立委席次也還是讓民進黨輕鬆過半。未來四到八年，台灣人的處境，恐怕會越來越危疑不安。

其實，賴清德所標舉出的「民主與專制的選擇」，根本就是忽略了台灣早已是實施了數十年的民主國家，反而是民進黨控制媒體、箝壓輿論的作為，寖漸走上了專制的道路，而挑撥仇恨、撕裂社會、盲目反中，更難免讓台灣陷入兵凶戰危的險境，而其整個執政團隊，貪污腐敗、任人唯親，更與其當初「清廉勤政愛鄉土」的諾言，背道而馳。反觀非綠的國民、民眾兩黨，標舉出「戰爭與和平的選擇」、「清廉與貪腐的選擇」，才是真正的關鍵。沒有人希望台灣會發生戰爭，更沒有人會對貪腐的民進黨有所期待，而這才是為何要「政黨輪替」的道理所在。藍與白這兩個最重要非綠政黨，乃至郭台銘，在相互爭競之際，更應思考的是，如何既競又合，同心協力，「配義與道」，以多數的民意為依歸，落實「下架民進黨」的責任！

林保淳出手——全民下架貪腐集團

作者：林保淳
發行人：陳曉林
出版所：風雲時代出版股份有限公司
地址：10576台北市民生東路五段178號7樓之3
電話：(02) 2756-0949
傳真：(02) 2765-3799
執行主編：劉宇青　校閱：蔣秋華 / 李次高
美術設計：吳宗潔
業務總監：張瑋鳳

出版日期：2023年11月
版權授權：林保淳
ISBN：978-626-7369-03-6

風雲書網：http://www.eastbooks.com.tw
官方部落格：http://eastbooks.pixnet.net/blog
Facebook：http://www.facebook.com/h7560949
E-mail：h7560949@ms15.hinet.net
劃撥帳號：12043291
戶名：風雲時代出版股份有限公司

風雲發行所：33373桃園市龜山區公西村2鄰復興街304巷96號
電話：(03) 318-1378
傳真：(03) 318-1378
法律顧問：永然法律事務所 李永然律師
北辰著作權事務所 蕭雄淋律師

行政院新聞局局版台業字第3595號 營利事業統一編號22759935

定價：380元　

國家圖書館出版品預行編目資料

林保淳出手 / 林保淳著. -- 臺北市：風雲時代出版股份有限公司, 2023.09　面；　公分

ISBN 978-626-7369-03-6 (平裝)

1.CST: 時事評論 2.CST: 言論集

078　112012898